高等职业教育电子商务专业系列教材

# 商务数据分析与应用

主　编：尹爱飞　杜转萍

副主编：李盼盼　李本里　刘清秀

重庆大学出版社

## 内容简介

本教材内容全面、体系完整，旨在全面系统地介绍商务数据分析的理论基础、实践应用，全书内容涵盖数据的录入、数据预处理、数据分析工具、数据可视化以及数据分析在商务决策中的应用等多个方面。本教材采用任务化教学的设计思路，每个项目都分解为具体的任务，每个任务都以案例的形式提供了详细的实施步骤和操作方法，指导学生一步一步实操，真正实现教、学、做一体化。另外，本教材为使用者提供了优质的配套资料，包括PPT、课程标准、授课计划、教案、案例素材，方便读者教学使用、实操练习。

**图书在版编目（CIP）数据**

商务数据分析与应用 / 尹爱飞, 杜转萍主编.
重庆：重庆大学出版社, 2024.8. --
(高等职业教育电子商务专业系列教材). -- ISBN
978-7-5689-4645-2

Ⅰ. F712.3
中国国家版本馆CIP数据核字第202468FZ28号

## 商务数据分析与应用

SHANGWU SHUJU FENXI YU YINGYONG

主　编　尹爱飞　杜转萍
副主编　李盼盼　李本里　刘清秀
策划编辑：尚东亮
责任编辑：尚东亮　　　版式设计：尚东亮
责任校对：谢　芳　　　责任印制：张　策

\*

重庆大学出版社出版发行
出版人：陈晓阳
社址：重庆市沙坪坝区大学城西路21号
邮编：401331
电话：（023）88617190　88617185（中小学）
传真：（023）88617186　88617166
网址：http://www.cqup.com.cn
邮箱：fxk@cqup.com.cn（营销中心）
全国新华书店经销
重庆市国丰印务有限责任公司印刷

\*

开本：787mm × 1092mm　1/16　印张：15　字数：313千
2024年8月第1版　　2024年8月第1次印刷
印数：1—2 000
ISBN 978-7-5689-4645 -2　定价：59.00元

随着信息技术的飞速发展，数据已经成为企业决策和运营中不可或缺的重要资源。商务数据分析作为一门新兴学科，旨在帮助企业从海量数据中提取有价值的信息，以支持商业决策和优化业务流程。为了培养具备数据分析能力和商业洞察力的专业人才，我们编写了这本《商务数据分析与应用》教材。

本书旨在全面系统地介绍商务数据分析的理论基础、实践应用，全书内容涵盖数据的录入、数据预处理、数据分析工具、数据可视化以及数据分析在商务决策中的应用等多个方面。我们力求通过深入浅出的讲解和丰富的案例，帮助读者建立起完整的商务数据分析知识体系。

本教材的编写特色：

**1.内容全面，体系完整。**本书涵盖数据录入、数据预处理、数据分析工具、数据可视化以及数据分析在商务决策中的应用等多个方面，内容全面且深入，有助于读者建立起完整的商务数据分析知识体系。

**2.任务导向，案例教学。**本书采用任务化教学的设计思路，每个项目都分解为具体的任务，每个任务又都以案例的形式提供了详细的实施步骤和操作方法，指导学生一步一步实操，真正实现教、学、做一体化。这样的设计有助于学生逐步掌握商务数据分析的实操技能。

**3.图文并茂，易于理解。**为了帮助学生更好地理解和掌握知识点，本书采用图文并茂的编排方式。通过微课视频、图表、图像等直观展示数据分析过程和结果，降低了学习难度，提高了学习效率。

**4.配套资料，免费提供。**本书为使用者提供了优质的配套资料，包括PPT、课程标准、授课计划、教案、案例素材，方便读者教学使用、实操练习。

本书由尹爱飞、杜转萍担任主编，李盼盼、李本里、刘清秀担任副主编。全书共9个项目，根据编写人员的研究领域，教材编写进行了合理的分工，其中项目4、项目6、项目7由尹爱飞编写；项目2、项目8、项目9由杜转萍编写；项目3由李本里编写，项目5由李盼盼编写；项目1由刘清秀编写。在编写本书的过程中，我们参考了大量的国内外优秀教材和研究成果，得到了许多专家、学者和同行的宝贵意见和建议。我们要感谢所有参与本教材编写和审稿的专家、学者和同行，他们的辛勤付出和宝贵意见使本书得以不断完善和提高。同时，我们也要感谢广大读者对本书的支持和关注，我们将继续努力，为读者提供更优质的教材和服务。

编　者

2024年5月

教材案例素材
任务素材

课程资料

**目 录**
Contents

## 参考文献

# 项目1 商务数据分析基础

## 📋 项目描述

商务数据分析是指以商业理论为基础，从数据分析出发，依靠统计工具，以决策优化为目的，洞察数据背后的规律，为商业创造最大价值。

数据本身仅仅是事实和数字。数据分析师通过寻找数据规律，将数据呈现成结合业务问题的有用信息。决策者可以利用这些信息采取行动，以提高生产力和业务收益。因此商务数据分析可以为企业获取正确的信息，使企业更好地了解客户，创建更有效的营销活动，提高生产力和收入。

## 📋 知识图谱

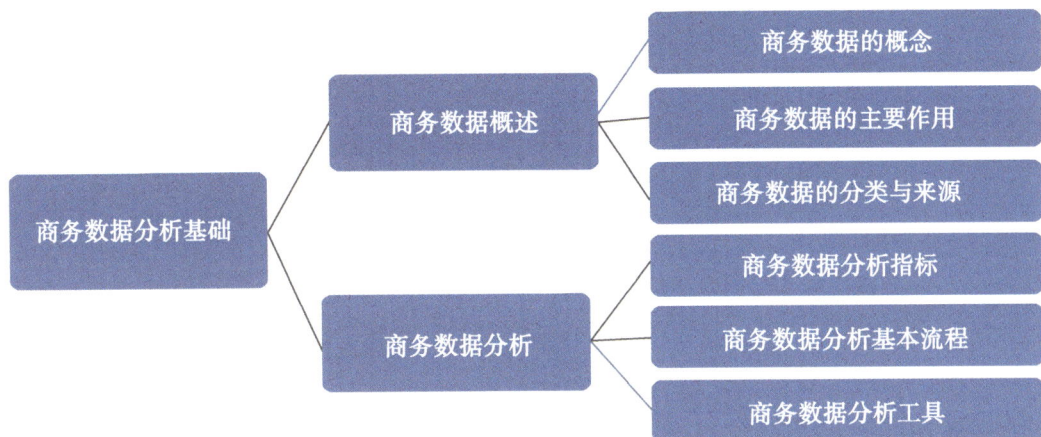

## 学习目标

• **知识目标**

①了解商务数据的概念与主要作用；

②了解商务数据的分类与来源；

③掌握商务数据分析指标；

④掌握商务数据分析的基本流程与方法。

• **技能目标**

①能准确描述商务数据分析的概念与含义；

②能知晓商务数据分析的作用；

③能准确阐述商务数据分析指标与基本流程。

• **素质目标**

①培养客观、严谨的工作态度；

②提升全面、系统的思维能力。

## 微课视频

商务数据的概念、
作用及来源

商务数据分析
指标

商务数据分析
的基本流程

# 任务1  商务数据概述

## ➤ 任务目标

用户在电子商务网站上有了购买行为之后，就从潜在客户变成了网站的价值客户。电子商务网站一般都会将用户的交易信息，包括购买时间、购买商品、购买数量、支付金额等信息保存在自己的数据库里面，商家可以基于网站的运营数据对这些客户的交易行为进行分析，以估计每位客户的价值，分析每位客户的扩展营销的可能性。

## ➤ 任务要求

①了解商务数据的概念；

②了解商务数据的主要作用；

③了解商务数据的分类与来源。

## ➤ 知识准备

### 1.1.1  商务数据的概念

当用户登录电子商务网站之后，电子商务网站一般都会将用户的交易信息，包括浏览商品、购买时间、购买商品、购买数量等信息保存在自己的数据库里面，以上与电商平台有关的数据称为商务数据。

在电子商务领域，商务数据可以分为两大类，如图1-1-1所示。

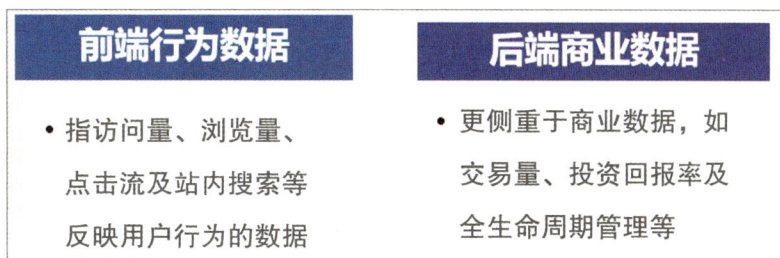

| 前端行为数据 | 后端商业数据 |
| --- | --- |
| • 指访问量、浏览量、点击流及站内搜索等反映用户行为的数据 | • 更侧重于商业数据，如交易量、投资回报率及全生命周期管理等 |

图1-1-1  商务数据分类

### 1.1.2  商务数据的主要作用

电子商务企业或个人经营者通过对消费者的海量数据的收集、分析与整合，挖掘出商业价值，促进个性化和精确化营销的开展，还可以发现新的商机，创造新的价值，带来大市场、大利润和大发展。

### 1.1.3 商务数据的分类与来源

**1）分类**

（1）营销数据：营销费用、覆盖用户数、到达用户数、点击用户数等；

（2）流量数据：浏览量、访客数、登录时间、在线时长；

（3）会员数据：姓名、性别、手机号、地址、登录记录、交易规律；

（4）交易及服务数据：交易金额、数量、商品、交易人数、交易时间；

（5）行业数据：竞争商铺、竞争商品、店铺排名、店铺销售占比。

**2）来源**

商务数据的来源渠道多样，企业或个人可以根据自己的需求和资源选择合适的采集方式。在采集数据时，需要遵循及时性、合法性、有效性和准确性的原则，确保数据的准确性和可靠性。常见的商务数据来源渠道包括外部数据采集、网络数据采集、直接采集、专业数据源、自动化采集工具等。

（1）外部数据采集

行业报告与市场调查：收集来自外部渠道的数据，如行业报告、市场调查等，以了解市场动态和竞争对手的情况。

财务报表：企业或其他组织的财务数据，如收入、支出、利润等。

新闻报道：媒体发布的与公司、行业或市场相关的新闻和资讯。

（2）网络数据采集

搜索引擎：使用网络搜索引擎获取与目标对象相关的信息和数据。

社交媒体：从社交媒体平台如微博、微信等搜集与目标对象相关的数据。

特定工具：如生意参谋、店侦探、淘数据等，这些工具可以提供店铺、行业、市场等的详细数据。

（3）直接采集

电话采访：通过电话与目标对象进行联系和交流，获取相关信息。

面对面采访：与目标对象进行面对面的交流和沟通，获取更为详细和深入的商业信息。

实地调研：通过实地观察、采访、调查等方法，了解市场、行业和客户的真实情况和需求。

（4）专业数据源

久谦中台：提供跨平台的类目对比，节省数据清洗时间。

任拓情报通：提供上月排名和直播分析等功能。

魔镜洞察：提供全品类数据，适合需要多个一级品类数据的用户。

知衣（炼丹炉）：深耕服饰行业，提供海外探款的能力。

飞瓜数据：专注于抖音、快手等平台的达人数据，提供消费者画像等功能。

（5）自动化采集工具

八爪鱼采集器：网页数据采集器，可以自定义采集模板，轻松获取商品价格、销量等数据。

RPA（机器人流程自动化）工具：如云扩RPA等，可以自动化地采集和管理多个电商平台的数据，极大提高数据采集的效率。

## ➤ 任务实施

- 第一步：阐述商务数据的概念；
- 第二步：了解商务数据的主要作用；
- 第三步：说一说商务数据分析指标的分类；
- 第四步：阐述商务数据分析的基本流程。

## ➤ 任务总结

- 商务数据的概念：_____

  _____

  _____

- 商务数据的主要作用：_____

  _____

  _____

- 商务数据的分类：_____

  _____

  _____

- 商务数据分析的基本流程：_____

  _____

  _____

- 其他：_____

  _____

  _____

# 任务2　商务数据分析

## ➤ 任务目标

商务数据分析在当今的商业环境中发挥着越来越重要的作用。通过对关键指标的深入分析和解读，企业可以更加准确地了解市场动态、客户需求以及运营状况，从而制定有效的商业策略。同时，完成商务数据分析工作需要熟知商务数据分析流程，并能熟练应用各种商务数据分析工具。

## ➤ 任务要求

①了解商务数据分析指标；
②了解商务数据分析的基本流程；
③熟悉各种商务数据分析工具。

## ➤ 知识准备

### 1.2.1　商务数据分析指标

商务数据分析指标涵盖了多个方面，有助于企业全面了解市场状况、客户需求和运营风险。通过对这些指标的深入分析，企业可以制定更加精准的商业策略，提升竞争力，实现可持续发展。因此，企业应重视商务数据分析工作，不断优化和完善数据分析体系，为企业的长远发展提供有力保障。

#### 1）流量数据指标

流量数据指标是评估网站或网店访客数量、访问来源以及访客行为的重要依据，主要包括网站UV（独立访客数）、PV（页面浏览量）、跳出率、访问时长、访问深度等指标。通过分析这些指标，可以了解网站或网店的流量规模、流量来源以及访客兴趣，从而优化网站或网店结构，提升用户体验。

#### 2）销售转化指标

销售转化指标是衡量网站或网店销售效果的关键指标，主要包括转化率、订单量、客单价、复购率等。通过对比不同时间段的销售转化数据，可以了解销售策略的有效性，发现潜在问题，并据此调整销售策略。

#### 3）客户价值指标

客户价值指标反映了客户的忠诚度和潜在价值，主要包括客户留存率、客户满意度、客户生命周期价值等。这些指标有助于企业深入了解客户需求，制定更加精准的营销策略，提高客户满意度和忠诚度。

#### 4）产品类目指标

产品类目指标用于评估不同产品类目的销售表现和市场潜力，主要包括各类目的销售额、销售量、库存周转率等。通过分析产品类目指标，企业可以了解各类目产品的销售情况，优化库存结构，提高产品竞争力。

#### 5）市场营销指标

市场营销指标反映了企业市场推广活动的效果，主要包括广告投放效果、促销活动效果、品牌知名度等。通过对市场营销指标的分析，企业可以评估营销活动的投入产出比，优化营销策略，提高市场影响力。

#### 6）运营风险指标

运营风险指标用于监控企业在运营过程中可能面临的风险，主要包括退货率、投诉率、违规率等。这些指标有助于企业及时发现并处理运营风险，确保业务稳定进行。

#### 7）市场竞争指标

市场竞争指标用于评估企业在行业中的竞争地位，主要包括市场占有率、竞争对手分析、行业动态等。通过关注市场竞争指标，企业可以了解行业趋势，把握市场动态，为战略决策提供有力支持。

#### 8）网店页面指标

网店页面指标是评估网店页面设计和功能的重要依据，主要包括页面加载速度、用户体验、页面布局等。通过分析这些指标，企业可以优化网店页面设计，提高用户购物体验，进而提升销售业绩。

### 1.2.2　商务数据分析基本流程

商务数据分析基本流程是一个系统性、规范化的过程，涵盖了明确分析目的与框架、数据收集与整合、数据处理与清洗、数据分析与挖掘、结果展示与解释以及决策建议与反馈等多个环节。遵循这一流程，可以确保数据分析工作的质量和效果，为企业决策提供有力支持。同时，不断优化和完善数据分析流程，可以提高分析效率和准确性，为企业创造更大的价值。

#### 1）明确分析目的与框架

在进行商务数据分析之前，首先需要明确分析的目的和框架。分析目的决定了数据分析的方向和重点，而框架则提供了分析的整体结构和思路。明确分析目的有助于避免在分析过程中偏离主题，确保分析结果的针对性和实用性。同时，建立合理的分析框架可以确保分析过程有条不紊，提高分析效率。

#### 2）数据收集与整合

数据收集是商务数据分析的基础。根据分析目的和框架，需要收集相关的数据资源。数据来源可能包括企业内部数据库、市场调研数据、竞争对手数据等。在收集数据的过程中，需要注意数据的准确性和完整性。完成数据收集后，需要对数据进行整合，将其转化为适合分析的格式和结构。

### 3）数据处理与清洗

数据处理与清洗是确保分析质量的关键步骤。在收集到的数据中，可能存在重复、缺失、错误或不一致等问题。因此，需要对数据进行处理，包括去除重复数据、填充缺失值、纠正错误数据等。同时，还需要对数据进行清洗，去除与分析目的无关的数据，保留有用的信息。通过数据处理与清洗，可以提高数据的可靠性和有效性，为后续的分析工作奠定基础。

### 4）数据分析与挖掘

在数据处理好之后，接下来需要进行数据分析与挖掘。利用统计方法、机器学习算法等工具对数据进行分析，发现数据之间的关联和规律。通过数据分析，可以揭示市场趋势、客户行为、产品特点等方面的信息。同时，数据挖掘技术可以帮助我们发现潜在的机会和风险，为决策提供支持。

### 5）结果展示与解释

数据分析完成后，需要将分析结果以清晰、直观的方式展示出来，并对结果进行解释。常用的展示方式包括图表、报告等。通过展示分析结果，可以使团队成员和其他利益相关者更好地理解分析结果的含义和价值。同时，解释分析结果的过程也是将分析结果转化为实际决策的重要环节。

### 6）决策建议与反馈

基于分析结果，提出具体的决策建议。这些建议应该针对分析目的，具有可操作性和实施性。同时，决策建议需要考虑到企业实际情况和市场环境，确保建议的可行性和有效性。在提出决策建议后，还需要收集反馈意见，对分析结果和决策建议进行进一步的优化和完善。

## 1.2.3　商务数据分析工具

商务数据分析工具种类繁多，每种工具都有其独特的功能和应用场景。以下是一些常见的商务数据分析工具。

### 1）Power BI

Power BI由Microsoft开发，是一个强大的商业智能工具。它支持各种数据源的集成，包括云端和本地数据，并提供灵活的仪表板和报表设计功能。Power BI的特色在于其数据可视化能力，以及用于数据分析的直观界面，使得用户能够轻松地创建个性化的数据看板，进行实时分析和决策支持。

### 2）Tableau

Tableau是一款流行的商业智能和数据可视化工具，其友好的用户界面和强大的可视化能力使其深受用户喜爱。Tableau支持各种数据源的连接，并帮助用户创建交互式的仪表板和图表，适用于数据探索、交互式可视化以及决策支持等场景。

### 3）SPSS

SPSS是一款专门设计用于社会科学领域的统计分析软件，提供了丰富的统计方法、数据处理和报告生成功能。它常用于社会科学研究、心理学研究以及市场调查等领域。

### 4）Excel

尽管Excel并非专为统计分析设计，但它依然是一个强大的数据处理和分析工具。Excel提供了基本的统计函数和工具，以及数据透视表和可视化功能，适用于处理和分析小规模的数据集。

### 5）SAS

SAS是另一款流行的统计分析工具，提供了广泛的统计方法和模型，特别在大规模数据分析和预测建模方面表现突出。

### 6）Python和R编程语言

这两种编程语言都广泛用于数据分析和挖掘领域。它们提供了丰富的库和包，使用户能够灵活地编写和执行各种数据挖掘任务。

此外，还有一些数据库管理系统，如MySQL、Oracle和PostgreSQL，它们提供了数据存储、管理和查询功能，是商务数据分析的重要基础设施。

## ➤ 任务实施

- 第一步：阐述商务数据分析指标；
- 第二步：说一说商务数据分析的基本流程；
- 第三步：阐述商务数据分析工具。

## ➤ 任务总结

- 商务数据分析指标：_____

  _____

  _____

- 商务数据的基本流程：_____

  _____

  _____

- 商务数据分析工具：_____

  _____

  _____

- 其他：_____

  _____

  _____

# 项目2  认识数据表

## 项目描述

电商卖家需要对在线商品的各类数据进行定期统计与整理，以便深入了解店铺运营情况。在进行销售数据、运营数据、市场数据等统计分析时，需要以表格形式进行数据的展现与分析，因此，能够熟练进行数据表的制作以及对表格进行基本操作是从事电商行业必不可少的基本技能，对录入的电子商务数据类型的认知也是对从业人员的基本要求。同时，在进行电商数据录入分析时，对数据的类型及格式的认知有助于正确进行数据的处理。

请在京东、淘宝、唯品会、拼多多等线上商城中任选一店铺，为该店铺编制"商品信息表"，进行商品信息录入，并进行表格的美化与格式设置等操作。

## 知识图谱

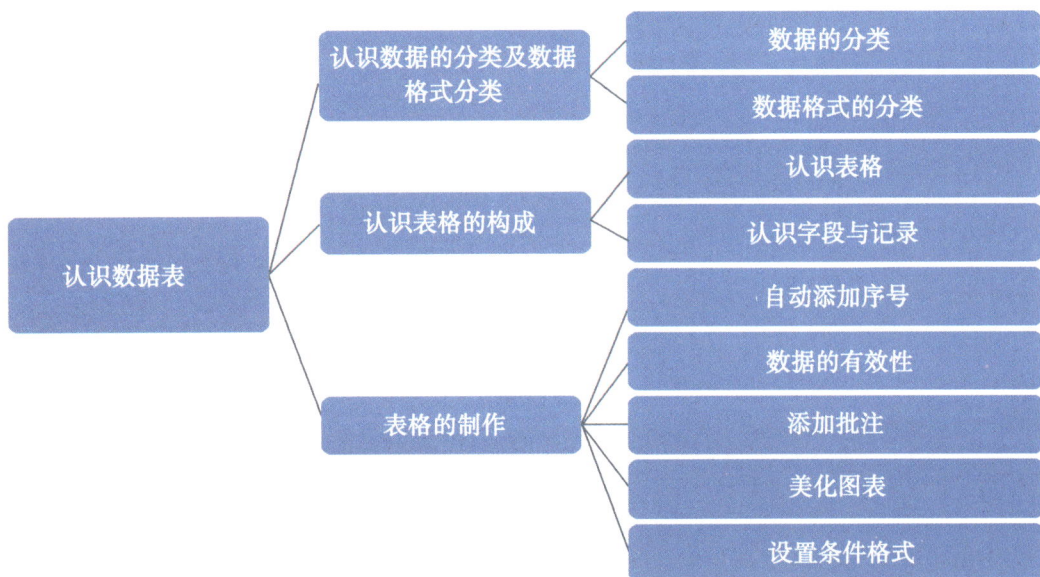

## 学习目标

• **知识目标**

①了解数据的基本类型及数值格式的分类；

②掌握表格美化的基本方法；

③熟悉条件格式、数据有效性的应用方法；

④熟悉表格的基本构成要素。

• **技能目标**

①能够对单元格数据进行格式设置；

②能够进行数据的有效性设置；

③能够进行表格的美化；

④能够进行批注的添加。

• **素质目标**

培养扎实肯干、精益求精的工作态度。

## 微课视频

图表美化

设置条件格式

# 任务1　认识数据的分类及数据格式分类

## ➤ 知识准备

### 2.1.1　数据的分类

按照数据的计量层次，可以将数据分为定类数据、定序数据、定距数据与定比数据。

#### 1）定类数据

定类数据是数据的最基础层次，它根据类别属性对数据进行分类，各分类之间保持平等并列的关系。这种数据不包含数量信息，也不能对各分类进行排序。例如，某商场将顾客偏好的服装颜色分为红色、白色和黄色等，这些颜色就被视为定类数据。同样，人类根据性别被分为男性和女性，这也是定类数据。虽然定类数据表现为类别，但为了便于统计处理，可以为不同的类别使用不同的数字或编码。例如，数字1可能代表女性，数字2可能代表男性，但并不代表这些数字可以区分大小或进行数学运算。无论使用何种编码方式，其包含的信息都不会有任何损失。对定类数据执行的主要数值运算通常是计算每一类别中项目的频数和频率，以及计算各类别之间的比例或差异。

#### 2）定序数据

这是数据的中间级别。定序数据不仅可以将数据分成不同的类别，而且各类别之间有优劣之分。定序数据与定类数据最主要的区别是定序数据之间可以比较顺序。例如，获奖等级可以分为特等奖、一等奖、二等奖、三等奖、优秀奖，等级之间有优劣之分，属于定序数据。采用数字编码表示不同的获奖等级，如0代表特等奖，1代表一等奖，2代表二等奖，3代表三等奖，4代表优秀奖。通过将编码进行排序，可以明显地表示出获奖等级之间的高低差异。虽然这种差异程度不能通过编码之间的差异进行准确度量，但是可以确定其高低顺序，即可以通过编码数值进行不等式的运算。

#### 3）定距数据

定距数据是具有一定单位的实际测量值，如温度、年龄等。定距数据可以比较和测量两个变量之间的差异，即可以通过加、减法运算准确地计算出各变量之间的实际差距是多少。定距数据的精确性高于定类数据和定序数据，它可以对事物类别或次序之间的实际距离进行测量。例如，某天重庆的最高温度为30 ℃，成都的最高温度为28 ℃，可知重庆的最高温度比成都高2 ℃。

### 4）定比数据

这是数据的最高等级。它的数据表现形式同定距数据一样，均为实际的测量值。定比数据与定距数据唯一的区别是：在定比数据中是存在绝对零点的，而定距数据中是不存在绝对零点的（零点是人为制定的）。因此定比数据间不仅可以比较大小，进行加、减运算，还可以进行乘、除运算。

## 2.1.2 数值格式的分类

数据格式是数据保存在文件或记录中的编排格式，可为数值、字符或二进制数等形式。具体的数据格式类型如表2-1-1所示。

表 2-1-1 数值格式种类

| 数字类型 | 含义 | 示例 |
|---|---|---|
| 常规 | 键入数字时，Excel 所应用的默认数字格式。多数情况下，设置为"常规"格式的数字即以键入的方式显示。常规会根据数据形式自动转为对应格式，常规实际上是代表所有格式。然而，如果单元格的宽度不够显示整个数字，则"常规"格式将对带有小数点的数字进行四舍五入。"常规"数字格式还对较大的数字（12 位或更多）使用科学计数（指数）表示法 | 25 |
| 数值 | 用于数字的一般表示。可以指定要使用的小数位数、是否使用千位分隔符以及如何显示负数 | 25.00 |
| 货币 | 用于一般货币值并显示带有数字的默认货币符号。可以指定要使用的小数位数、是否使用千位分隔符以及如何显示负数 | ¥25.00 |
| 会计专用 | 也用于货币值，但是它会在一列中对齐货币符号和数字的小数点 | ¥25.00 |
| 日期 | 根据指定的类型和区域设置（国家 / 地区），将日期和时间序列号显示为日期值 | 2023/1/1 |
| 时间 | 根据指定的类型和区域设置（国家 / 地区），将日期和时间序列号显示为时间值 | 1:30 AM |
| 百分比 | 将单元格值乘以 100，并将结果与百分号（%）一同显示。可以指定要使用的小数位数 | 25.00% |
| 分数 | 根据所指定的分数类型以分数形式显示数字 | |
| 科学记数 | 以指数计数法显示数字，将其中一部分数字用 E+n 代替，其中，E（代表指数）指将前面的数字乘以 10 的 n 次幂。例如，2 位小数的"科学记数"格式将 12345678901 显示为 1.23E+10，即用 1.23 乘以 10 的 10 次幂。可以指定要使用的小数位数 | 1E+12 |
| 文本 | 将单元格的内容视为文本，并在键入时准确显示内容，即使键入数字也是如此 | 二十五 |
| 特殊 | 将数字显示为邮政编码、电话号码或社会保险号码等 | 040025 |
| 自定义 | 允许修改现有数字格式代码的副本。使用此格式可以创建自定义数字格式并将其添加到数字格式代码的列表中。可以添加 200 到 250 个自定义数字格式，具体取决于计算机上所安装的 Excel 的语言版本 | 250,000,000 |

# 任务2　认识表格的构成

## 2.2.1　认识表格

表格，是最常见的信息组织和整理手段，常用于信息收集（展示）、数据分析、归纳整理等活动中，如各项商业活动中产品信息的记录与分析。表格发挥的作用有以下几点：

### 1）可以组织和展示大量信息数据

表格结构简单，对信息的归纳明确，可以组织和展示大量的信息内容，易于用户浏览和获取信息。

### 2）可以对信息数据进行多种复杂操作

在表格中，可以对信息进行排序、搜索、筛选、分页、自定义选项等多项操作。

### 3）可以进行信息间的对比分析

表格的归纳与分类，使信息之间易于对比，便于用户快速查询其中的差异与变化、关联和区别。

表格包括标题、表头、单元格三个基本要素。标题是对表格信息内容的整体概括，表头是对表格信息的属性分类或基本概括，单元格是具体信息内容的填充区域。

| 年终奖金发放表 | | | |
|---|---|---|---|
| 业绩排名 | 姓名 | 销售额（万元） | 奖金（万元） |
| 1 | 宫强 | 3005 | 30 |
| 2 | 王小微 | 2988 | 30 |
| 3 | 宋松 | 2654 | 27 |
| 4 | 刘恩祥 | 2543 | 25 |
| 5 | 杜亮 | 2344 | 23 |
| 6 | 李有为 | 2317 | 23 |
| 7 | 向忠华 | 2210 | 22 |
| 8 | 陈晨曦 | 2019 | 20 |

图2-2-1　表格要素

## 2.2.2　认识字段与记录

字段是关系数据库中不可分割的数据单位,它用来描述某个实体对象的属性，相当于二维表中的一列。字段值是某个实体对象的属性值。记录是描述某个个体对象信息

15

的集合。它由若干个字段值组成，相当于二维表中的一行。字段与记录的区别有以下几点：

1）含义不同

在Excel表格中，一个表是由多个字段（Column）组成的。字段是表中的一个列，它代表了数据的某一属性。例如"员工薪资"表中，"员工姓名""员工性别""薪资等级""月工资"都是这个表中的字段。

记录（Row）是表中的一行数据，是多个字段值的集合，代表了一组相关的数据。以"员工薪资"表为例，"胡梅，女，A级，8900元"就是一条记录。

2）作用不同

字段是用来描述数据的属性的，它定义了数据表中某一列数据的属性，如数据的类型、长度等。

记录则是具体的数据，是多个字段的一个实例。它包含了每个字段对应的值。

3）实际应用中的角色不同

字段是创建和设计表结构时的重要组成部分，用于定义和约束数据的存储形式。

记录是实际操作（如增删查改）的对象，包含了一组具体的数据。

在设计表结构时，字段是必须定义的部分，而记录则是实际操作的对象。

# 任务3 表格的制作

## ➤ 任务目标

对录入的店铺商品信息进行表格边框的设定，并进行表格的美化。对商品的名称进行数据有效性设置，并对商品名称进行序号添加。对主力产品添加批注。

## ➤ 任务要求

①编制商品信息表，对表格进行美化；

②对产品名称录入进行有效性设置，限定产品名称的输入内容；

③进行表格格式优化与整理，如对商品进行序号添加、数据居中、字体大小统一等操作；

④对个别需要标注的产品添加批注。

## ➤ 知识准备

### 2.3.1 自动添加序号

#### 1）填充法

打开"素材文件/项目2/年终奖金发放表.xlsx"，在需要添加序号的第一个单元格中输入起始序号，然后拖动右下角的填充键，在最后一个目标单元格处松开鼠标键，结果如图2-3-1所示。点击右下角的图标，如图2-3-2所示，在下拉菜单中选择【填充序列】，结果如图2-3-3所示。

### 年终奖金发放表

| 业绩排名 | 姓名 | 销售额（万元） | 奖金（万元） |
|---|---|---|---|
| 1 | 宫强 | 3005 | 30 |
| 1 | 王小微 | 2988 | 30 |
| 1 | 宋松 | 2654 | 27 |
| 1 | 刘恩祥 | 2543 | 25 |
| 1 | 杜亮 | 2344 | 23 |
| 1 | 李有为 | 2317 | 23 |
| 1 | 向忠华 | 2210 | 22 |
| 1 | 陈晨曦 | 2019 | 20 |

图2-3-1 拖动填充键

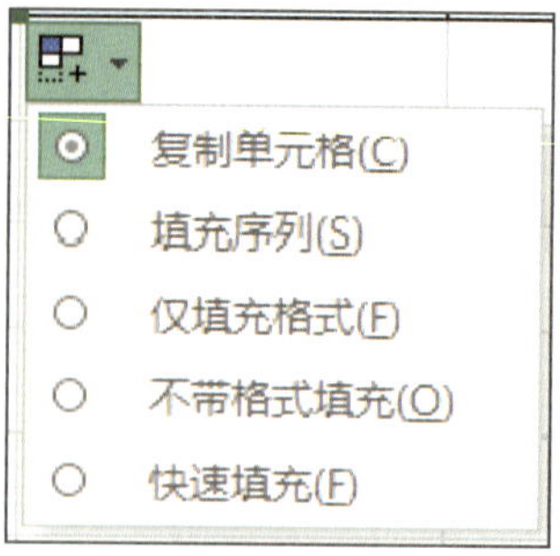

图2-3-2　选择"填充序列"

**年终奖金发放表**

| 业绩排名 | 姓名 | 销售额（万元） | 奖金（万元） |
|---|---|---|---|
| 1 | 宫强 | 3005 | 30 |
| 2 | 王小微 | 2988 | 30 |
| 3 | 宋松 | 2654 | 27 |
| 4 | 刘恩祥 | 2543 | 25 |
| 5 | 杜亮 | 2344 | 23 |
| 6 | 李有为 | 2317 | 23 |
| 7 | 向忠华 | 2210 | 22 |
| 8 | 陈晨曦 | 2019 | 20 |

图2-3-3　序号添加结果

### 2）拖动法

如图2-3-4所示，在需要输入序号的前两个单元格中依次输入1、2序号，然后选择这两个单元格，点击右下角的填充手柄向下拖动到最后一个目标单元格，即可完成序号的自动填充，结果如图2-3-5所示。

**年终奖金发放表**

| 业绩排名 | 姓名 | 销售额（万元） | 奖金（万元） |
|---|---|---|---|
| 1 | 宫强 | 3005 | 30 |
| 2 | 王小微 | 2988 | 30 |
|  | 宋松 | 2654 | 27 |
|  | 刘恩祥 | 2543 | 25 |
|  | 杜亮 | 2344 | 23 |
|  | 李有为 | 2317 | 23 |
|  | 向忠华 | 2210 | 22 |
|  | 陈晨曦 | 2019 | 20 |

图2-3-4　添加1、2序号

**年终奖金发放表**

| 业绩排名 | 姓名 | 销售额（万元） | 奖金（万元） |
|---|---|---|---|
| 1 | 宫强 | 3005 | 30 |
| 1 | 王小微 | 2988 | 30 |
| 1 | 宋松 | 2654 | 27 |
| 1 | 刘恩祥 | 2543 | 25 |
| 1 | 杜亮 | 2344 | 23 |
| 1 | 李有为 | 2317 | 23 |
| 1 | 向忠华 | 2210 | 22 |
| 1 | 陈晨曦 | 2019 | 20 |

图2-3-5　拖动填充手柄

### 3）名称框法

在需要输入数字序列的第一个单元格中输入"=Row(A1)"公式，如图2-3-6所示，然后往下拖动就会自动进行序号填充。或者首先选中要进行数字填充的单元格范围，然后在公式栏输入相同的公式并同时按【Ctrl+Enter】键，就可以实现选中单元格数字的快速填充，结果如图2-3-7所示。

**年终奖金发放表**

| 业绩排名 | 姓名 | 销售额（万元） | 奖金（万元） |
|---|---|---|---|
| =ROW(A1) | 宫强 | 3005 | 30 |
| | 王小微 | 2988 | 30 |
| | 宋松 | 2654 | 27 |
| | 刘恩祥 | 2543 | 25 |
| | 杜亮 | 2344 | 23 |
| | 李有为 | 2317 | 23 |
| | 向忠华 | 2210 | 22 |
| | 陈晨曦 | 2019 | 20 |

图2-3-6　输入函数

### 2.3.2　数据的有效性

❖**STEP 1** 打开"素材文件/项目2/年终奖金发放表.xlsx"，假定"奖金"发放金额的范围为20万~90万元。选中需要设置数据有效性的单元格如F3：F8，点击"数据"选项卡。

## 年终奖金发放表

| 业绩排名 | 姓名 | 销售额（万元） | 奖金（万元） |
|---|---|---|---|
| 1 | 宫强 | 3005 | 30 |
| 2 | 王小微 | 2988 | 30 |
| 3 | 宋松 | 2654 | 27 |
| 4 | 刘恩祥 | 2543 | 25 |
| 5 | 杜亮 | 2344 | 23 |
| 6 | 李有为 | 2317 | 23 |
| 7 | 向忠华 | 2210 | 22 |
| 8 | 陈晨曦 | 2019 | 20 |

图2-3-7 填充单元格

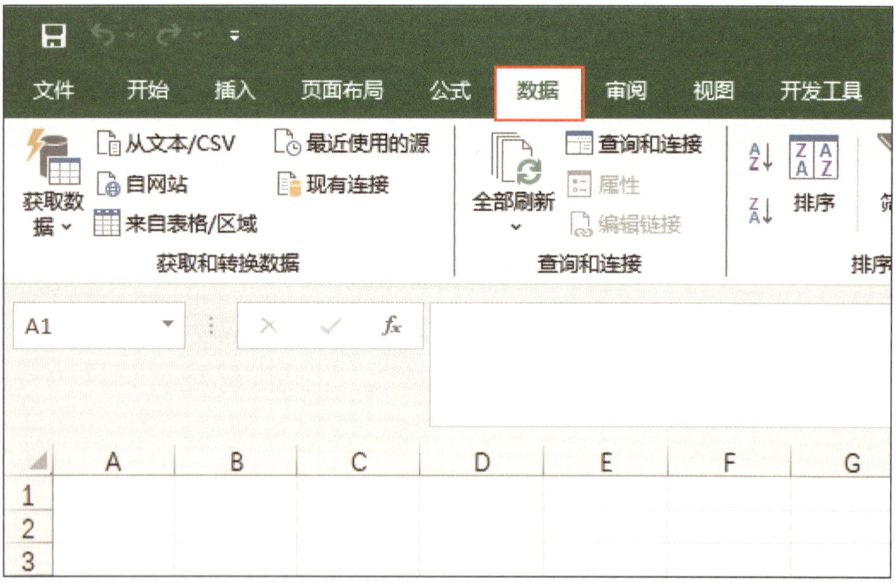

图2-3-8 点击"数据"选项卡

❖**STEP 2** 在"数据"选项卡中选择"数据验证"功能，如图2-3-9所示。

图2-3-9 选择"数据验证"功能

❖**STEP 3** 在数据验证的对话框中，选择需要设置的数据有效性类型。以数字为例，选择"整数"，然后选择类型，是介于两个数值之间的数据，还是大于、小于或者等于选项，如图2-3-10所示。

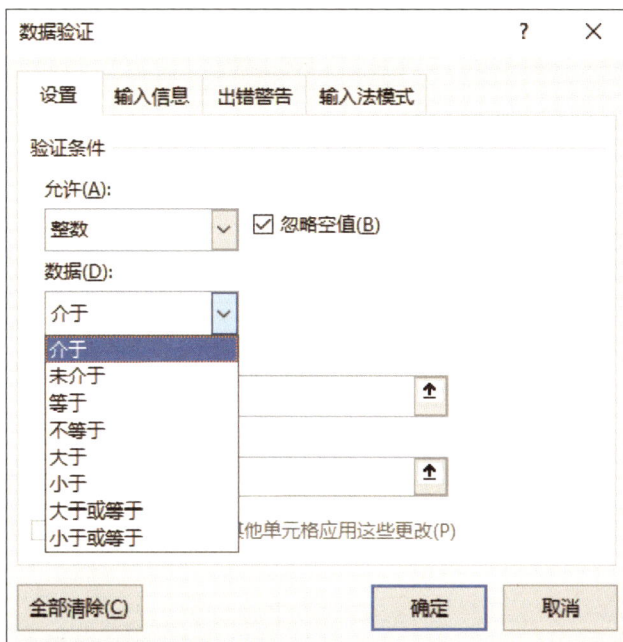

图2-3-10　选择"数据"类型

❖**STEP 4** 输入最大值或者最小值，切换到"出错警告"，如图2-3-11所示。

图2-3-11　输入最大值

❖**STEP 5** 勾选"输入无效数据时显示出错警告",设置警告的样式、标题、错误信息,如图2-3-12所示。

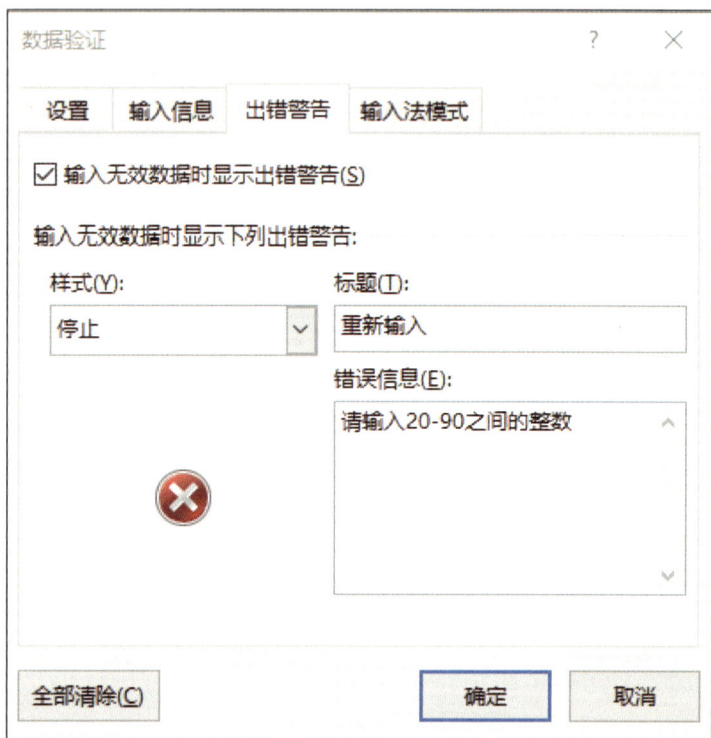

图2-3-12　设置警告信息

❖**STEP 6** 点击"确定"。在设置了数据有效性的单元格内,输入不在有效性范围内的数字,就会出现设置的出错警告,如图2-3-13所示。

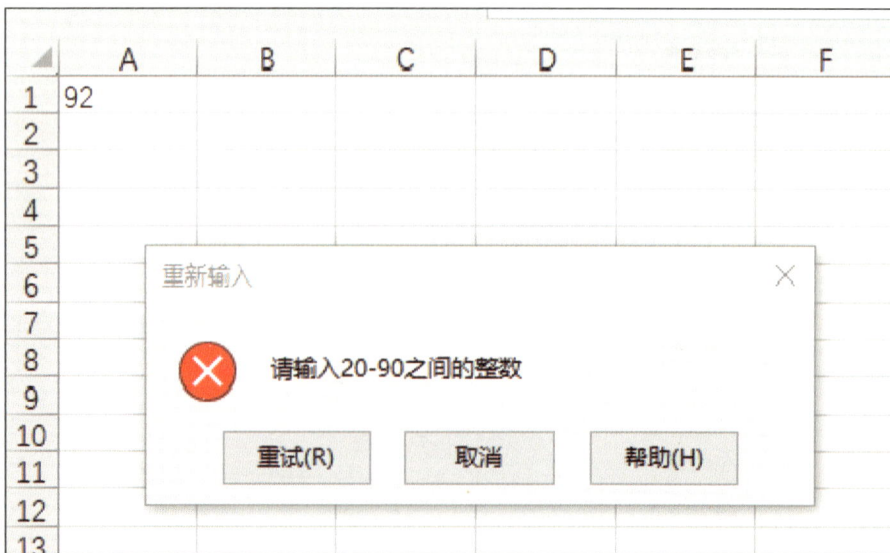

图2-3-13　出错警告

### 2.3.3　添加批注

❖**STEP 1** 选择单元格。

打开"素材文件/项目2/年终奖金发放表.xlsx"，点击并选择所要进行处理的单元格，如要给"刘恩祥"添加批注，则选中该单元格，点击右键。在出现的菜单中选择"插入批注"，如图2-3-14所示。

图2-3-14　右键选择"插入批注"

❖**STEP 2** 书写批注内容。

点击"插入批注"之后，会在单元格右上角出现批注的红色三角符号。在跳出的批注内容输入框中输入需要批注的内容。此后，当光标靠近此单元格时，批注内容则会自动呈现，如图2-3-15所示。如要删除该批注，则点击右键，选择"删除批注"选项，如图2-3-16所示。

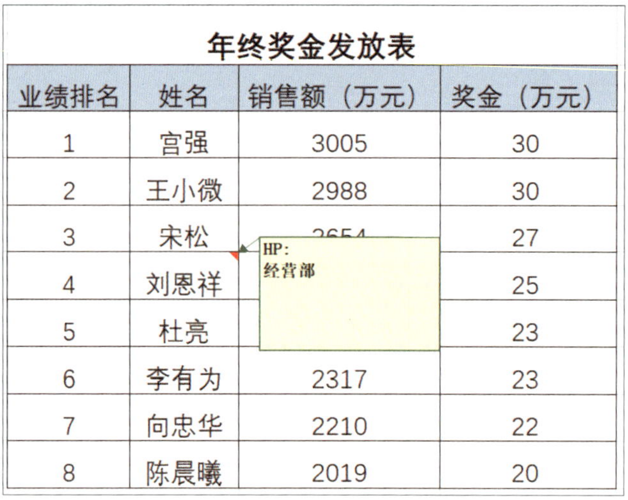

### 年终奖金发放表

| 业绩排名 | 姓名 | 销售额（万元） | 奖金（万元） |
|---|---|---|---|
| 1 | 宫强 | 3005 | 30 |
| 2 | 王小微 | 2988 | 30 |
| 3 | 宋松 | 2654 | 27 |
| 4 | 刘恩祥 | | 25 |
| 5 | 杜亮 | | 23 |
| 6 | 李有为 | 2317 | 23 |
| 7 | 向忠华 | 2210 | 22 |
| 8 | 陈晨曦 | 2019 | 20 |

HP:
经营部

图2-3-15　批注信息

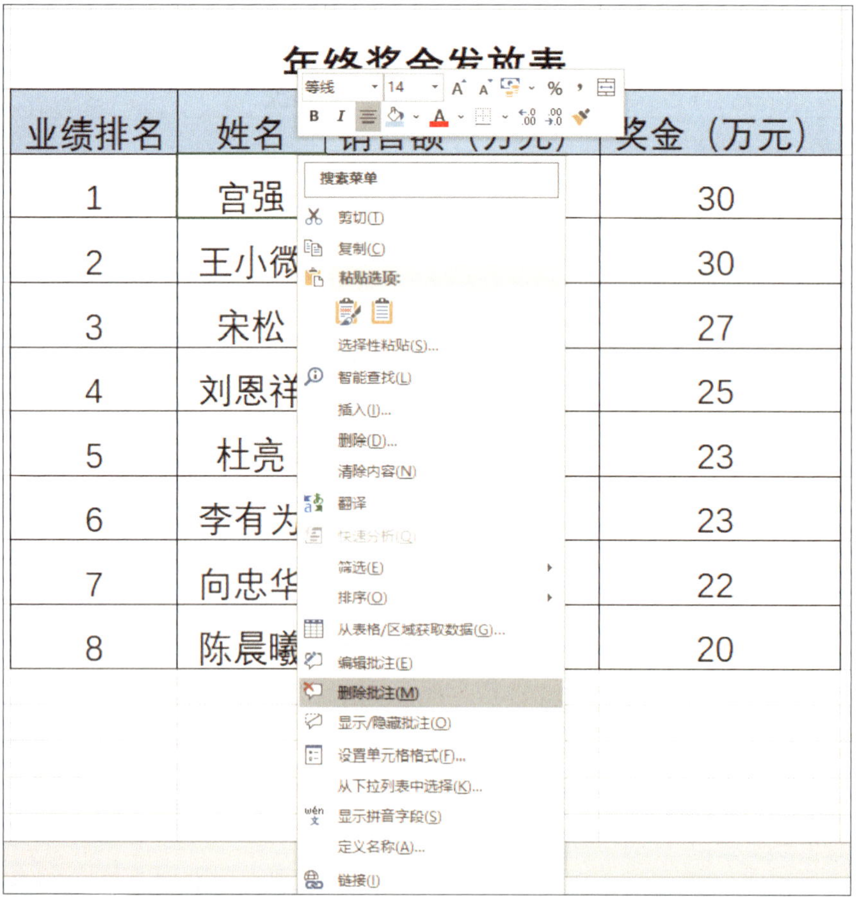

### 年终奖金发放表

图2-3-16　删除批注

此外，添加批注还可以通过"审阅"选项卡下面的"新建批注"进行操作，如图2-3-17所示。

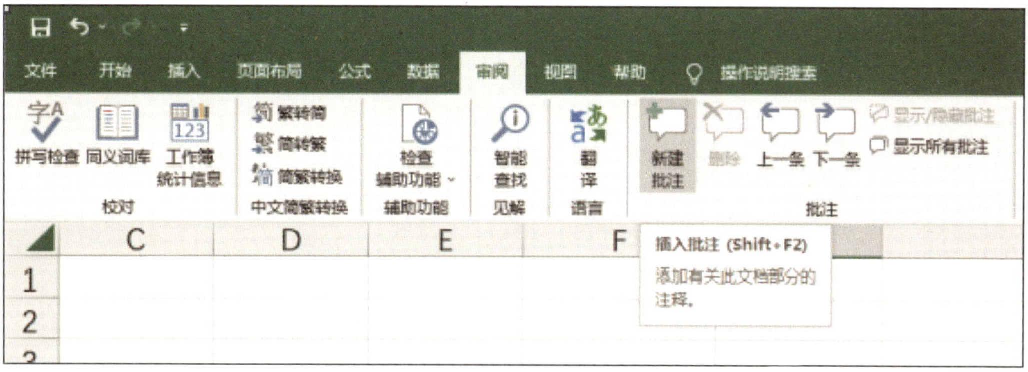

图2-3-17　新建批注

## 2.3.4　美化图表

在进行商务表格编制时，在保证数据的准确性和易读性的基础之上，还应该有合理的表格布局、清新的色彩搭配以及整洁清晰的版面。通过图表的美化，可以提高数据的展现能力，提升Excel文档的品质感。因此，有必要在编制商务表格时进行美化。进行表格的美化可以按照以下几个步骤进行：

❖**STEP 1** 套用单元格样式、表格样式。

Excel表格中包含多种内置的单元格样式，灵活应用这些单元格样式，就可以制作出美观的表格效果。在"开始"选项卡下面点击"单元格样式"，可以运用其中的功能选项进行单元格样式套用；同样，也可以点击"套用表格格式"功能对整个表格进行格式套用。如图2-3-18、图2-3-19所示。

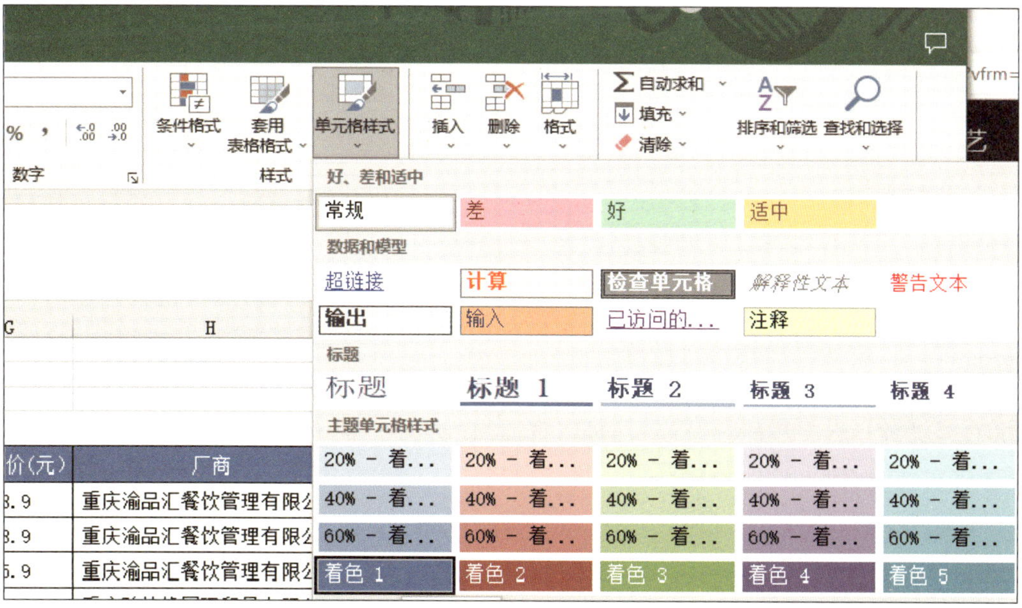

图2-3-18　套用单元格样式

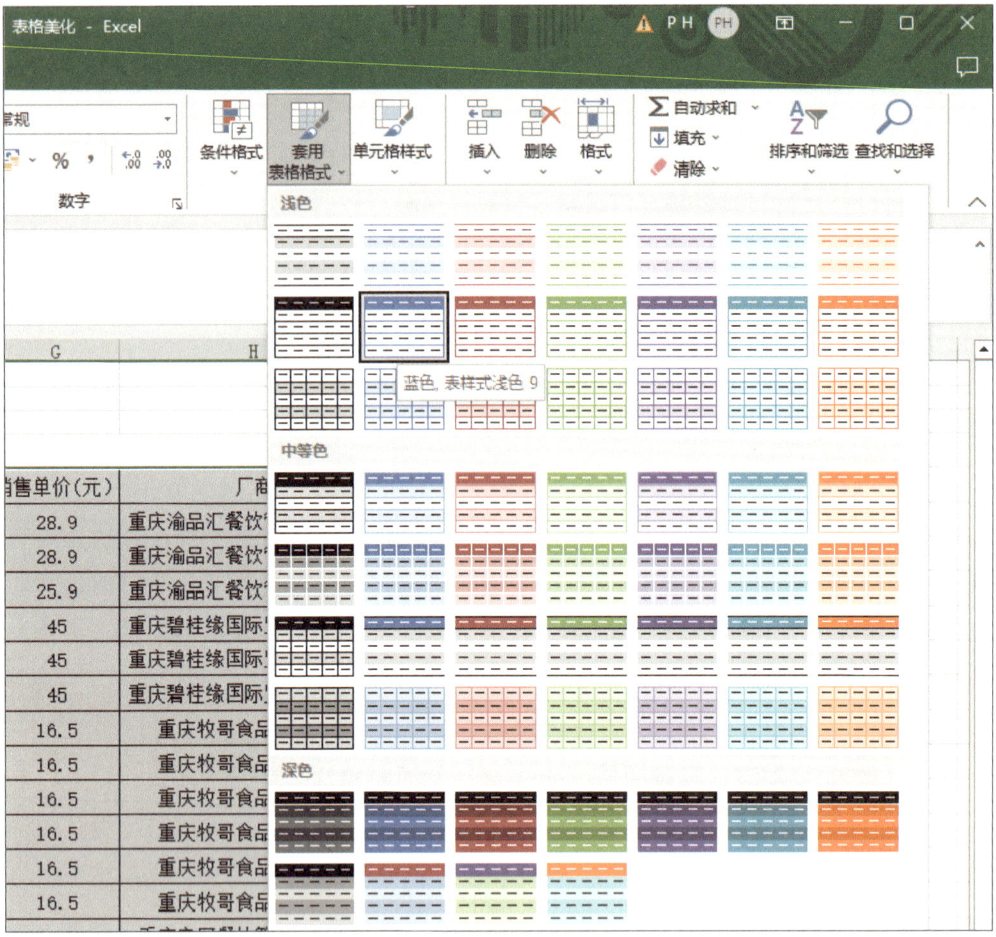

图2-3-19　套用表格格式

除了使用Excel模板以及套用表格样式的方法，也可以通过对表格中的元素进行自定义的设置，进行表格的个性化设计。

❖**STEP 2** 对字体、字号进行设置。

一般情况下，表格中的中文部分可以选择"宋体"或是"等线"，字母或是数字部分可选择"Arial"字体，一个表格内使用的字体数量要尽量少。另外，要使用系统内置字体，以免在其他电脑中打开文件时字体出现异常。

字号大小的选择要结合表格的内容多少以及纸张大小进行设置。以A4纸张大小的表格为例，表格标题的字号通常选择14~18号，字段标题和正文部分的字号可以选择10~12号，并且将字段标题设置为加粗。同一个表格内的字号大小前后要统一，字号类型不能设置太多。

❖**STEP 3** 颜色设置。颜色设置包括字体颜色和单元格填充颜色两种。

为了突出显示表格结构，可以将字段标题添加填充颜色。选择颜色时注意不要过于鲜艳或者太深，同一个工作表中的颜色也不要太多，一般不超过三种颜色为宜。设计表格颜色时一般使用同一个色系，再以不同的颜色深浅进行区别。另外，设置填充颜色时要与字体颜色相协调。设置表格颜色时，可以参考已有表格的配色方案，也可以百度搜索关键字"配色方案"，参照在线网站的配色方案进行设置。通常情况下，专业的配色网站会给出不同颜色的RGB值。

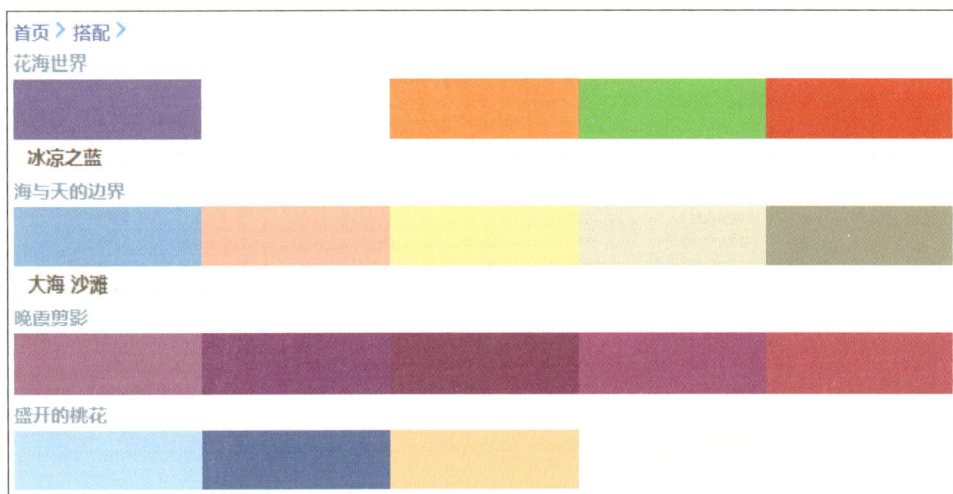

图2-3-20　配色方案

以设置字段标题为例，将单元格填充颜色RGB值设置为56，88，136，然后设置字体为白色，居中对齐。

❖**STEP 4** 对齐方式设置。通常情况下，对齐方式可以使用Excel中的默认设置，即数值靠右、文本靠左对齐，字段标题可以设置为居中对齐。

❖**STEP 5** 表格标题设置。表格标题可以通过设置字体颜色和加大字号的方式来突出显示。另外，标题字体颜色要和文档中的主要颜色协调一致。

❖**STEP 6** 突出汇总数据。表格中有汇总数据时，应设置不同格式，以便于和明细数据加以区分。

❖**STEP 7** 隔行填充颜色。

使用隔行填充颜色效果，能够便于查看数据，使表格整体看起来更加清晰。打开"素材文件/项目2/表格美化.xlsx/美化前表格"，如图2-3-21所示。先设置第一行数据的填充颜色，颜色设置要浅一些。然后同时选中第一行和第二行数据，使用格式刷将格式复制到表格其他区域，如图2-3-22所示。

❖**STEP 8** 边框设置。

一般情况下，在进行表格边框设计时，不要求将整个表格全部加上边框。可以只对主要层级的数据设置边框，如对上下外边框或者字段所在行设置边框，而明细数据不添加边框，或者设置不同粗细的边框以示区别。设置边框时，同一层级的数据应使用相同粗细的边框效果。

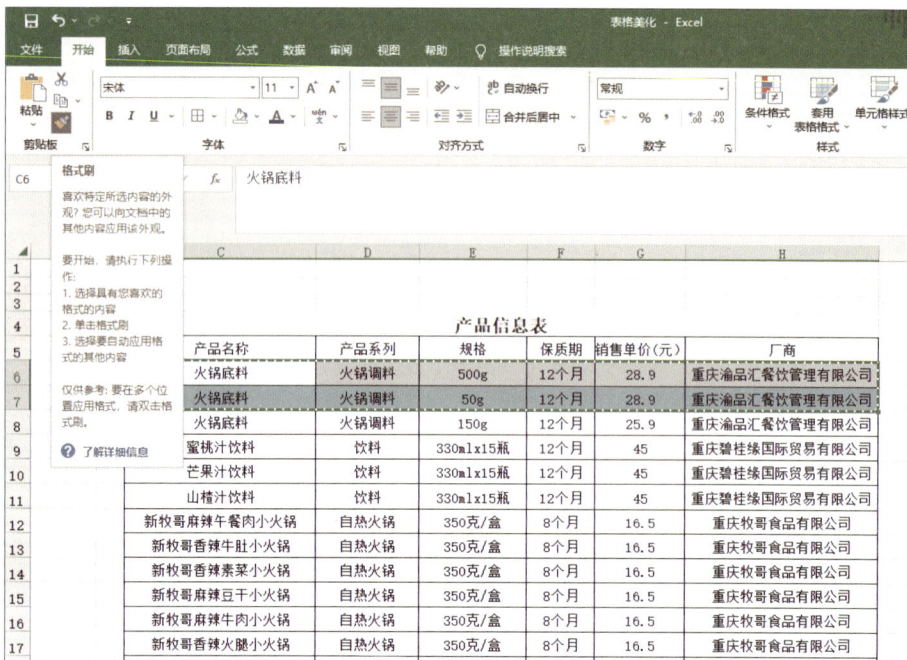

图2-3-21　选中表格前两行

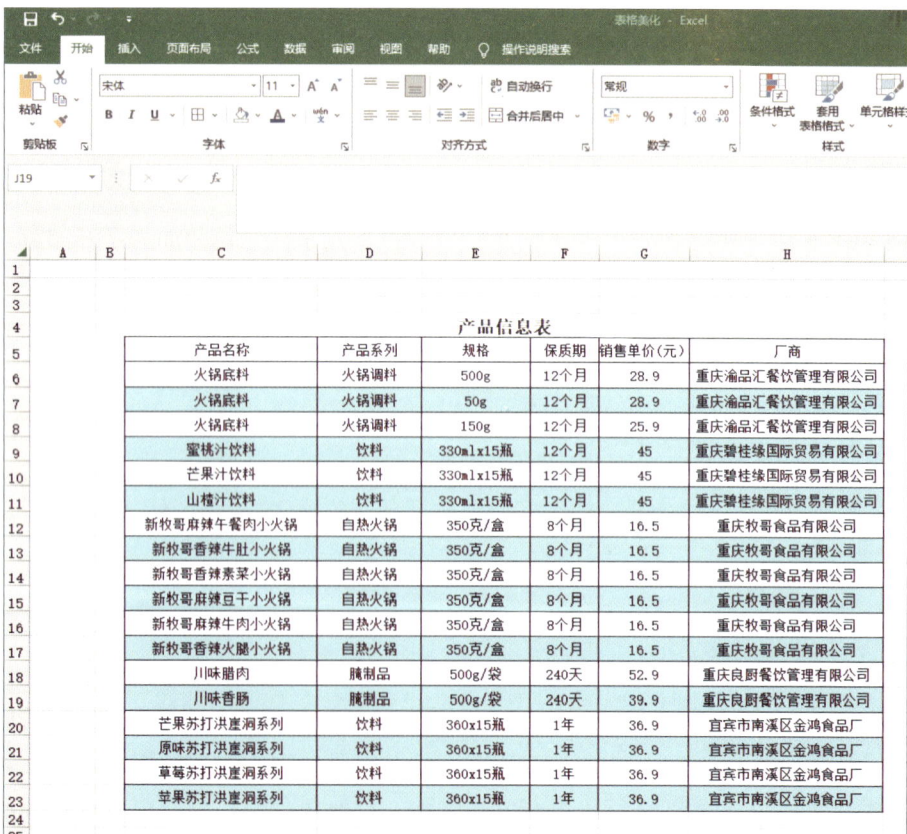

图2-3-22　复制格式

另外，同一类报表尽量使用相同的外观设置，风格统一的报表看起来会更加规范。美化前的表格如图2-3-23所示，美化后的表格参考效果如图2-3-24所示。

### 产品信息表

| 产品名称 | 产品系列 | 规格 | 保质期 | 销售单价(元) | 厂商 |
|---|---|---|---|---|---|
| 火锅底料 | 火锅调料 | 500g | 12个月 | 28.9 | 重庆渝品汇餐饮管理有限公司 |
| 火锅底料 | 火锅调料 | 50g | 12个月 | 28.9 | 重庆渝品汇餐饮管理有限公司 |
| 火锅底料 | 火锅调料 | 150g | 12个月 | 25.9 | 重庆渝品汇餐饮管理有限公司 |
| 蜜桃汁饮料 | 饮料 | 330ml x15瓶 | 12个月 | 45 | 重庆碧桂缘国际贸易有限公司 |
| 芒果汁饮料 | 饮料 | 330ml x15瓶 | 12个月 | 45 | 重庆碧桂缘国际贸易有限公司 |
| 山楂汁饮料 | 饮料 | 330ml x15瓶 | 12个月 | 45 | 重庆碧桂缘国际贸易有限公司 |
| 新牧哥麻辣午餐肉小火锅 | 自热火锅 | 350克/盒 | 8个月 | 16.5 | 重庆牧哥食品有限公司 |
| 新牧哥香辣牛肚小火锅 | 自热火锅 | 350克/盒 | 8个月 | 16.5 | 重庆牧哥食品有限公司 |
| 新牧哥香辣素菜小火锅 | 自热火锅 | 350克/盒 | 8个月 | 16.5 | 重庆牧哥食品有限公司 |
| 新牧哥麻辣豆干小火锅 | 自热火锅 | 350克/盒 | 8个月 | 16.5 | 重庆牧哥食品有限公司 |
| 新牧哥麻辣牛肉小火锅 | 自热火锅 | 350克/盒 | 8个月 | 16.5 | 重庆牧哥食品有限公司 |
| 新牧哥香辣火腿小火锅 | 自热火锅 | 350克/盒 | 8个月 | 16.5 | 重庆牧哥食品有限公司 |
| 川味腊肉 | 腌制品 | 500g/袋 | 240天 | 52.9 | 重庆良厨餐饮管理有限公司 |
| 川味香肠 | 腌制品 | 500g/袋 | 240天 | 39.9 | 重庆良厨餐饮管理有限公司 |
| 芒果苏打洪崖洞系列 | 饮料 | 360x15瓶 | 1年 | 36.9 | 宜宾市南溪区金鸿食品厂 |
| 原味苏打洪崖洞系列 | 饮料 | 360x15瓶 | 1年 | 36.9 | 宜宾市南溪区金鸿食品厂 |
| 草莓苏打洪崖洞系列 | 饮料 | 360x15瓶 | 1年 | 36.9 | 宜宾市南溪区金鸿食品厂 |
| 苹果苏打洪崖洞系列 | 饮料 | 360x15瓶 | 1年 | 36.9 | 宜宾市南溪区金鸿食品厂 |

图2-3-23 美化前的表格

### 产品信息表

| 产品名称 | 产品系列 | 规格 | 保质期 | 销售单价(元) | 厂商 |
|---|---|---|---|---|---|
| 火锅底料 | 火锅调料 | 500g | 12个月 | 28.9 | 重庆渝品汇餐饮管理有限公司 |
| 火锅底料 | 火锅调料 | 50g | 12个月 | 28.9 | 重庆渝品汇餐饮管理有限公司 |
| 火锅底料 | 火锅调料 | 150g | 12个月 | 25.9 | 重庆渝品汇餐饮管理有限公司 |
| 蜜桃汁饮料 | 饮料 | 330ml x15瓶 | 12个月 | 45 | 重庆碧桂缘国际贸易有限公司 |
| 芒果汁饮料 | 饮料 | 330ml x15瓶 | 12个月 | 45 | 重庆碧桂缘国际贸易有限公司 |
| 山楂汁饮料 | 饮料 | 330ml x15瓶 | 12个月 | 45 | 重庆碧桂缘国际贸易有限公司 |
| 新牧哥麻辣午餐肉小火锅 | 自热火锅 | 350克/盒 | 8个月 | 16.5 | 重庆牧哥食品有限公司 |
| 新牧哥香辣牛肚小火锅 | 自热火锅 | 350克/盒 | 8个月 | 16.5 | 重庆牧哥食品有限公司 |
| 新牧哥香辣素菜小火锅 | 自热火锅 | 350克/盒 | 8个月 | 16.5 | 重庆牧哥食品有限公司 |
| 新牧哥麻辣豆干小火锅 | 自热火锅 | 350克/盒 | 8个月 | 16.5 | 重庆牧哥食品有限公司 |
| 新牧哥麻辣牛肉小火锅 | 自热火锅 | 350克/盒 | 8个月 | 16.5 | 重庆牧哥食品有限公司 |
| 新牧哥香辣火腿小火锅 | 自热火锅 | 350克/盒 | 8个月 | 16.5 | 重庆牧哥食品有限公司 |
| 川味腊肉 | 腌制品 | 500g/袋 | 240天 | 52.9 | 重庆良厨餐饮管理有限公司 |
| 川味香肠 | 腌制品 | 500g/袋 | 240天 | 39.9 | 重庆良厨餐饮管理有限公司 |
| 芒果苏打洪崖洞系列 | 饮料 | 360x15瓶 | 1年 | 36.9 | 宜宾市南溪区金鸿食品厂 |
| 原味苏打洪崖洞系列 | 饮料 | 360x15瓶 | 1年 | 36.9 | 宜宾市南溪区金鸿食品厂 |
| 草莓苏打洪崖洞系列 | 饮料 | 360x15瓶 | 1年 | 36.9 | 宜宾市南溪区金鸿食品厂 |
| 苹果苏打洪崖洞系列 | 饮料 | 360x15瓶 | 1年 | 36.9 | 宜宾市南溪区金鸿食品厂 |

图2-3-24 美化后的表格

### 2.3.5　设置条件格式

设置条件格式的步骤为：

①选择需要进行格式设置的表格区域，在功能区选择"条件格式"选项。

②在下拉菜单中选择适合的条件格式。如图2-3-25所示，可选择突出单元格规则、数据条、色阶、图标集等常用的条件格式设置选项进行单元格格式的设置。

图2-3-25　点击"条件格式"

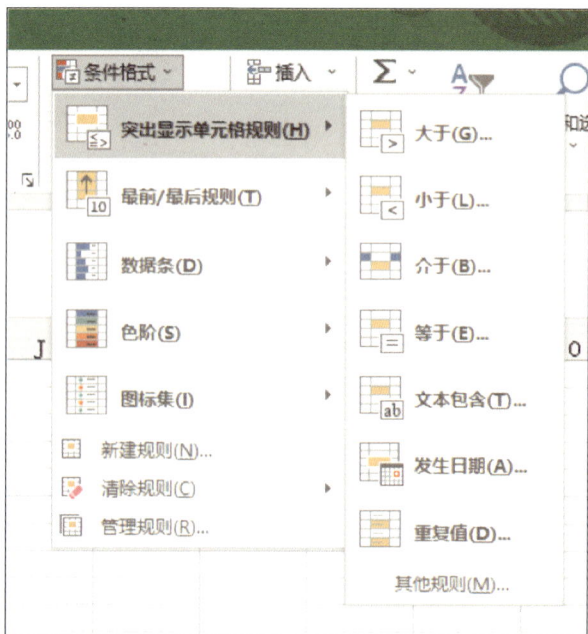

图2-3-26　选择"突出显示单元格规则"

❖**STEP 1** 打开"素材文件/项目2/条件格式设置.xlsx",如图2-3-27所示,先点击"条件格式"下拉菜单"突出单元格规则"。选中"大于"选项,在弹出的对话框中输入"35",并进行颜色设置。如图2-3-28所示,销售单价中大于35元的数据则被标注为对应的颜色加以突出显示。

| 产品信息表 | | | | | |
|---|---|---|---|---|---|
| 产品系列 | 规格 | 保质期 | 销售单价(元) | 厂商 | 采购单价 |
| 火锅调料 | 500g | 12个月 | 28.9 | 渝品汇餐饮管理有限公司 | 18.79 |
| 火锅调料 | 50g | 12个月 | 28.9 | 渝品汇餐饮管理有限公司 | 18.79 |
| 火锅调料 | 150g | 12个月 | 25.9 | 渝品汇餐饮管理有限公司 | 16.84 |
| 腌制品 | 500g/袋 | 240天 | 52.9 | 良厨餐饮管理有限公司 | 42.32 |
| 腌制品 | 500g/袋 | 240天 | 39.9 | 良厨餐饮管理有限公司 | 31.92 |
| 饮料 | 380-1×15瓶 | 18个月 | 45 | 碧桂绿国际贸易有限公司 | 40.50 |
| 饮料 | | | | | 40.50 |
| 饮料 | | | | | 40.50 |
| 饮料 | | | | | 33.21 |
| 饮料 | | | | | 33.21 |
| 饮料 | | | | | 33.21 |
| 饮料 | 360x15瓶 | 1年 | 36.9 | 宜宾市南溪区金鸿食品厂 | 33.21 |
| 自热火锅 | 350克/盒 | 8个月 | 16.5 | 牧哥食品有限公司 | 12.38 |
| 自热火锅 | 350克/盒 | 8个月 | 16.5 | 牧哥食品有限公司 | 12.38 |
| 自热火锅 | 350克/盒 | 8个月 | 16.5 | 牧哥食品有限公司 | 12.38 |
| 自热火锅 | 350克/盒 | 8个月 | 16.5 | 牧哥食品有限公司 | 12.38 |
| 自热火锅 | 350克/盒 | 8个月 | 16.5 | 牧哥食品有限公司 | 12.38 |
| 自热火锅 | 350克/盒 | 8个月 | 16.5 | 牧哥食品有限公司 | 12.38 |

对话框内容:
大于 ? ×
为大于以下值的单元格设置格式:
35  设置为 浅红填充色深红色文本
确定 取消

图2-3-27 设置单元格规则

❖**STEP 2** 选中"采购数量"一列,点击"条件格式"下拉菜单"最前/最后规则",选中"高于平均值"选项,采购数量大于平均数的数据则被设定的颜色标记出来,结果如图2-3-31所示。

❖**STEP 3** 选中"销售数量"一列,点击"条件格式"下拉菜单"数据条",任选一种数据条格式,则销售数量一列根据数据的大小进行了不同长短数据条的显示,如图2-3-33所示。

❖**STEP 4** 选中"采购数量"一列,点击"条件格式"下拉菜单"色阶",任选一种色阶格式,则采购数量一列根据数据的大小进行了不同颜色的显示。同样的数据被标注为同一种颜色,如图2-3-34、图2-3-35所示。

## 产品信息表

| 产品系列 | 规格 | 保质期 | 销售单价（元） | 厂商 |
|---|---|---|---|---|
| 火锅调料 | 500g | 12个月 | 28.9 | 渝品汇餐饮管理有限公司 |
| 火锅调料 | 50g | 12个月 | 28.9 | 渝品汇餐饮管理有限公司 |
| 火锅调料 | 150g | 12个月 | 25.9 | 渝品汇餐饮管理有限公司 |
| 腌制品 | 500g/袋 | 240天 | 52.9 | 良厨餐饮管理有限公司 |
| 腌制品 | 500g/袋 | 240天 | 39.9 | 良厨餐饮管理有限公司 |
| 饮料 | 330ml×15瓶 | 12个月 | 45 | 碧桂缘国际贸易有限公司 |
| 饮料 | 330ml×15瓶 | 12个月 | 45 | 碧桂缘国际贸易有限公司 |
| 饮料 | 330ml×15瓶 | 12个月 | 45 | 碧桂缘国际贸易有限公司 |
| 饮料 | 360x15瓶 | 1年 | 36.9 | 宜宾市南溪区金鸿食品厂 |
| 饮料 | 360x15瓶 | 1年 | 36.9 | 宜宾市南溪区金鸿食品厂 |
| 饮料 | 360x15瓶 | 1年 | 36.9 | 宜宾市南溪区金鸿食品厂 |
| 饮料 | 360x15瓶 | 1年 | 36.9 | 宜宾市南溪区金鸿食品厂 |
| 自热火锅 | 350克/盒 | 8个月 | 16.5 | 牧哥食品有限公司 |
| 自热火锅 | 350克/盒 | 8个月 | 16.5 | 牧哥食品有限公司 |
| 自热火锅 | 350克/盒 | 8个月 | 16.5 | 牧哥食品有限公司 |
| 自热火锅 | 350克/盒 | 8个月 | 16.5 | 牧哥食品有限公司 |
| 自热火锅 | 350克/盒 | 8个月 | 16.5 | 牧哥食品有限公司 |
| 自热火锅 | 350克/盒 | 8个月 | 16.5 | 牧哥食品有限公司 |

图2-3-28　显示结果

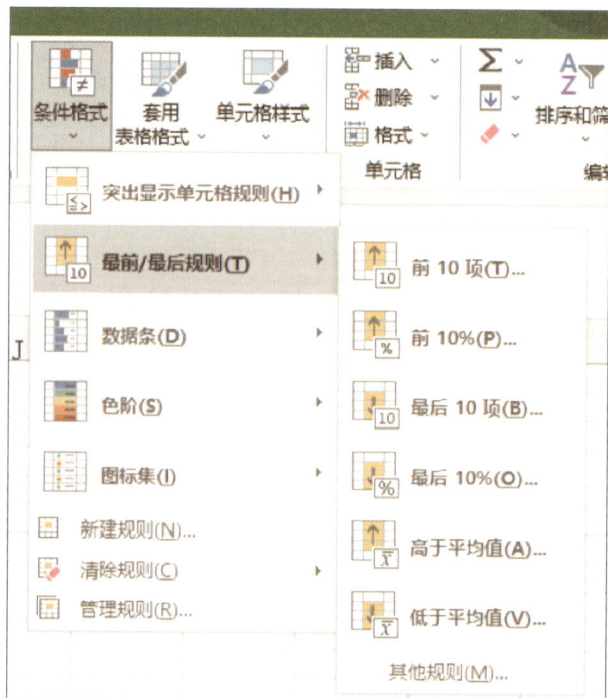

图2-3-29　选择"最前/最后规则"

息表

| 厂商 | | | | 数量 |
|---|---|---|---|---|
| 渝品汇餐饮管理有限公司 | | | | 8 |
| 渝品汇餐饮管理有限公司 | | | | 6 |
| 渝品汇餐饮管理有限公司 | | | | 6 |
| 良厨餐饮管理有限公司 | | | | |
| 良厨餐饮管理有限公司 | 31.92 | 5 | 1 | |
| 碧桂缘国际贸易有限公司 | 40.50 | 30 | | |
| 碧桂缘国际贸易有限公司 | 40.50 | 30 | 1215 | 超市1 | 15 |
| 碧桂缘国际贸易有限公司 | 40.50 | 30 | 1215 | 超市2 | 24 |
| 宜宾市南溪区金鸿食品厂 | 33.21 | 50 | 1660.5 | 超市3 | 12 |
| 宜宾市南溪区金鸿食品厂 | 33.21 | 50 | 1660.5 | 超市2 | 36 |
| 宜宾市南溪区金鸿食品厂 | 33.21 | 50 | 1660.5 | 超市2 | 9 |
| 宜宾市南溪区金鸿食品厂 | 33.21 | 100 | 3321 | 超市2 | 20 |
| 牧哥食品有限公司 | 12.38 | 10 | 123.75 | 超市2 | 9 |
| 牧哥食品有限公司 | 12.38 | 10 | 123.75 | 超市2 | 6 |
| 牧哥食品有限公司 | 12.38 | 10 | 123.75 | 超市1 | 7 |
| 牧哥食品有限公司 | 12.38 | 10 | 123.75 | 超市1 | 3 |
| 牧哥食品有限公司 | 12.38 | 10 | 123.75 | 超市1 | 9 |
| 牧哥食品有限公司 | 12.38 | 10 | 123.75 | 超市2 | 8 |

图2-3-30　选择"高于平均值"选项

| 保质期 | 销售单价（元） | 厂商 | 采购单价 | 采购数量 |
|---|---|---|---|---|
| 12个月 | 28.9 | 渝品汇餐饮管理有限公司 | 18.79 | 20 |
| 12个月 | 28.9 | 渝品汇餐饮管理有限公司 | 18.79 | 30 |
| 12个月 | 25.9 | 渝品汇餐饮管理有限公司 | 16.84 | 50 |
| 240天 | 52.9 | 良厨餐饮管理有限公司 | 42.32 | 5 |
| | | 良厨餐饮管理有限公司 | 31.92 | 5 |
| | | 易有限公司 | 40.50 | 30 |
| | | 易有限公司 | 40.50 | 30 |
| | | 易有限公司 | 40.50 | 30 |
| | | 金鸿食品厂 | 33.21 | 50 |
| | | 金鸿食品厂 | 33.21 | 50 |
| 1年 | 36.9 | 宜宾市南溪区金鸿食品厂 | 33.21 | 50 |
| 1年 | 36.9 | 宜宾市南溪区金鸿食品厂 | 33.21 | 100 |
| 8个月 | 16.5 | 牧哥食品有限公司 | 12.38 | 10 |
| 8个月 | 16.5 | 牧哥食品有限公司 | 12.38 | 10 |
| 8个月 | 16.5 | 牧哥食品有限公司 | 12.38 | 10 |
| 8个月 | 16.5 | 牧哥食品有限公司 | 12.38 | 10 |
| 8个月 | 16.5 | 牧哥食品有限公司 | 12.38 | 10 |
| 8个月 | 16.5 | 牧哥食品有限公司 | 12.38 | 10 |

（对话框覆盖部分）

高于平均值　　　　　　　　　? ×

为高于平均值的单元格设置格式：

针对选定区域，设置为　浅红填充色深红色文本　∨

确定　　取消

图2-3-31　单元格颜色设置

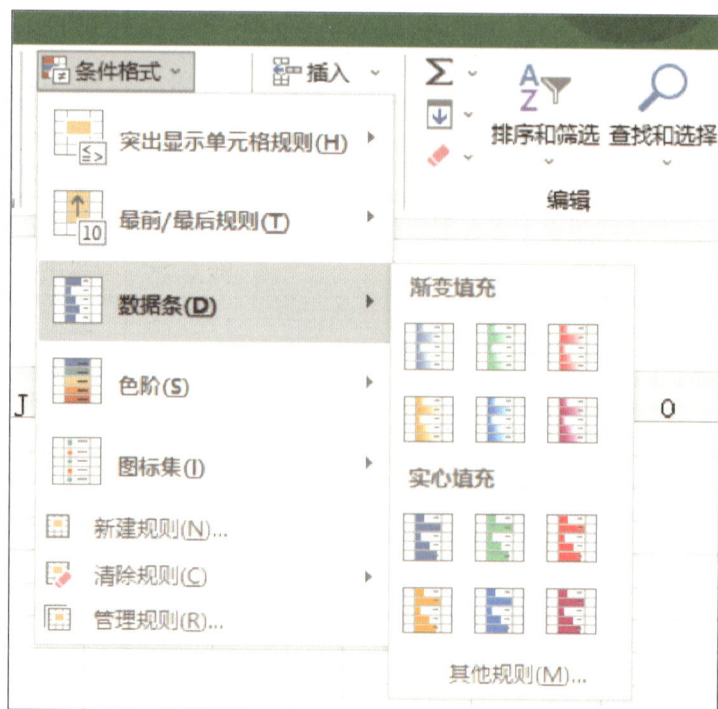

图2-3-32　选择"数据条"选项

| 采购单价 | 采购数量 | 采购金额 | 采购超市 | 销售数量 |
|---|---|---|---|---|
| 18.79 | 20 | 375.7 | 超市1 | 18 |
| 18.79 | 30 | 563.55 | 超市1 | 16 |
| 16.84 | 50 | 841.75 | 超市3 | 45 |
| 42.32 | 5 | 211.6 | 超市3 | 3 |
| 31.92 | 5 | 159.6 | 超市3 | 1 |
| 40.50 | 30 | 1215 | 超市3 | 10 |
| 40.50 | 30 | 1215 | 超市1 | 15 |
| 40.50 | 30 | 1215 | 超市2 | 24 |
| 33.21 | 50 | 1660.5 | 超市3 | 12 |
| 33.21 | 50 | 1660.5 | 超市2 | 36 |
| 33.21 | 50 | 1660.5 | 超市2 | 9 |
| 33.21 | 100 | 3321 | 超市2 | 20 |
| 12.38 | 10 | 123.75 | 超市2 | 9 |
| 12.38 | 10 | 123.75 | 超市2 | 6 |
| 12.38 | 10 | 123.75 | 超市1 | 7 |
| 12.38 | 10 | 123.75 | 超市1 | 3 |
| 12.38 | 10 | 123.75 | 超市1 | 9 |
| 12.38 | 10 | 123.75 | 超市2 | 8 |

图2-3-33 数据条结果显示

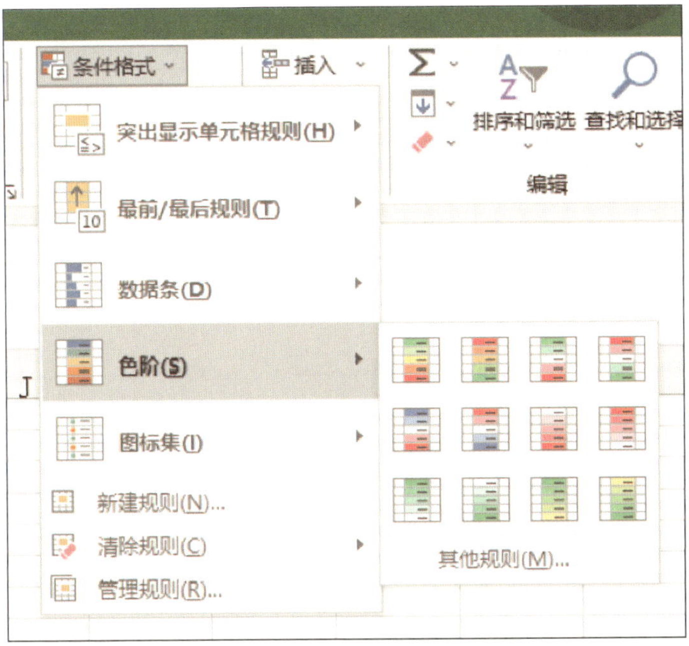

图2-3-34 选择"色阶"选项

| 采购单价 | 采购数量 | 采购金额 | 采购超市 | 销售数量 |
|---|---|---|---|---|
| 18.79 | 20 | 375.7 | 超市1 | 18 |
| 18.79 | 30 | 563.55 | 超市1 | 16 |
| 16.84 | 50 | 841.75 | 超市3 | 45 |
| 42.32 | 5 | 211.6 | 超市3 | 3 |
| 31.92 | 5 | 159.6 | 超市3 | 1 |
| 40.50 | 30 | 1215 | 超市3 | 10 |
| 40.50 | 30 | 1215 | 超市1 | 15 |
| 40.50 | 30 | 1215 | 超市2 | 24 |
| 33.21 | 50 | 1660.5 | 超市3 | 12 |
| 33.21 | 50 | 1660.5 | 超市2 | 36 |
| 33.21 | 50 | 1660.5 | 超市2 | 9 |
| 33.21 | 100 | 3321 | 超市2 | 20 |
| 12.38 | 10 | 123.75 | 超市2 | 9 |
| 12.38 | 10 | 123.75 | 超市2 | 6 |
| 12.38 | 10 | 123.75 | 超市1 | 7 |
| 12.38 | 10 | 123.75 | 超市1 | 3 |
| 12.38 | 10 | 123.75 | 超市1 | 9 |
| 12.38 | 10 | 123.75 | 超市2 | 8 |

图2-3-35    "色阶"结果显示

❖**STEP 5** 选中"采购金额"一列，点击"条件格式"下拉菜单"图标集"，任选一种图标集格式，则采购金额一列根据数据的大小进行了不同图标的显示，如图2-3-36、图2-3-37所示。

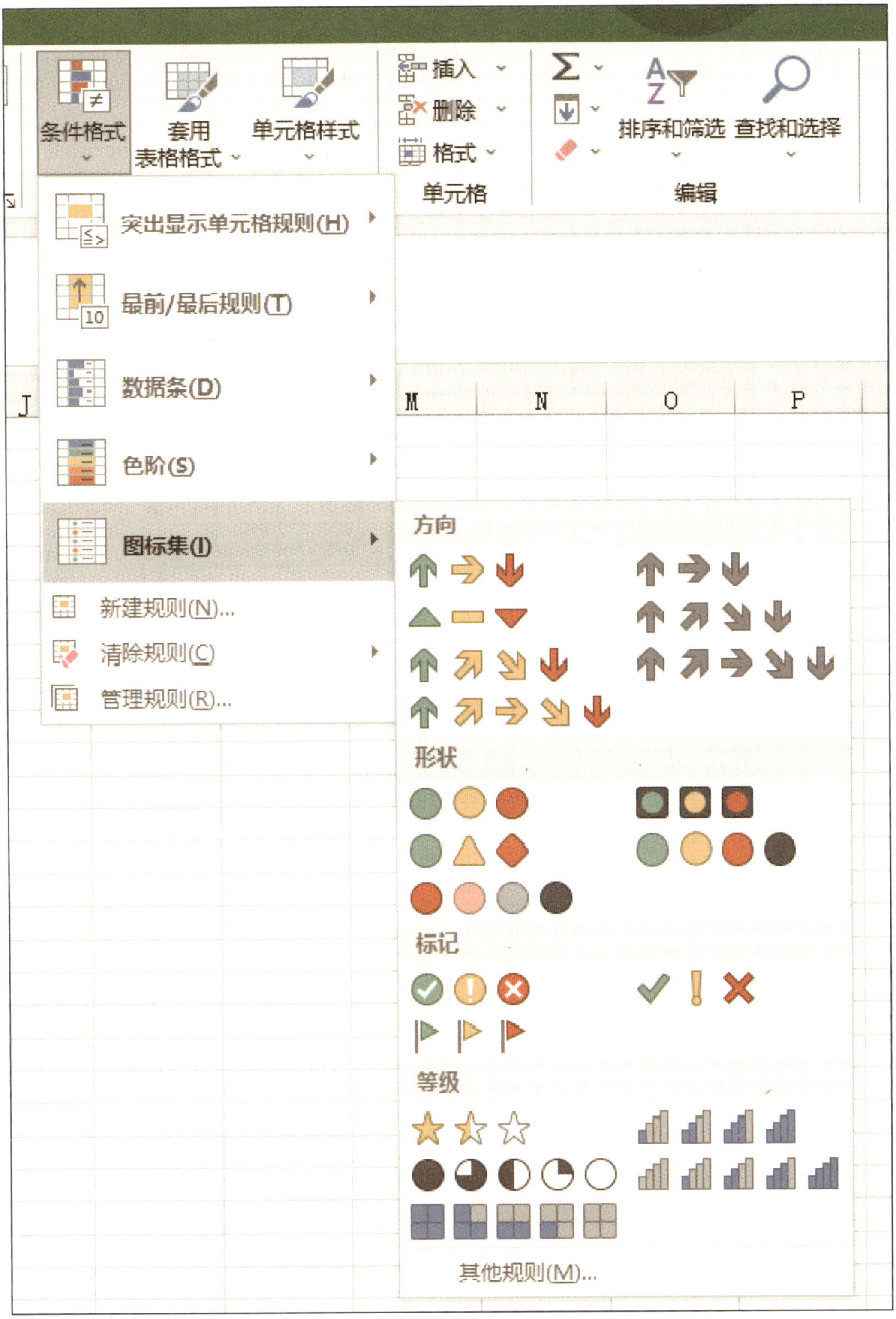

| | | |
|---|---|---|
| 条件格式 | 套用表格格式 | 单元格样式 |

插入
删除
格式

单元格

排序和筛选　查找和选择

编辑

突出显示单元格规则(H) ▶

最前/最后规则(T) ▶

数据条(D) ▶

色阶(S) ▶

图标集(I) ▶

新建规则(N)...

清除规则(C) ▶

管理规则(R)...

方向

形状

标记

等级

其他规则(M)...

图2-3-36　选择"图表集"

| 采购单价 | 采购数量 | 采购金额 | 采购超市 | 销售数量 |
|---|---|---|---|---|
| 18.79 | 20 | 375.7 | 超市1 | 18 |
| 18.79 | 30 | 563.55 | 超市1 | 16 |
| 16.84 | 50 | 841.75 | 超市3 | 45 |
| 42.32 | 5 | 211.6 | 超市3 | 3 |
| 31.92 | 5 | 159.6 | 超市3 | 1 |
| 40.50 | 30 | 1215 | 超市3 | 10 |
| 40.50 | 30 | 1215 | 超市1 | 15 |
| 40.50 | 30 | 1215 | 超市2 | 24 |
| 33.21 | 50 | 1660.5 | 超市3 | 12 |
| 33.21 | 50 | 1660.5 | 超市2 | 36 |
| 33.21 | 50 | 1660.5 | 超市2 | 9 |
| 33.21 | 100 | 3321 | 超市2 | 20 |
| 12.38 | 10 | 123.75 | 超市2 | 9 |
| 12.38 | 10 | 123.75 | 超市2 | 6 |
| 12.38 | 10 | 123.75 | 超市1 | 7 |
| 12.38 | 10 | 123.75 | 超市1 | 3 |
| 12.38 | 10 | 123.75 | 超市1 | 9 |
| 12.38 | 10 | 123.75 | 超市2 | 8 |

图2-3-37　"图表集"结果显示

## ➤ 任务实施

- 第一步：编制表格并进行格式设置。

（1）设置边框；

（2）录入商品信息相关数据；

（3）设置数据格式与对齐方式；

（4）隔行填充颜色；表格中标题单元格进行颜色填充；

（5）对数据进行格式设置，小数点保留2位。

- 第二步：表格操作。

（1）对主力产品添加批注："主力产品"；

（2）增加序号一列，进行序号填充；

（3）根据表格中"采购数量"一列数据大小，进行条件格式"色阶"设置。

## ➤ 任务总结

- 表格的构成要素：_____

_____

_____

- 自动添加序号的方法：_____

_____

_____

- 数据有效性设置的步骤：_____

_____

_____

- 表格美化的方法：_____

_____

_____

- 完成本任务过程中的收获：_____

_____

_____

- 其他：_____

_____

_____

# 项目3 商务数据录入与整理

## 📋 项目描述

随着计算机技术的不断发展和普及，各行各业都在采用计算机及相应的信息技术进行商务数据的采集、储存、分析和管理工作。

电商卖家每天会接触很多商务数据信息，对于有价值的商务数据信息，电商卖家可以通过Excel对这些商务数据进行录入储存，进而进行相关的整理，删除重复数据，补充缺失数据，以及修正错误数据，这样才能保证后期相关数据分析的准确性。

根据各任务中的具体数据，运用合适的方法，在Excel中进行数据的录入，录入完成后，对重复数据、缺失数据和错误数据进行相应的整理。

## 📋 知识图谱

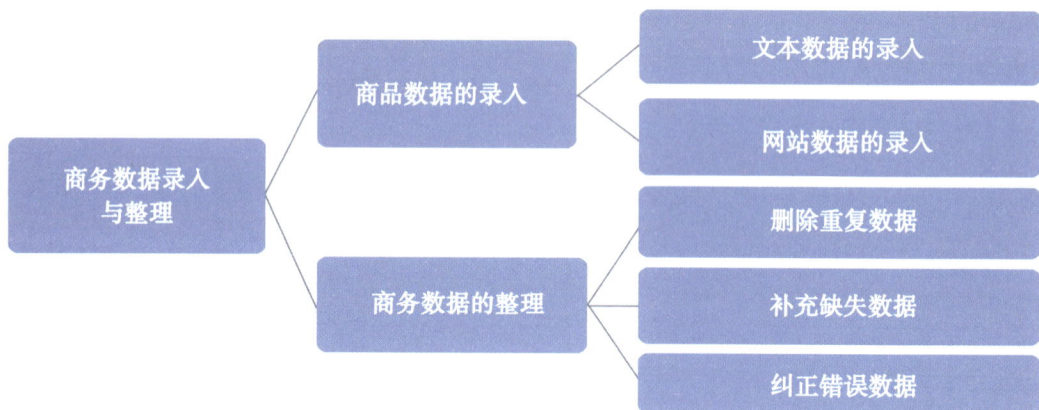

## 学习目标

### • 知识目标

①学会数据录入的方法；

②学会重复数据的整理；

③学会缺失数据的整理；

④学会错误数据的纠正。

### • 技能目标

①能对现有数据进行录入；

②能整理重复数据；

③能整理缺失数据；

④能整理错误数据。

### • 素质目标

①培养严谨、细心的工作素养；

②提升独立思考问题的能力。

## 微课视频

重复数据的
整理

缺失数据的
整理

# 任务1 商务数据的录入

## ➤ 任务目标

根据文本数据和网站数据，在Excel进行数据录入。

## ➤ 任务要求

①根据文本数据，在Excel进行数据录入；

②根据网站数据，在Excel进行数据录入。

## ➤ 知识准备

### 3.1.1 文本数据的录入

当需要将临时记录在记事本中的TXT格式的客户信息整理到Excel表格时，无须重复输入，利用Excel的导入数据功能即可导入，具体操作方法如下。

❖**STEP 1** 打开"素材文件/项目3/客户信息表.xlsx"，选择A2单元格，选择"数据"选项卡，在"获取数据"组中单击"导入数据"按钮，如图3-1-1所示。

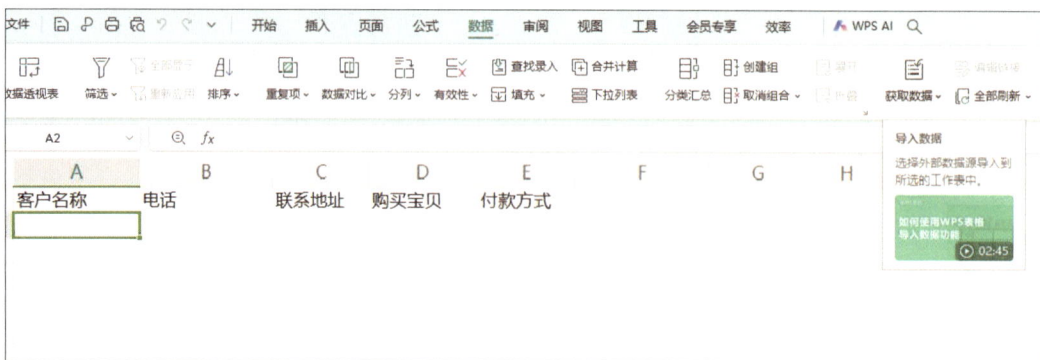

图3-1-1 从文本导入数据

❖**STEP 2** 弹出"数据源选择"对话框，选择"直接打开数据文件"，然后选择"客户信息.txt"文件，单击导入按钮，如图3-1-2所示。

❖**STEP 3** 弹出"文件转换"对话框，单击"下一步"按钮，如图3-1-3所示。

❖**STEP 4** 弹出"文本导入向导-3步骤之1"对话框，选中"分割符号"单选按钮，设置"导入起始行"为1，然后单击"下一步"按钮，如图3-1-4所示。

❖**STEP 5** 弹出"文本导入向导-3步骤之2"对话框，选中"Tab"复选框，然后单击"下一步"按钮，如图3-1-5所示。

图3-1-2　选择导入文件

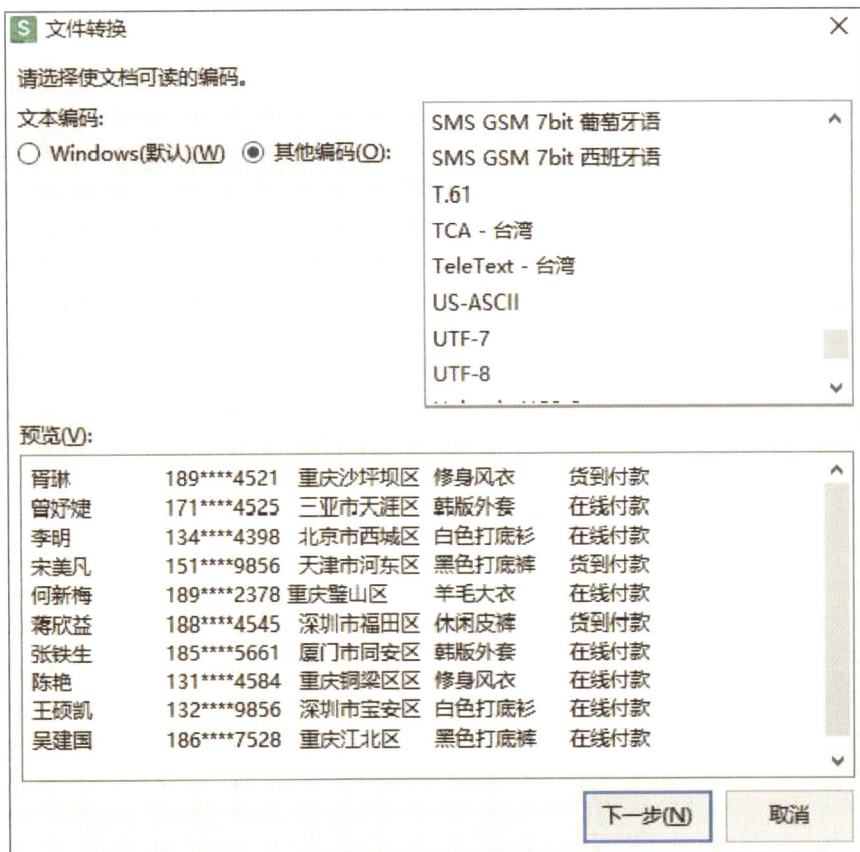

图3-1-3　文件转换

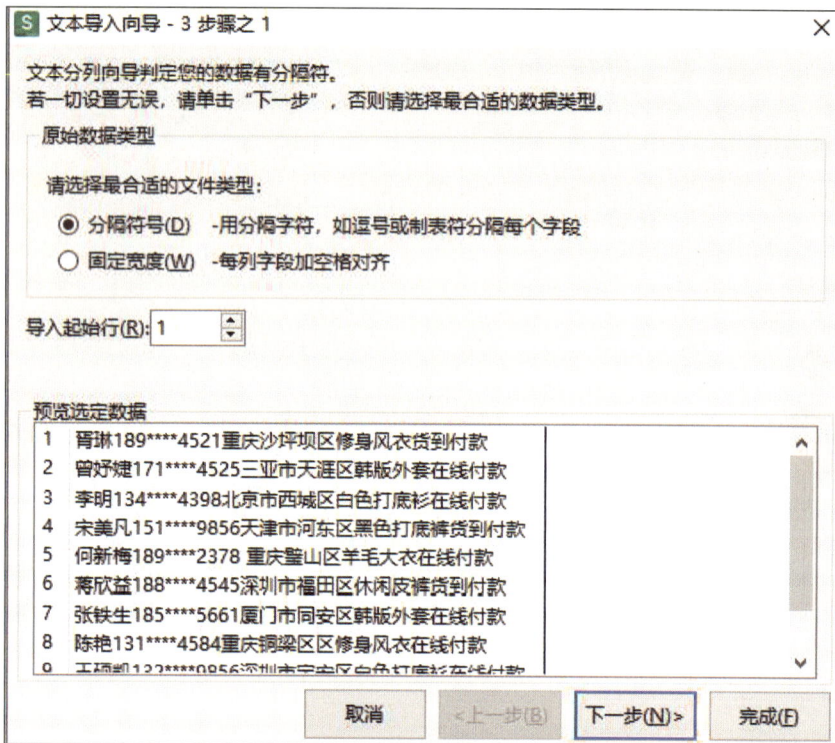

图3-1-4　导入向导-第1步

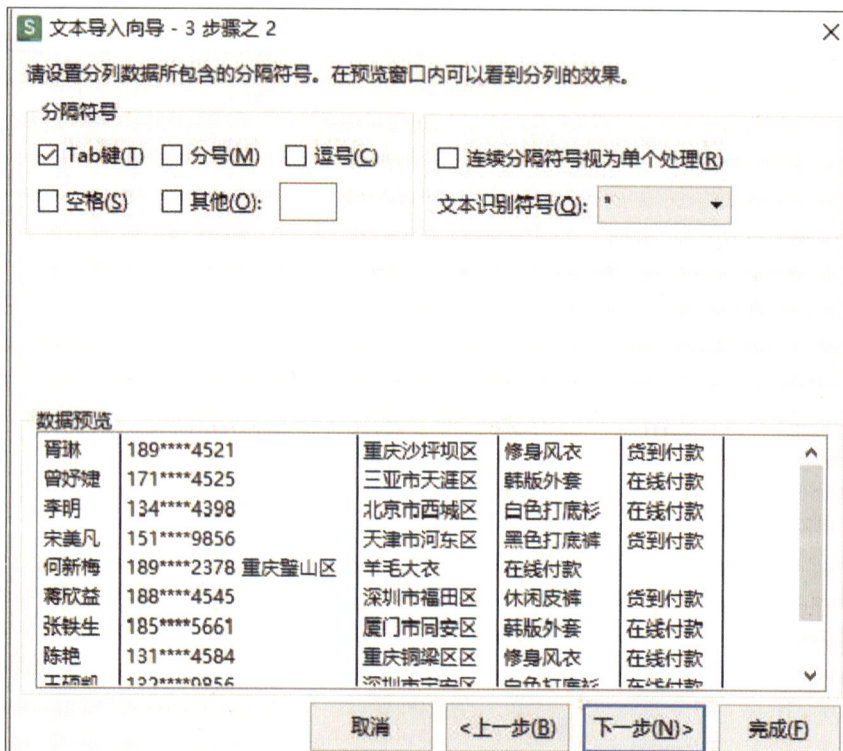

图3-1-5　导入向导-第2步

❖**STEP 6** 弹出"文本导入向导-3步骤之3"对话框，选中"常规"单选按钮，然后单击"完成"按钮，如图3-1-6所示。

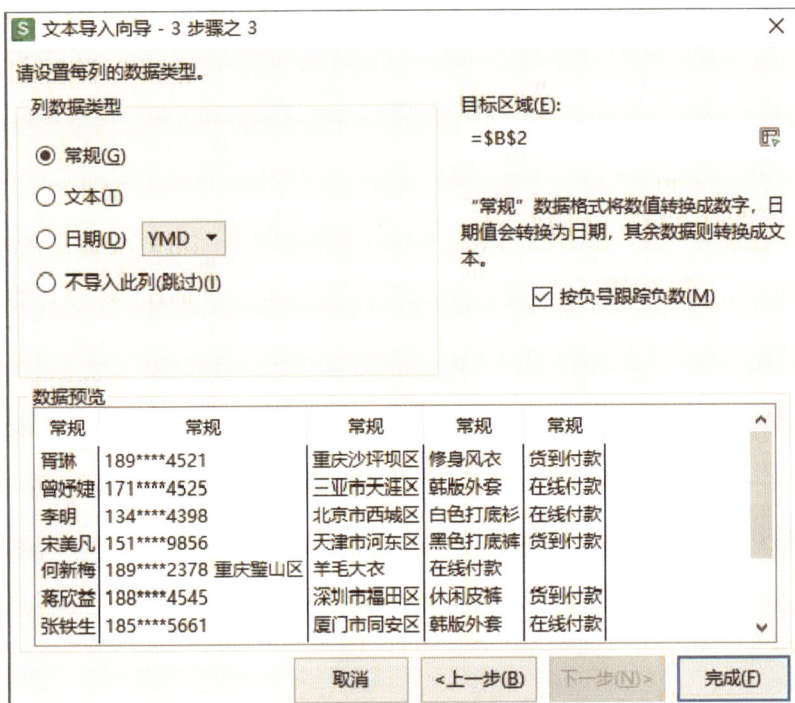

图3-1-6　导入向导-第3步

❖**STEP 7** 此时数据导入成功，效果如图3-1-7所示。

图3-1-7　文本导入结果

### 3.1.2 网站数据的录入

商务数据的来源有很多，网站是一个重要的来源。下面将介绍如何进行网站数据的导入，具体操作如下。

❖**STEP 1** 打开"素材文件/项目3/2023年重庆市国民经济和社会发展统计.xlsx"，选择A1单元格，选择"数据"选项卡，在"获取数据"组中单击"自网站连接"按钮，如图3-1-8所示。

图3-1-8　自网站链接导入

❖**STEP 2** 弹出"新建Web查询"对话框，在"地址"中输入http://tjj.cq.gov.cn/zwgk_233/fdzdgknr/tjxx/sjzl_55471/tjgb_55472/202403/t20240326_13084652.html，然后单击"导入"按钮，如图3-1-9所示。

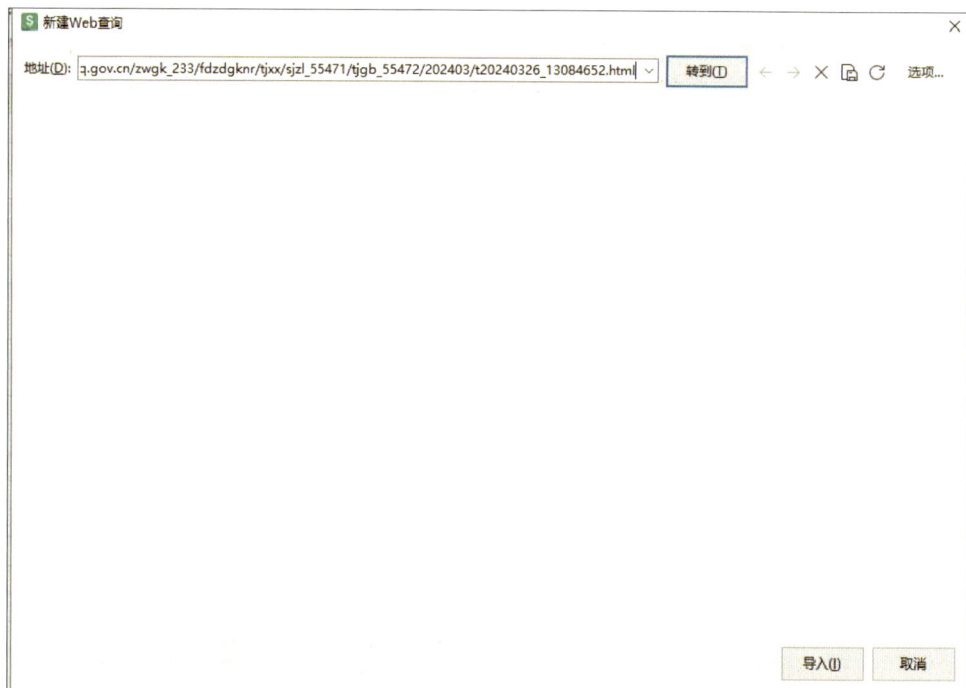

图3-1-9　输入导入网站地址

❖**STEP 3** 弹出"导入数据"对话框，选择数据存放位置A1，单击"确定"按钮，如图3-1-10所示。

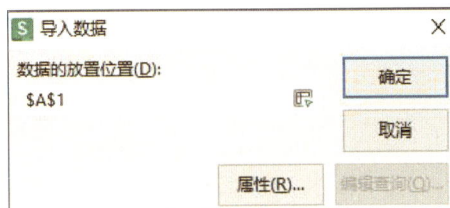

图3-1-10 网站数据导入

❖**STEP 4** 此时网站数据导入完成，结果如图3-1-11所示。

图3-1-11 网站数据导入结果

## ➤ 任务实施

• 第一步：打开"任务素材/项目3/客户信息表.xlsx"；

• 第二步：将"任务素材/项目3/客户信息.txt"文本中的信息导入"客户信息表.xlsx"。

## ➤ 任务总结

• 文本导入的操作步骤：_____

_____

_____

• 本任务中的难点：_____

_____

_____

• 完成本任务过程中的收获：_____

_____

_____

• 其他：_____

_____

_____

# 任务2　商务数据的整理

## ➤ 任务目标

对Excel中已经录入的数据进行整理，包括删除重复数据、补充缺失数据以及纠正错误数据。

## ➤ 任务要求

①删除Excel中的重复数据；

②补充Excel中的缺失数据；

③纠正Excel中的错误数据。

## ➤ 知识准备

### 3.2.1　删除重复数据

重复数据一般可分为实体重复和字段重复两种。其中，实体重复是指所有字段完成重复。字段重复是指某一个或多个不该重复的字段重复。为了保证数据的一致性，在获取数据后，需要对重复数据进行处理，删除重复数据。具体操作如下。

❖**STEP 1** 打开"素材文件/项目3/宝贝标题名称.xlsx"，选择A1单元格，选择"数据"选项卡，在"重复项"组中单击"删除重复项"按钮，如图3-2-1所示。

❖**STEP 2** 弹出"删除重复项"对话框，选择列标题"宝贝标题名称"，然后单击"删除重复项"按钮，如图3-2-2所示。

❖**STEP 3** 弹出"删除提示"对话框，单击"确定"按钮，如图3-2-3所示。

❖**STEP 4** 此时重复数据删除完成，如图3-2-4所示。

### 3.2.2　补充缺失数据

在采集数据的过程中，缺失数据表示为空值或者错误标识符号（#DIV/O！）。补充缺失数据具体操作如下。

❖**STEP 1** 打开"素材文件/项目3/商品销售明细.xlsx"，选择任意单元格，选择"开始"选项卡，在"查找"组中单击"定位"按钮，如图3-2-5所示。

❖**STEP 2** 弹出"定位"对话框，选择"空值"选项，单击"定位"按钮，如图3-2-6所示。

❖**STEP 3** 此时Excel中灰色单元格便为缺失数据的单元格，如图3-2-7所示。

❖**STEP 4** 我们只需要补充缺失数据即可，结果如图3-2-8所示。

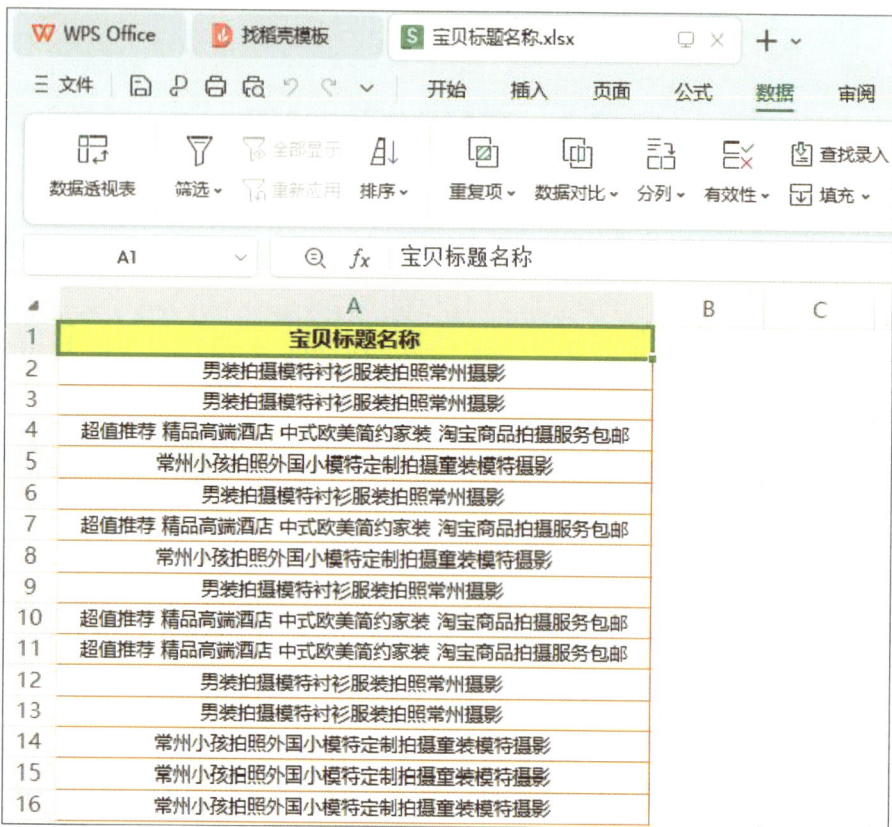

图3-2-1　选择重复项

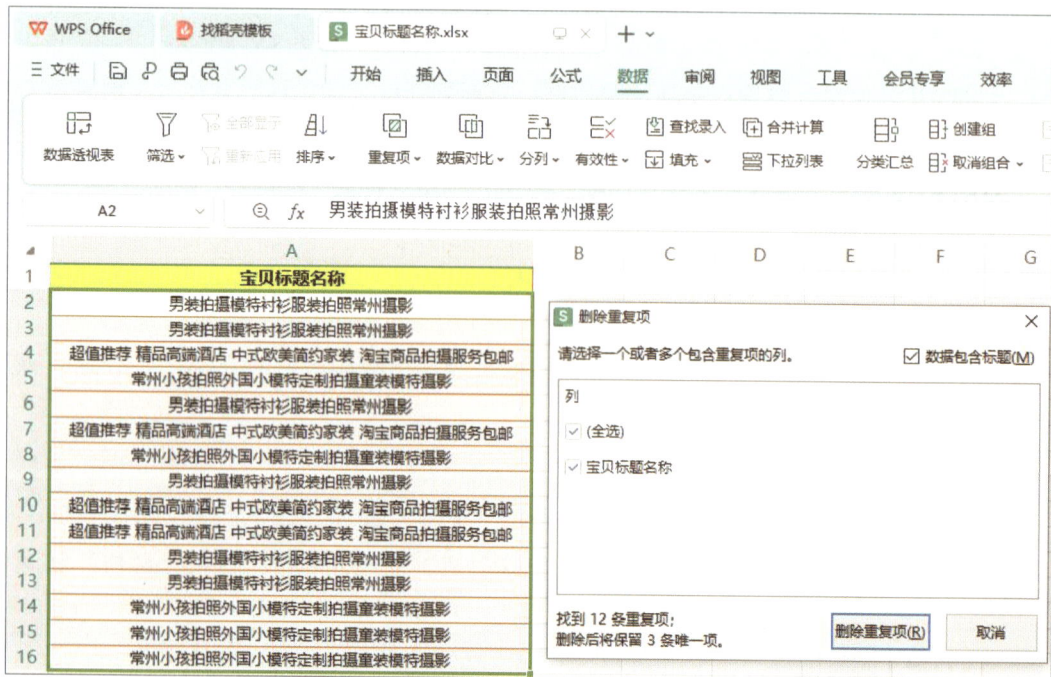

图3-2-2　删除重复项

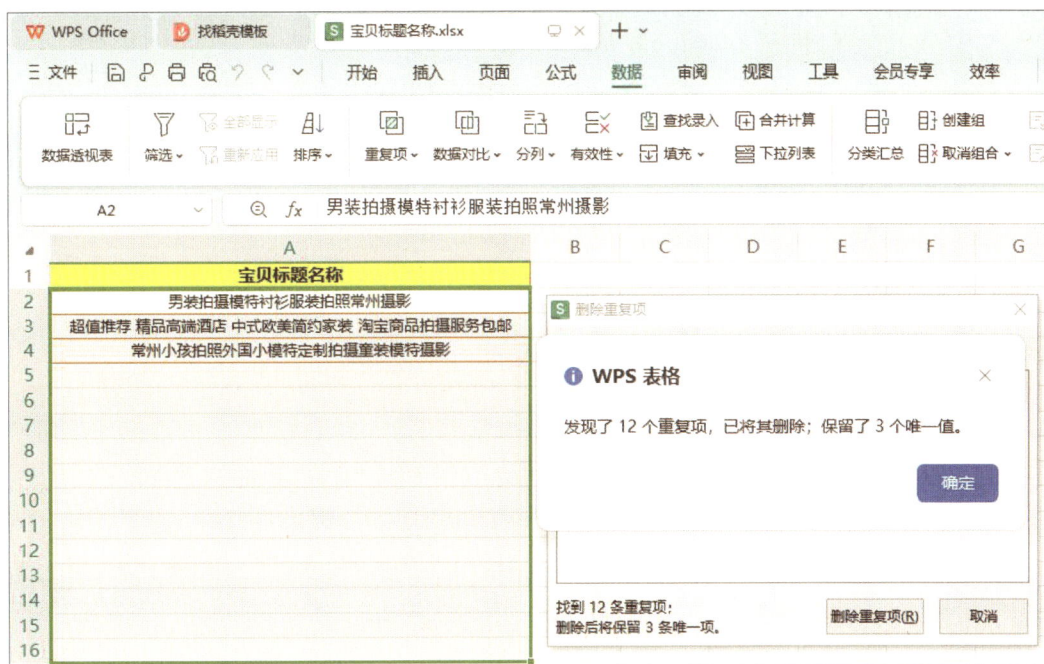

图3-2-3　删除提示

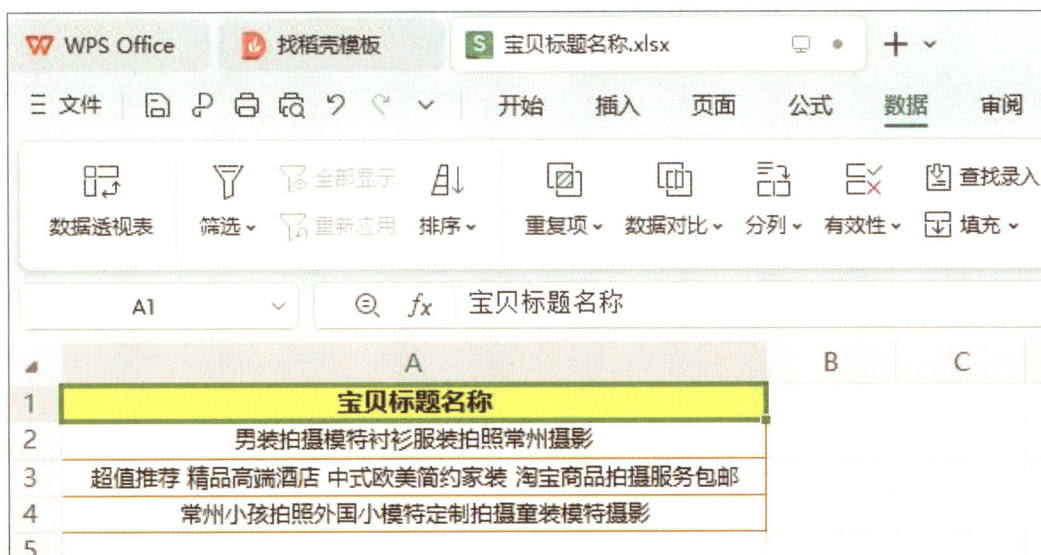

图3-2-4　删除结果

图3-2-5　查找缺位数据

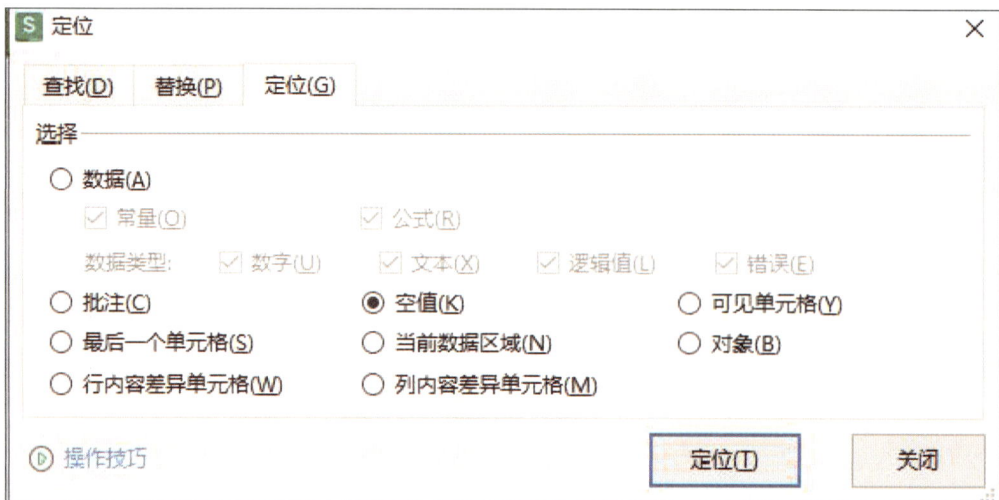

图3-2-6　空值定位

### 3.2.3　纠正错误数据

在采集数据的过程中，有些数据是错误的。错误数据可能是人工录入错误导致的，也可能是被调查者输入的信息不符合要求导致的。假设某一个表格中只能录入0和1，除此之外的数字都是错误数据。我们以此为案例，讲解纠正错误数据的具体操作：

❖**STEP 1** 打开"素材文件/项目3/客户问卷统计.xlsx"，选择C3:I9单元格区域，如图3-2-9所示。

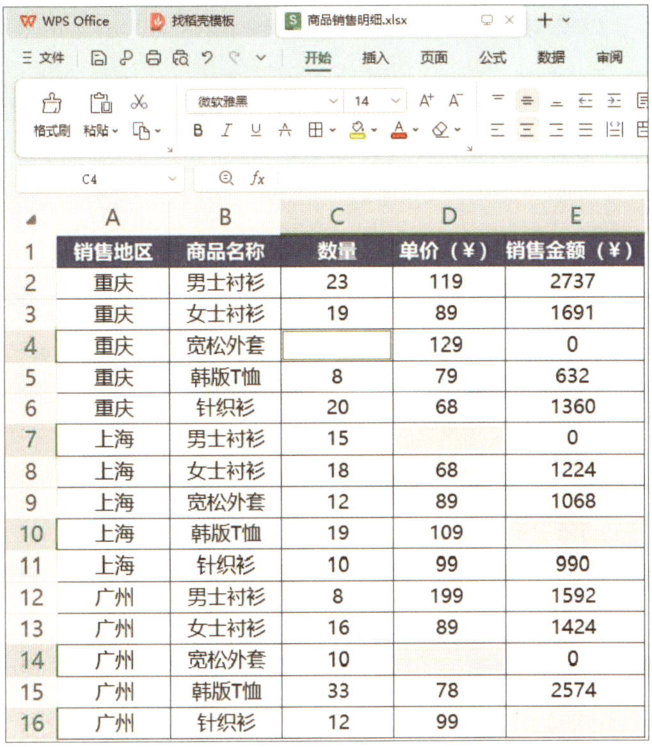

| 销售地区 | 商品名称 | 数量 | 单价（¥） | 销售金额（¥） |
|---|---|---|---|---|
| 重庆 | 男士衬衫 | 23 | 119 | 2737 |
| 重庆 | 女士衬衫 | 19 | 89 | 1691 |
| 重庆 | 宽松外套 |  | 129 | 0 |
| 重庆 | 韩版T恤 | 8 | 79 | 632 |
| 重庆 | 针织衫 | 20 | 68 | 1360 |
| 上海 | 男士衬衫 | 15 |  | 0 |
| 上海 | 女士衬衫 | 18 | 68 | 1224 |
| 上海 | 宽松外套 | 12 | 89 | 1068 |
| 上海 | 韩版T恤 | 19 | 109 |  |
| 上海 | 针织衫 | 10 | 99 | 990 |
| 广州 | 男士衬衫 | 8 | 199 | 1592 |
| 广州 | 女士衬衫 | 16 | 89 | 1424 |
| 广州 | 宽松外套 | 10 |  | 0 |
| 广州 | 韩版T恤 | 33 | 78 | 2574 |
| 广州 | 针织衫 | 12 | 99 |  |

图3-2-7　缺失数据单元格

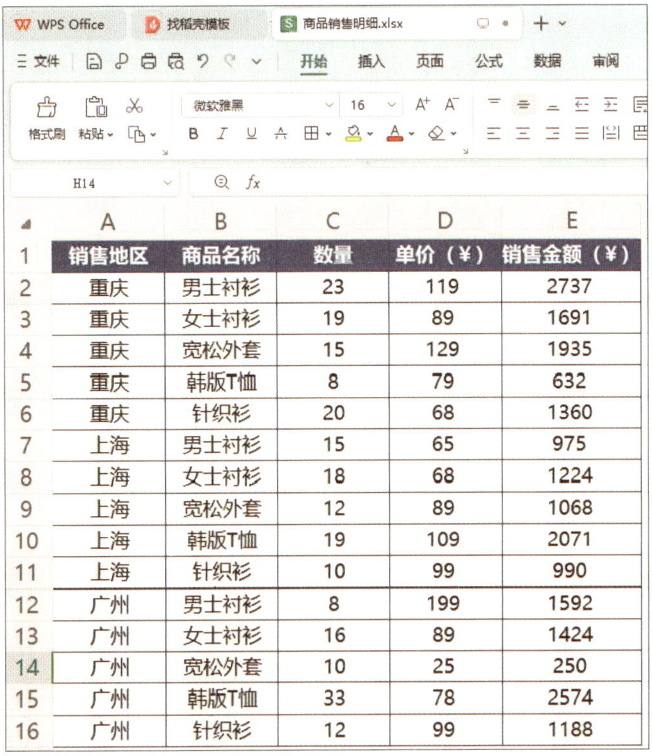

| 销售地区 | 商品名称 | 数量 | 单价（¥） | 销售金额（¥） |
|---|---|---|---|---|
| 重庆 | 男士衬衫 | 23 | 119 | 2737 |
| 重庆 | 女士衬衫 | 19 | 89 | 1691 |
| 重庆 | 宽松外套 | 15 | 129 | 1935 |
| 重庆 | 韩版T恤 | 8 | 79 | 632 |
| 重庆 | 针织衫 | 20 | 68 | 1360 |
| 上海 | 男士衬衫 | 15 | 65 | 975 |
| 上海 | 女士衬衫 | 18 | 68 | 1224 |
| 上海 | 宽松外套 | 12 | 89 | 1068 |
| 上海 | 韩版T恤 | 19 | 109 | 2071 |
| 上海 | 针织衫 | 10 | 99 | 990 |
| 广州 | 男士衬衫 | 8 | 199 | 1592 |
| 广州 | 女士衬衫 | 16 | 89 | 1424 |
| 广州 | 宽松外套 | 10 | 25 | 250 |
| 广州 | 韩版T恤 | 33 | 78 | 2574 |
| 广州 | 针织衫 | 12 | 99 | 1188 |

图3-2-8　缺失数据补充结果

图3-2-9　选择数据单元格区域

❖**STEP 2** 在开始组中，选择"条件格式"，然后选择"新建格式规则"，如图3-2-10所示。

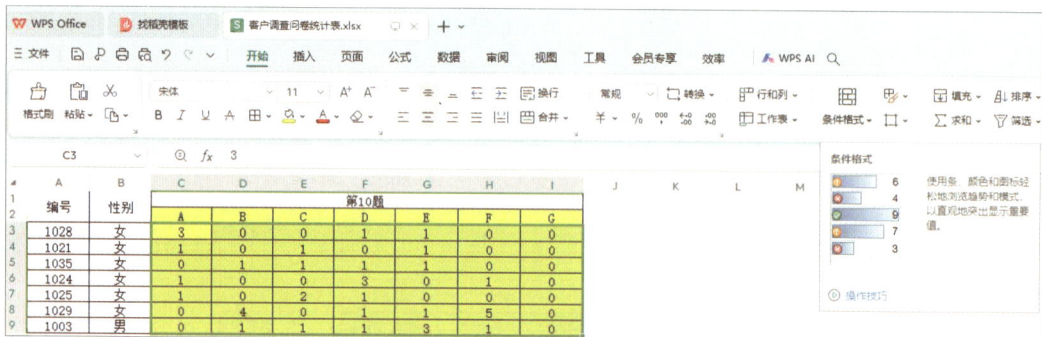

图3-2-10　选择新建格式规则

❖**STEP 3** 弹出"新建格式规则"对话框，选择"使用公式确定要设置格式的单元格"，如图3-2-11所示。

❖**STEP 4** 在"编辑规则说明"对话框中输入"=OR(C3=1,C3=0)=FALSE"，此公式表示同时不等于0和1两个数字的数据为错误数据，如图3-2-12所示。

❖**STEP 5** 单击"格式"按钮，选择"字体"项，设置字体为红色，单击"确定"按钮，如图3-2-13所示。

❖**STEP 6** 此时返回"新建格式规则"对话框，单击"确定"按钮，如图3-2-14所示。

❖**STEP 7** 此时显示红色的数据即为错误数据，需要进行纠正，效果如图3-2-15所示。

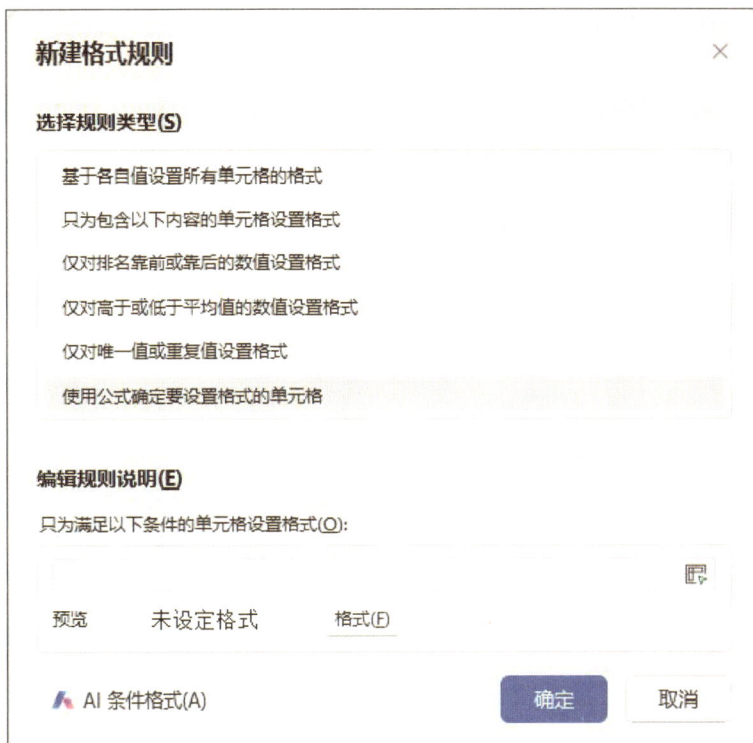

图3-2-11　选择规则类型

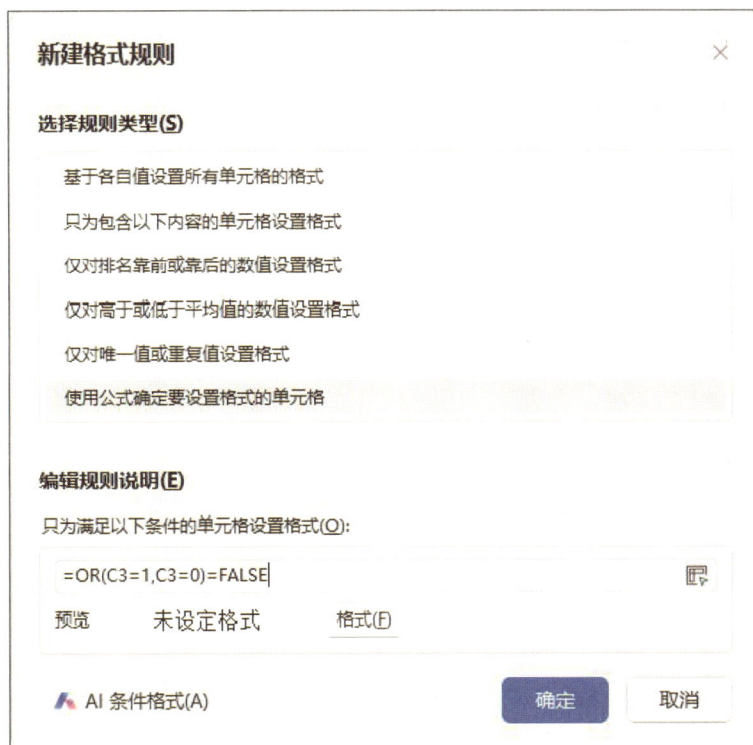

图3-2-12　编辑单元格公式

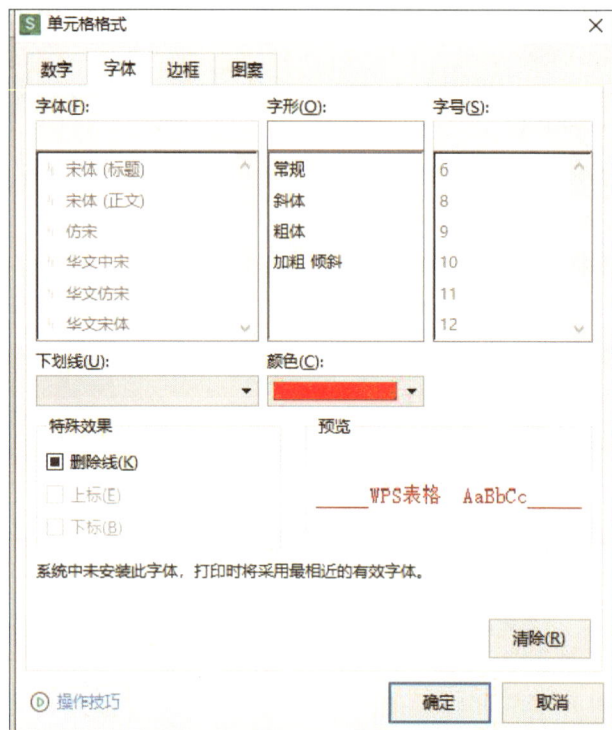

图3-2-13 设置错误数据字体颜色

图3-2-14 格式规则预览

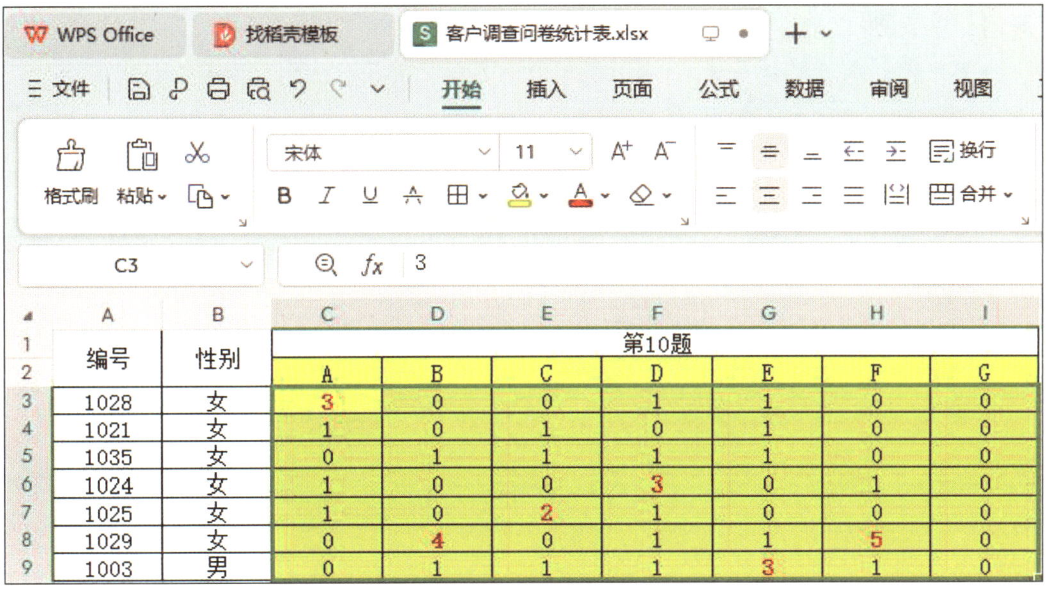

图3-2-15　错误数据显示

## ➢ 任务实施

- 第一步：打开"任务素材/项目3/客户问卷统计.xlsx"；
- 第二步：将"任务素材/项目3/客户问卷统计.txt"中重复的客户编号删除；
- 第三步：将"任务素材/项目3/客户问卷统计.txt"中缺失数据的单元格找出，并补充缺失的数据；
- 第四步：将"任务素材/项目3/客户问卷统计.txt"中存在错误数据的单元格找出（单元格中只能录入0和1），用红色字体标注，并将错误数据纠正。

## ➢ 任务总结

- 删除重复数据的操作步骤：_____

- 补充缺失数据的操作步骤：_____

- 纠正错误数据的操作步骤：_____

- 本任务中的难点：_____

- 完成本任务过程中的收获：_____

# 项目4 商务数据分析工具

## 项目描述

　　针对字段多样、数据总量庞大而复杂的表格，在解决多角度综合分析的问题时，若采用传统的数据运算的方法往往会存在难度大、效率低、易出错等状况，这就需要我们掌握一些好用且高效的数据分析工具。

　　根据"某服装店商品销售明细表"中的数据，运用合适的数据分析工具，分析具体商品的销售情况。

## 知识图谱

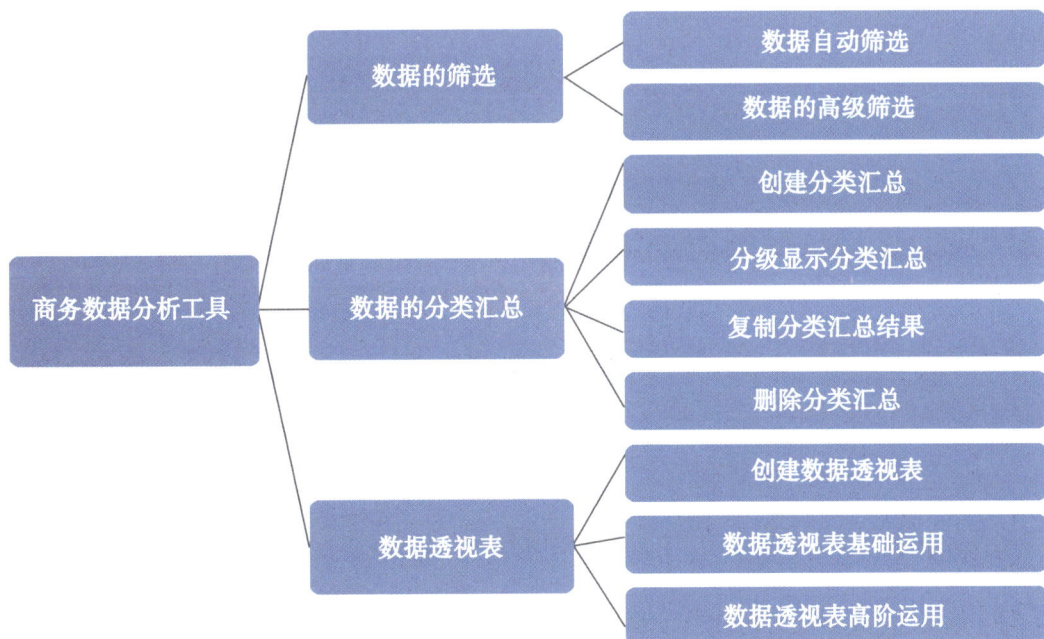

# 学习目标

• **知识目标**

① 学会数据筛选的两种方法；

②学会运用数据分类汇总分析数据；

③学会运用数据透视表分析数据。

• **技能目标**

①能快速识别出数据之间的关联性；

②能熟练运用不同的数据分析工具；

③能根据数据特点选择恰当的数据分析工具。

• **素质目标**

①培养善于思考的工作素养；

②培养学以致用的学习能力。

# 任务1　数据的筛选

## ▶ 任务目标

根据要求，筛选出符合要求的数据。

## ▶ 任务要求

①根据已有数据，筛选出VIP客户的成交额数据；

②根据已有数据，筛选出VIP客户中，成交额在200元以上，且会回购的相关数据。

## ▶ 知识准备

### 4.1.1　数据自动筛选

面对字段多样、数据繁杂且无规律的表格，要想查看符合某个条件的具体数据，可以采用筛选方式完成。若约束条件多个，则可以采用高级筛选的方法完成。具体可参照如下案例："查看A地区张三的销售情况"。

❖**STEP 1** 打开"素材文件/项目4/某公司文具销售明细表.xlsx"，选择表格中所有字段，即选择A2:G2单元格，如图4-1-1所示。

| | A | B | C | D | E | F | G |
|---|---|---|---|---|---|---|---|
| | \multicolumn{7}{c}{某公司文具销售明细表} | | | | | | |
| | 日期 | 地区 | 业务员 | 品名 | 销量（个） | 单价（元） | 销售额（元） |
| | 2023/1/6 | A | 张三 | 订书机 | 95 | 25 | 2375 |
| | 2023/1/23 | B | 王五 | 钢笔 | 50 | 35 | 1750 |
| | 2023/2/9 | B | 周六 | 钢笔 | 36 | 35 | 1260 |
| | 2023/2/26 | B | 周六 | 笔记本 | 360 | 15 | 5400 |
| | 2023/3/15 | C | 田七 | 订书机 | 600 | 25 | 15000 |
| | 2023/4/1 | A | 李四 | 铅笔 | 930 | 0.5 | 465 |
| | 2023/4/18 | B | 周六 | 订书机 | 740 | 25 | 18500 |
| | 2023/5/5 | B | 周六 | 钢笔 | 960 | 35 | 33600 |
| | 2023/5/22 | C | 田七 | 钢笔 | 530 | 35 | 18550 |
| | 2023/6/8 | A | 李四 | 笔记本 | 410 | 15 | 6150 |
| | 2023/6/25 | B | 王五 | 订书机 | 940 | 25 | 23500 |
| | 2023/7/12 | A | 张三 | 铅笔 | 280 | 0.5 | 140 |
| | 2023/7/29 | A | 张三 | 订书机 | 81 | 25 | 2025 |

图4-1-1　选择所有字段

❖**STEP 2** 单击"数据"选项卡，再单击"排序与筛选"选项组的"筛选"，各字段即出现筛选按钮，如图4-1-2所示。

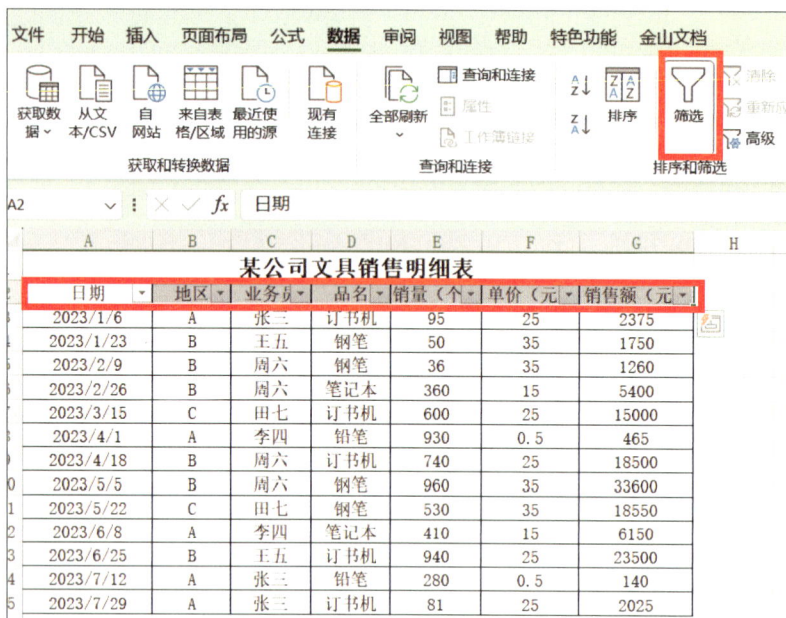

图4-1-2　单击筛选按钮

❖**STEP 3** 点开"地区"字段旁的筛选按钮，弹出筛选条件对话框，取消全选，勾选A，即完成对地区的筛选。然后运用同样的方法，筛选"业务员"字段中的张三，两个操作步骤完成后，即出现"A地区张三的销售明细"，过程及结果如图4-1-3、图4-1-4所示。

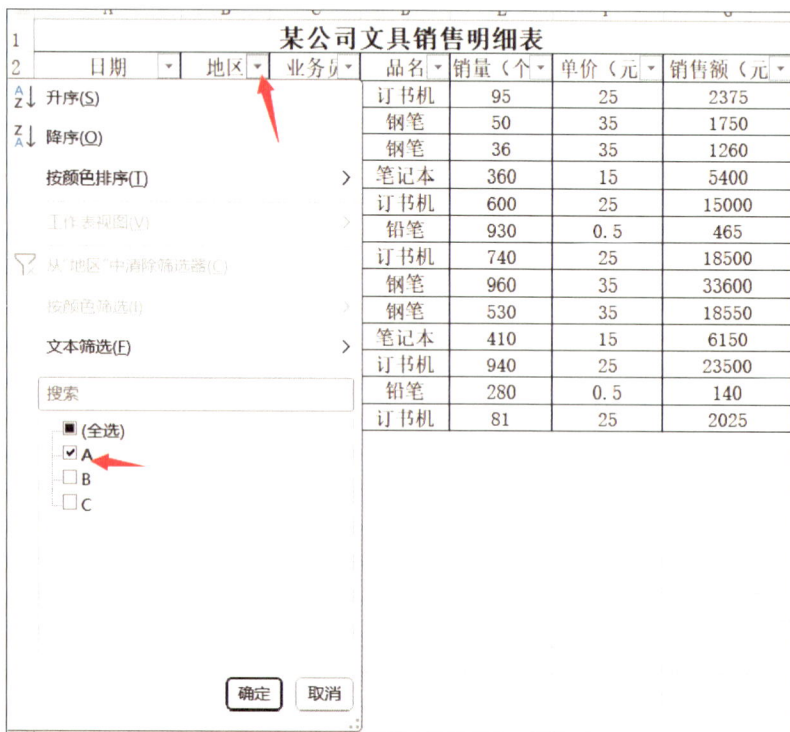

图4-1-3　地区字段的筛选

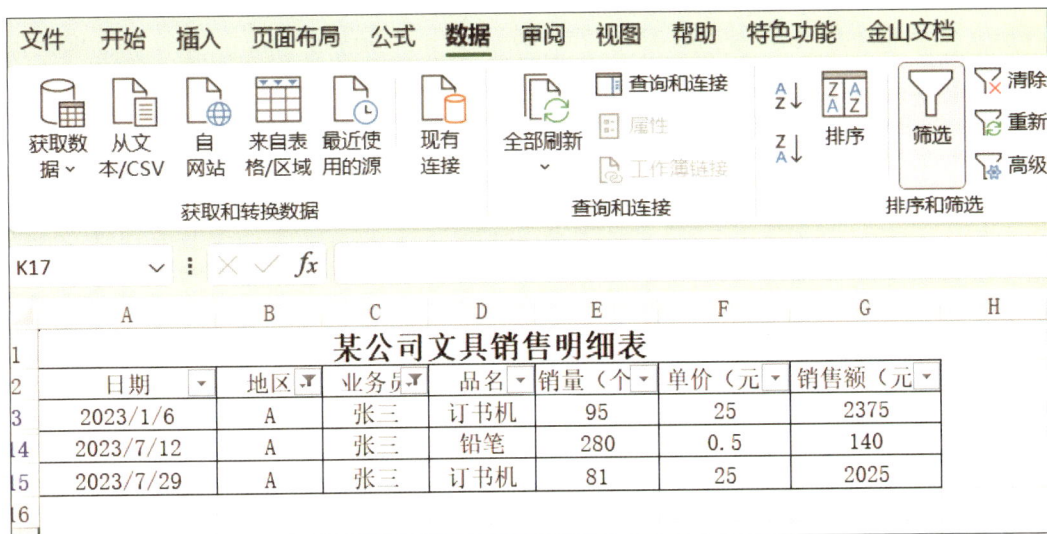

图4-1-4　筛选结果

### 4.1.2　数据的高级筛选

在表格中，若要查找的数据受多个条件约束，则可以采用高级筛选的方法完成。具体可参照如下案例："查看A地区张三销量超过100的业务数据"。

❖**STEP 1** 打开"素材文件/项目4/某公司文具销售明细表.xlsx"，在表格任何一个空位置填写涉及筛选条件的字段，如在J2:L2单元格中填写三个字段："地区""业务员""销量（个）"，如图4-1-5所示。

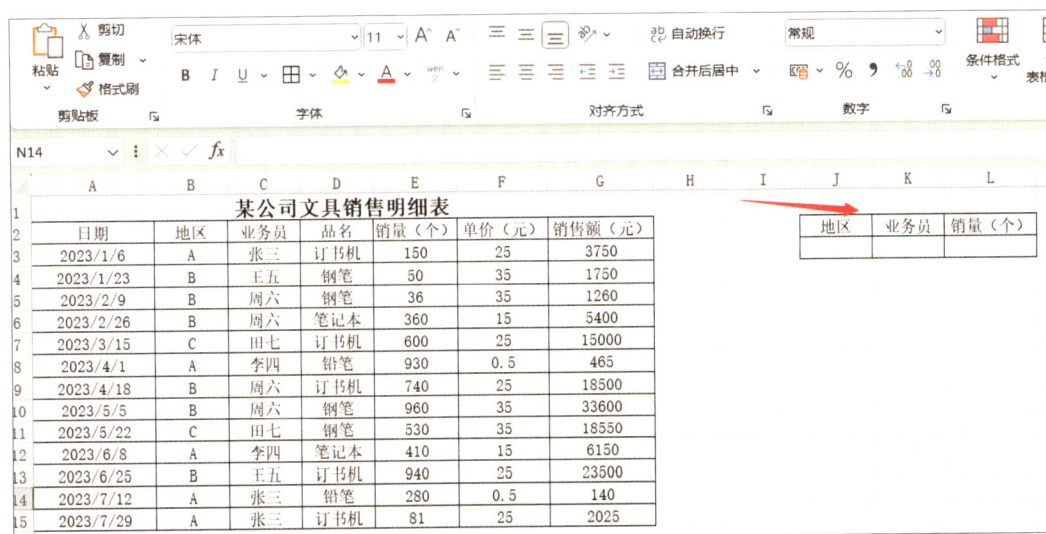

图4-1-5　填写筛选字段

❖**STEP 2** 在J3、K3、L3单元格中分别填入筛选条件"A""张三"">100"，如图4-1-6所示。

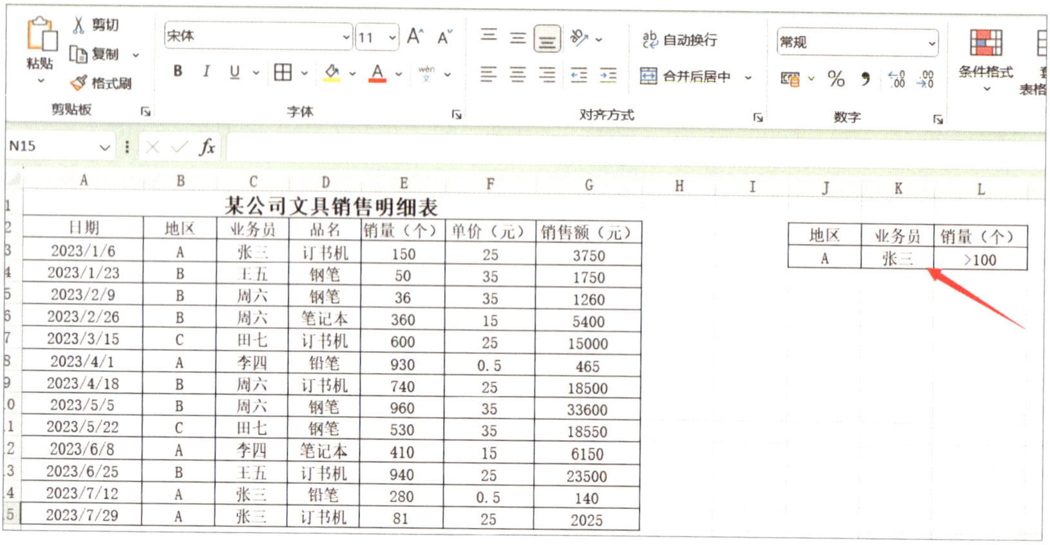

图4-1-6　填写筛选条件

❖**STEP 3** 将鼠标放在原数据表格中任意一个单元格内，单击"数据"选项卡，再单击"排序与筛选"选项组的"高级筛选"，弹出"高级筛选"对话框，过程及结果如图4-1-7、图4-1-8所示。

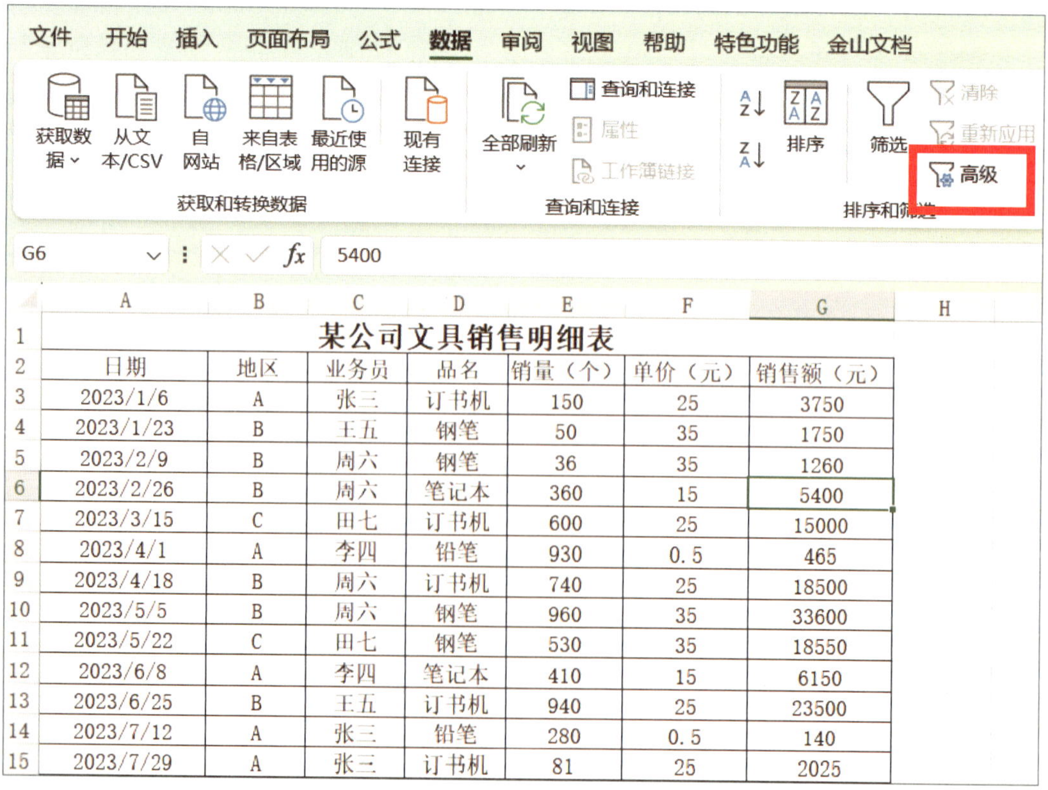

图4-1-7　选择高级筛选

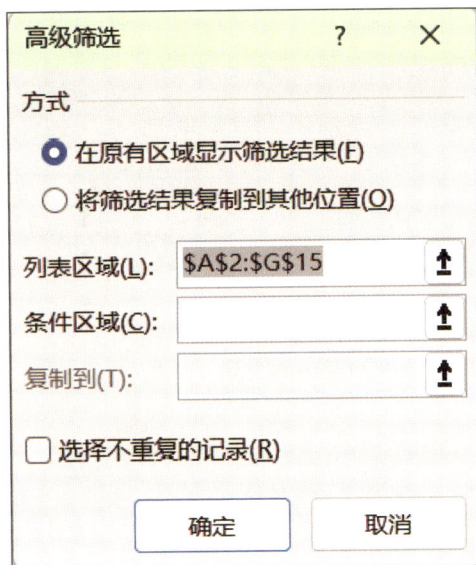

图4-1-8　高级筛选对话框

❖**STEP 4** 对话框中，列表区域数据为默认表格数据全选，单击条件区域选项，鼠标框选J2:L3单元格，然后按【Enter】键确认，结果如图4-1-9所示。

图4-1-9　框选条件区域

　　勾选"将筛选结果复制到其他位置"选项，并用鼠标选择合适的位置如J6单元格，按【Enter】键确认，具体过程及结果如图4-1-10、图4-1-11、图4-1-12所示。

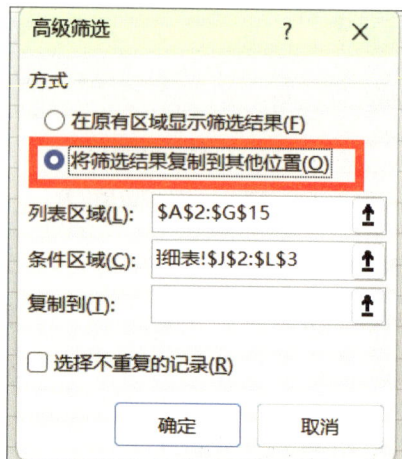

图4-1-10　勾选"将筛选结果复制到其他位置"选项

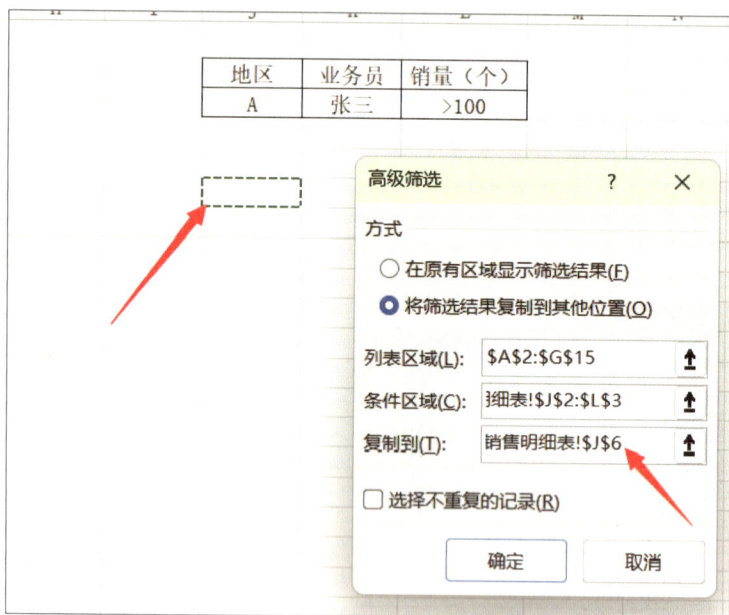

图4-1-11　选择筛选结果表格位置

图4-1-12　高级筛选结果

## ➤ 任务实施

• 第一步：明确数据筛选条件。

①筛选出VIP客户的成交额数据；

②筛选出VIP客户中，成交额在200元以上，且会回购的相关数据。

• 第二步：按要求完成以上2个任务，并截图展示任务实施结果。

筛选结果1：


筛选结果2：



## ➤ 任务总结

• 什么情况适用自动筛选功能：_____

_____

_____

• 什么情况适用高级筛选功能：_____

_____

_____

• 运用高级筛选功能的步骤：_____

_____

_____

• 完成本任务过程中的收获：_____

_____

_____

• 其他：_____

_____

_____

# 任务2　数据的分类汇总

➤ **任务目标**

　　根据要求，分类别统计商品的销售数据。

➤ **任务要求**

　　①统计不同种类商品的成交额；

　　②在任务①数据统计结果的基础上，再分别统计不同类型客户评价的数量。

➤ **知识准备**

## 4.2.1　创建分类汇总

　　对Excel中的数据进行分类汇总时，往往分两步完成，第一步是"分类"，即根据分类字段对数据进行排序，可以是升序或降序。第二步是"汇总"，即根据分析目的确定汇总方式及汇总的列或字段，其中汇总方式可以是求和、平均值、计数等。具体操作可参照案例："统计不同地区文具的总销售额，并统计出各地区不同业务员完成的订单数"。

　　❖**STEP 1** 先分类。打开"素材文件/项目4/某公司文具销售明细表.xlsx"，鼠标选中"地区"字段下面任一单元格数据，单击右键，鼠标指针移动至"排序"快捷方式上，弹出"排序"选项对话框，点击"升序"（降序也可以），操作过程及结果如图4-2-1、图4-2-2所示。

　　❖**STEP 2** 再汇总。将鼠标放在数据表中任意一个单元格内，单击"数据"选项卡，再单击"分级显示"选项组的"分类汇总"，弹出"分类汇总"对话框，过程及结果如图4-2-3所示。

　　❖**STEP 3** 按地区统计销售额。分类汇总对话框中，分类字段选择"地区"，汇总方式选择"求和"，选定汇总选项勾选"销售额"，并按"确定"按钮，结果及过程如图4-2-4、图4-2-5所示。

　　❖**STEP 4** 统计各地区不同业务员的订单数。鼠标再次放在数据表中任意一个单元格内，再次点击"分类汇总"按钮，在弹出"分类汇总"对话框中重新勾选字段。分类字段选择"业务员"，汇总方式选择"计数"，选定汇总选项勾选"业务员"，并勾选掉"替换当前分类汇总"选项，最后按"确定"按钮，过程及结果如图4-2-6、图4-2-7所示。

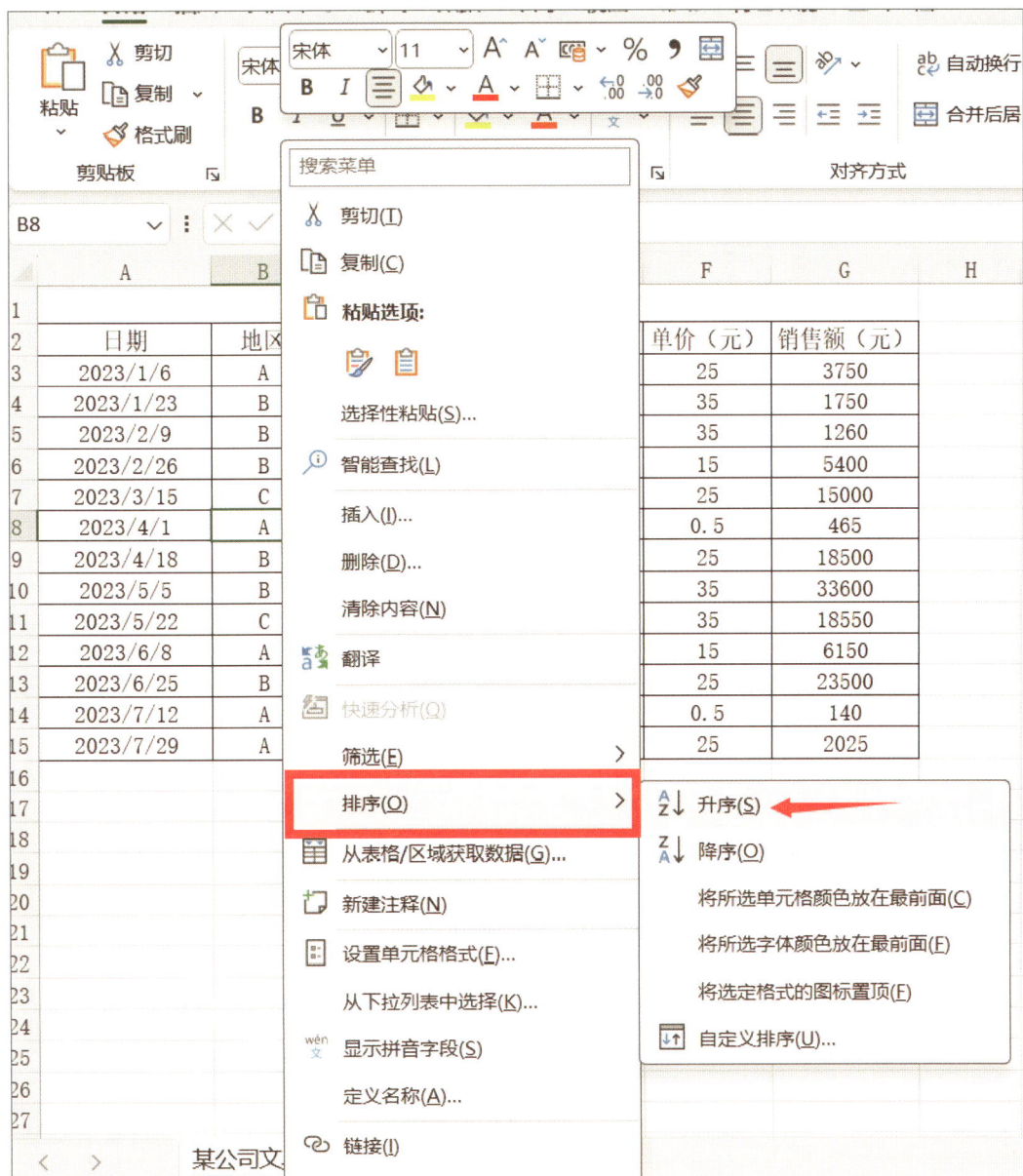

图 4-2-1　对地区进行排序

图4-2-2　排序结果

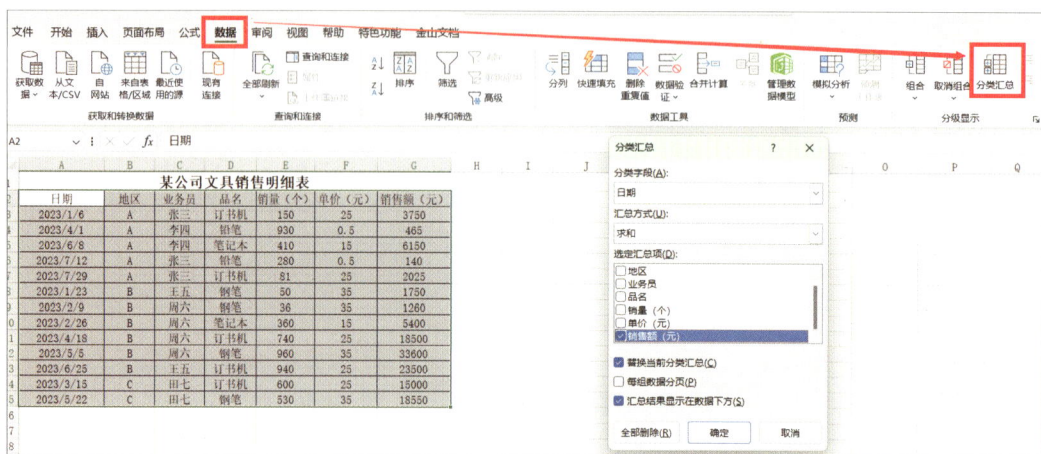

图4-2-3　选择分类汇总

图4-2-4　勾选分类汇总字段

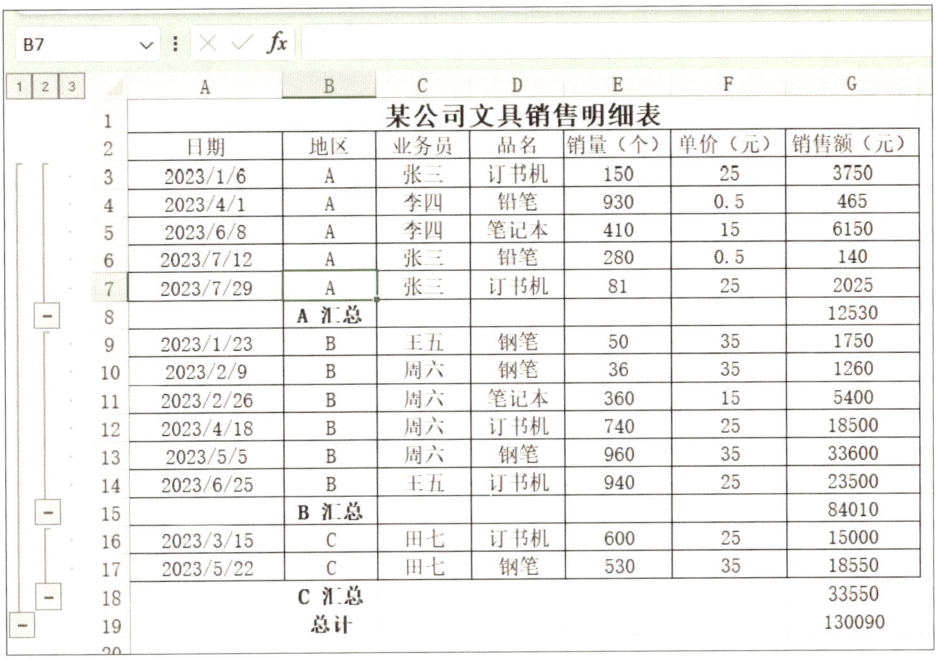

图4-2-5　按地区统计销售额分类汇总结果

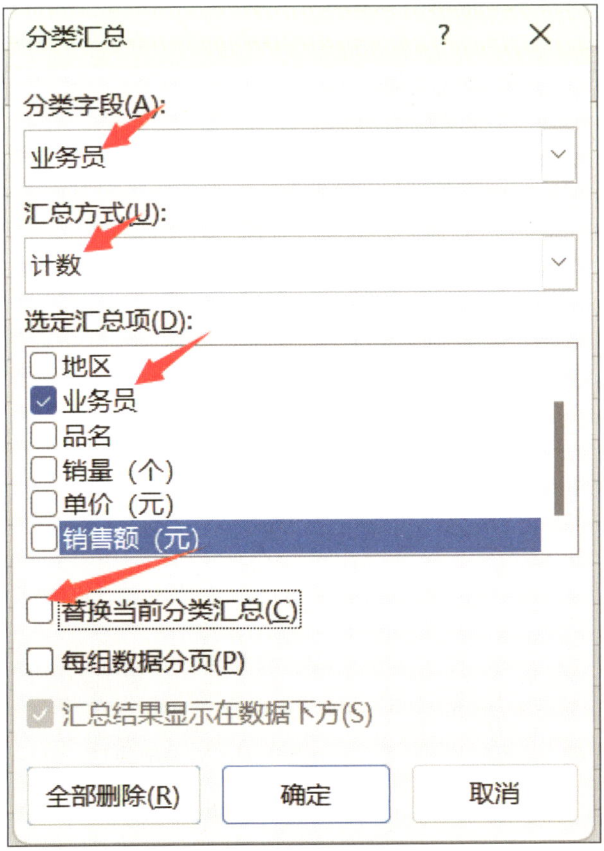

图4-2-6　重新勾选分类汇总选项

| | A | B | C | D | E | F | G |
|---|---|---|---|---|---|---|---|
| L16 | | | | fx | | | |

| | | A | B | C | D | E | F | G |
|---|---|---|---|---|---|---|---|---|
| | 1 | 某公司文具销售明细表 | | | | | | |
| | 2 | 日期 | 地区 | 业务员 | 品名 | 销量（个） | 单价（元） | 销售额（元） |
| | 3 | 2023/1/6 | A | 张三 | 订书机 | 150 | 25 | 3750 |
| | 4 | | 张三 计数 | 1 | | | | |
| | 5 | 2023/4/1 | A | 李四 | 铅笔 | 930 | 0.5 | 465 |
| | 6 | 2023/6/8 | A | 李四 | 笔记本 | 410 | 15 | 6150 |
| | 7 | | 李四 计数 | 2 | | | | |
| | 8 | 2023/7/12 | A | 张三 | 铅笔 | 280 | 0.5 | 140 |
| | 9 | 2023/7/29 | A | 张三 | 订书机 | 81 | 25 | 2025 |
| | 10 | | 张三 计数 | 2 | | | | |
| | 11 | | A 汇总 | | | | | 12530 |
| | 12 | 2023/1/23 | B | 王五 | 钢笔 | 50 | 35 | 1750 |
| | 13 | | 王五 计数 | 1 | | | | |
| | 14 | 2023/2/9 | B | 周六 | 钢笔 | 36 | 35 | 1260 |
| | 15 | 2023/2/26 | B | 周六 | 笔记本 | 360 | 15 | 5400 |
| | 16 | 2023/4/18 | B | 周六 | 订书机 | 740 | 25 | 18500 |
| | 17 | 2023/5/5 | B | 周六 | 钢笔 | 960 | 35 | 33600 |
| | 18 | | 周六 计数 | 4 | | | | |
| | 19 | 2023/6/25 | B | 王五 | 订书机 | 940 | 25 | 23500 |
| | 20 | | 王五 计数 | 1 | | | | |
| | 21 | | B 汇总 | | | | | 84010 |
| | 22 | 2023/3/15 | C | 田七 | 订书机 | 600 | 25 | 15000 |
| | 23 | 2023/5/22 | C | 田七 | 钢笔 | 530 | 35 | 18550 |
| | 24 | | 田七 计数 | 2 | | | | |
| | 25 | | C 汇总 | | | | | 33550 |
| | 26 | | 总计数 | 13 | | | | |
| | 27 | | 总计 | | | | | 130090 |

图4-2-7　二次分类汇总结果

## 4.2.2　分级显示分类汇总

分类汇总完成后，在分类汇总的结果的左侧出现分级显示符号和分级标识线，如图4-2-8所示。通常完成一次分类汇总后，分类汇总的结果分为3个级别，再进行一次分类汇总后分为4个级别，依次类推。

可以根据需要分级显示数据，以图4-2-1创建分类汇总的数据为例分别展示。

❖**STEP 1** 1级显示。单击1级显示按钮，只显示总的汇总，即总计和总计数，其他级别的数据均被隐藏起来，结果如图4-2-9所示。

❖**STEP 2** 2级显示。单击2级显示按钮，将同时显示第1级和第2级的数据，即总计与总计数、各地区汇总，其他级别的数据均被隐藏起来，结果如图4-2-10所示。

❖**STEP 3** 3级显示。单击3级显示按钮，将同时显示第1级、第2级和第3级的数据，即总计与总计数、各地区汇总、各业务员汇总，其他级别的数据均被隐藏起来，结果如图4-2-11所示。

图4-2-8　分级显示符和分级标识线

| | A | B | C | D | E | F | G |
|---|---|---|---|---|---|---|---|
| | **某公司文具销售明细表** | | | | | | |
| | 日期 | 地区 | 业务员 | 品名 | 销量（个） | 单价（元） | 销售额（元） |
| 1 | | | | | | | |
| 2 | | | | | | | |
| 26 | | **总计数** | 13 | | | | |
| 27 | | **总计** | | | | | 130090 |

图4-2-9　1级显示结果

| | A | B | C | D | E | F | G |
|---|---|---|---|---|---|---|---|
| | **某公司文具销售明细表** | | | | | | |
| | 日期 | 地区 | 业务员 | 品名 | 销量（个） | 单价（元） | 销售额（元） |
| 1 | | | | | | | |
| 2 | | | | | | | |
| 11 | | **A 汇总** | | | | | 12530 |
| 21 | | **B 汇总** | | | | | 84010 |
| 25 | | **C 汇总** | | | | | 33550 |
| 26 | | **总计数** | 13 | | | | |
| 27 | | **总计** | | | | | 130090 |

图4-2-10　2级显示结果

| | A | B | C | D | E | F | G |
|---|---|---|---|---|---|---|---|
| 1 | | | 某公司文具销售明细表 | | | | |
| 2 | 日期 | 地区 | 业务员 | 品名 | 销量（个） | 单价（元） | 销售额（元） |
| 4 | | 张三 计数 | 1 | | | | |
| 7 | | 李四 计数 | 2 | | | | |
| 10 | | 张三 计数 | 2 | | | | |
| 11 | | A 汇总 | | | | | 12530 |
| 13 | | 王五 计数 | 1 | | | | |
| 18 | | 周六 计数 | 4 | | | | |
| 20 | | 王五 计数 | 1 | | | | |
| 21 | | B 汇总 | | | | | 84010 |
| 24 | | 田七 计数 | 2 | | | | |
| 25 | | C 汇总 | | | | | 33550 |
| 26 | | 总 计数 | 13 | | | | |
| 27 | | 总计 | | | | | 130090 |

图4-2-11　3级显示结果

❖**STEP 4** 4级显示。单击4级显示按钮，将全部显示数据，结果如图4-2-12所示。

| | A | B | C | D | E | F | G |
|---|---|---|---|---|---|---|---|
| 1 | | | 某公司文具销售明细表 | | | | |
| 2 | 日期 | 地区 | 业务员 | 品名 | 销量（个） | 单价（元） | 销售额（元） |
| 3 | 2023/1/6 | A | 张三 | 订书机 | 150 | 25 | 3750 |
| 4 | | 张三 计数 | 1 | | | | |
| 5 | 2023/4/1 | A | 李四 | 铅笔 | 930 | 0.5 | 465 |
| 6 | 2023/6/8 | A | 李四 | 笔记本 | 410 | 15 | 6150 |
| 7 | | 李四 计数 | 2 | | | | |
| 8 | 2023/7/12 | A | 张三 | 铅笔 | 280 | 0.5 | 140 |
| 9 | 2023/7/29 | A | 张三 | 订书机 | 81 | 25 | 2025 |
| 10 | | 张三 计数 | 2 | | | | |
| 11 | | A 汇总 | | | | | 12530 |
| 12 | 2023/1/23 | B | 王五 | 钢笔 | 50 | 35 | 1750 |
| 13 | | 王五 计数 | 1 | | | | |
| 14 | 2023/2/9 | B | 周六 | 钢笔 | 36 | 35 | 1260 |
| 15 | 2023/2/26 | B | 周六 | 笔记本 | 360 | 15 | 5400 |
| 16 | 2023/4/18 | B | 周六 | 订书机 | 740 | 25 | 18500 |
| 17 | 2023/5/5 | B | 周六 | 钢笔 | 960 | 35 | 33600 |
| 18 | | 周六 计数 | 4 | | | | |
| 19 | 2023/6/25 | B | 王五 | 订书机 | 940 | 25 | 23500 |
| 20 | | 王五 计数 | 1 | | | | |
| 21 | | B 汇总 | | | | | 84010 |
| 22 | 2023/3/15 | C | 田七 | 订书机 | 600 | 25 | 15000 |
| 23 | 2023/5/22 | C | 田七 | 钢笔 | 530 | 35 | 18550 |
| 24 | | 田七 计数 | 2 | | | | |
| 25 | | C 汇总 | | | | | 33550 |
| 26 | | 总 计数 | 13 | | | | |
| 27 | | 总计 | | | | | 130090 |

图4-2-12　4级显示结果

### 4.2.3　复制分类汇总结果

如果需要将分类汇总的结果复制到其他位置或其他工作表，不能采用直接复制、粘贴的方法。因为分类汇总时有关明细数据只是隐藏了，直接复制、粘贴会将整个数据区域一并复制。以4.2.1的案例数据为例，具体可以采用如下操作步骤。

❖**STEP 1** 在分类汇总结果左侧单击2级显示按钮，显示按"地区"汇总的结果值，选择整个数据区域，即A1:G27，然后按【Ctrl+G】快捷键，弹出"定位条件"对话框，结果如图4-2-13所示。

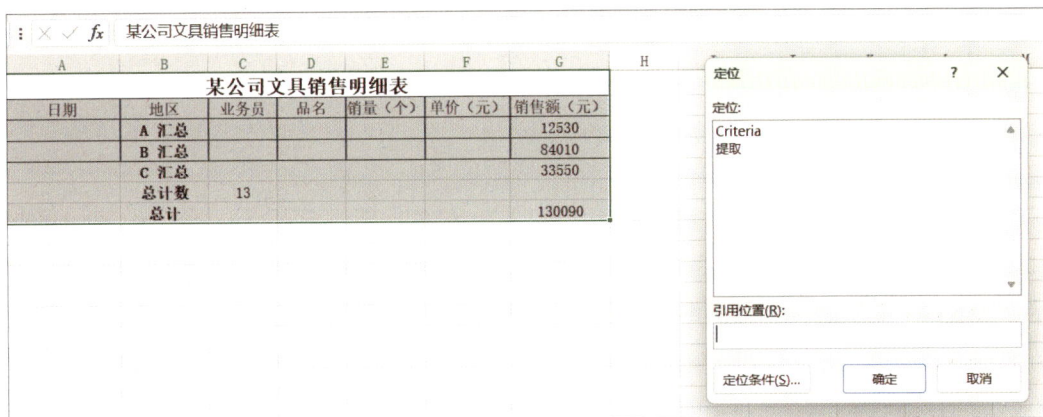

图4-2-13　弹出定位条件对话框

❖**STEP 2** 在"定位条件"对话框中选择"可见单元格"单选按钮，然后单击"确定"按钮关闭该对话框，过程如图4-2-14所示。

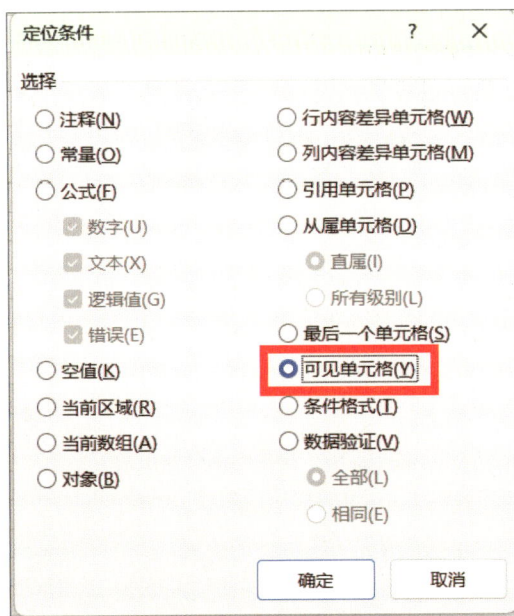

图4-2-14　设置定位条件

❖**STEP 3** 执行复制操作，然后选定目标位置，执行粘贴操作即可，复制结果如图 4-2-15所示，从图中可以看出，只复制了分类汇总的结果，没有复制明细数据。

| 34 | | 某公司文具销售明细表 | | | | | |
|---|---|---|---|---|---|---|---|
| 35 | 日期 | 地区 | 业务员 | 品名 | 销量（个） | 单价（元） | 销售额（元） |
| 36 | | A 汇总 | | | | | 12530 |
| 37 | | B 汇总 | | | | | 84010 |
| 38 | | C 汇总 | | | | | 33550 |
| 39 | | 总计数 | 13 | | | | |
| 40 | | 总计 | | | | | 130090 |
| 41 | | | | | | | |

图4-2-15　复制"地区"分类汇总的结果

### 4.2.4　删除分类汇总

若要使表格数据还原成初始状态，则需要删除分类汇总，具体操作步骤如下所示，以4.2.1案例中的数据为例。

❖**STEP 1** 单击包含分类汇总的数据区域中的任意一个单元格。

❖**STEP 2** 单击"数据"选项卡，再单击"分级显示"选项组的"分类汇总"按钮，弹出"分类汇总"对话框。

❖**STEP 3** 在打开的"分类汇总"对话框中，单击"全部删除"按钮即可删除全部分类汇总数据，过程及结果如图4-2-16、图4-2-17所示。

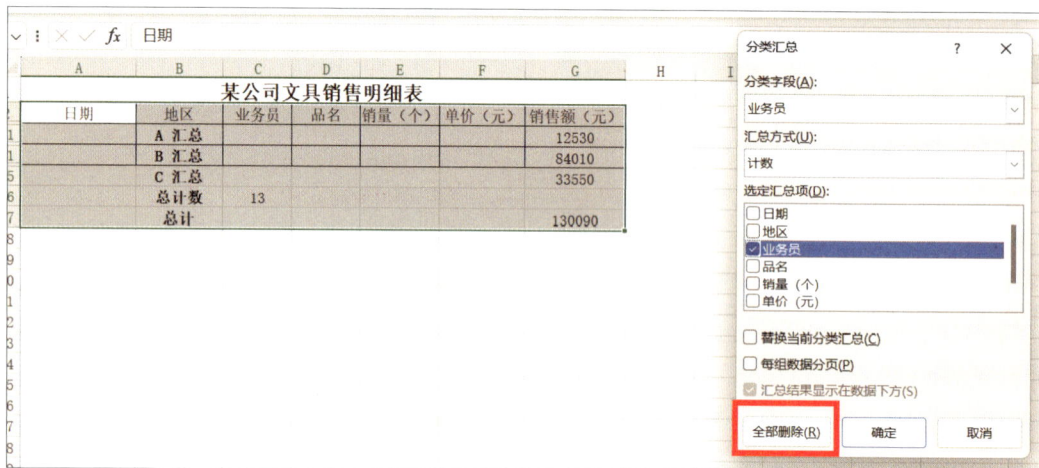

图4-2-16　删除全部分类汇总

| | A | B | C | D | E | F | G |
|---|---|---|---|---|---|---|---|
| 1 | 某公司文具销售明细表 | | | | | | |
| 2 | 日期 | 地区 | 业务员 | 品名 | 销量（个） | 单价（元） | 销售额（元） |
| 3 | 2023/1/6 | A | 张三 | 订书机 | 150 | 25 | 3750 |
| 4 | 2023/4/1 | A | 李四 | 铅笔 | 930 | 0.5 | 465 |
| 5 | 2023/6/8 | A | 李四 | 笔记本 | 410 | 15 | 6150 |
| 6 | 2023/7/12 | A | 张三 | 铅笔 | 280 | 0.5 | 140 |
| 7 | 2023/7/29 | A | 张三 | 订书机 | 81 | 25 | 2025 |
| 8 | 2023/1/23 | B | 王五 | 钢笔 | 50 | 35 | 1750 |
| 9 | 2023/2/9 | B | 周六 | 钢笔 | 36 | 35 | 1260 |
| 10 | 2023/2/26 | B | 周六 | 笔记本 | 360 | 15 | 5400 |
| 11 | 2023/4/18 | B | 周六 | 订书机 | 740 | 25 | 18500 |
| 12 | 2023/5/5 | B | 周六 | 钢笔 | 960 | 35 | 33600 |
| 13 | 2023/6/25 | B | 王五 | 订书机 | 940 | 25 | 23500 |
| 14 | 2023/3/15 | C | 田七 | 订书机 | 600 | 25 | 15000 |
| 15 | 2023/5/22 | C | 田七 | 钢笔 | 530 | 35 | 18550 |

图4-2-17　数据表还原初始状态

## ➤ 任务实施

• 第一步：明确进行数据统计的要求。

要求1：按不同种类分别统计商品的成交额；

要求2：在要求1的统计结果基础上，再分别统计不同类型客户评价的数量。

• 第二步：按要求完成2个任务，并截图展示任务实施结果。

任务1：

任务2：

## ➤ 任务总结

• 分类汇总的步骤：_____

_____

_____

• 如何进行数据分类：_____

_____

_____

• 数据统计的类型有哪些：_____

_____

_____

• 完成本任务过程中的收获：_____

_____

_____

• 其他：_____

_____

_____

# 任务3　数据透视表

## ➤ 任务目标

根据要求，运用数据透视表统计销售数据，并计算某些关键指标的变动率。

## ➤ 任务要求

①统计不同商品的销量、成交额；

②统计不同类型客户的成交额；

③统计不同客户评价的数量及其占比。

## ➤ 知识准备

### 4.3.1　创建数据透视表

数据透视表是数据统计分析的有力工具，是Excel提供的一种交互式报表，可以根据不同的分析目的进行浏览、汇总、分析数据，当数据规模较大时，运用数据透视表可以方便地查看源数据的不同汇总结果，是一种动态数据分析工具。Excel要求创建数据透视表的源数据区域必须没有空行和空列，而且每列都要有列标题（有字段名称）。

创建数据透视表的关键是设计数据透视表的字段布局，即源数据中按哪些字段分页（筛选），哪些字段组成行，哪些字段组成列，哪些字段进行计算。创建数据透视表的操作步骤可以参照如下案例：创建"某公司销售文具明细表"数据透视表。

❖**STEP 1** 打开表格，插入数据透视表。打开"素材文件/项目4/某公司文具销售明细表.xlsx"，选择数据区域任意单元格，单击"插入"选项卡，再单击"表格"选项组中的"数据透视表按钮"，弹出"创建数据透视表"对话框，过程如图4-3-1、图4-3-2所示。

❖**STEP 2** 在"创建数据透视表"对话框中，系统一般会自动选择整个数据区域作为数据透视表的数据源。如果要透视分析的数据区域与此有出入，可以在"表/区域"文本框内进行选择修改。

❖**STEP 3** 选择放置数据透视表的位置。可以放在新工作表或现有工作表，默认选择"新工作表"单选按钮。若选择"新工作表"单选按钮，系统会自动创建一个新工作表，并将数据透视表放在新工作表中；若选择"现有工作表"按钮，必须指定放置数据透视表的位置，可以是单元格区域或第一个单元格位置。本案例数据透视表位置选择放在"现有工作表"的I9单元格，如图4-3-3所示。

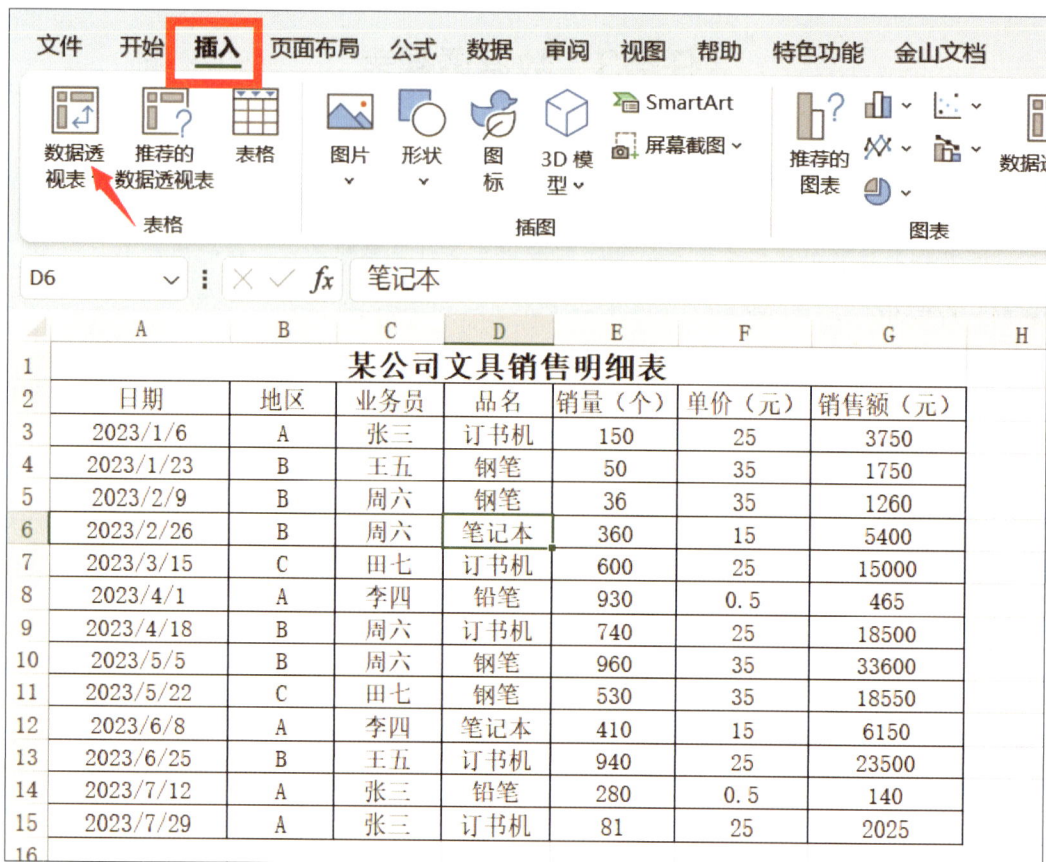

图4-3-1　插入数据透视表

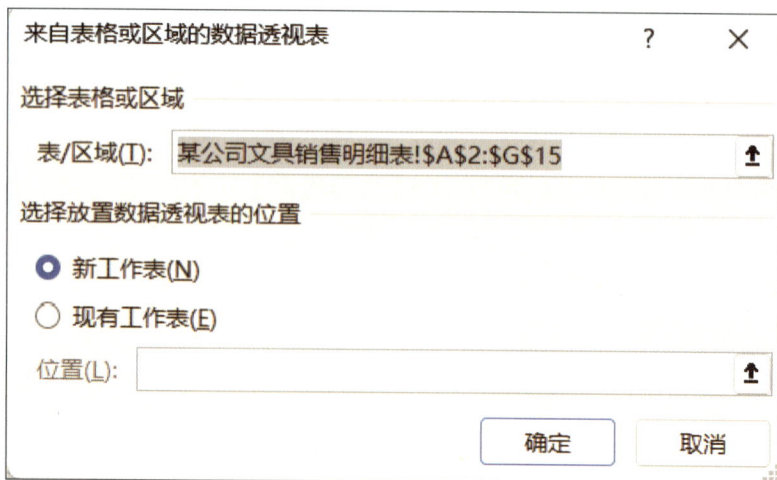

图4-3-2　"创建数据表"对话框

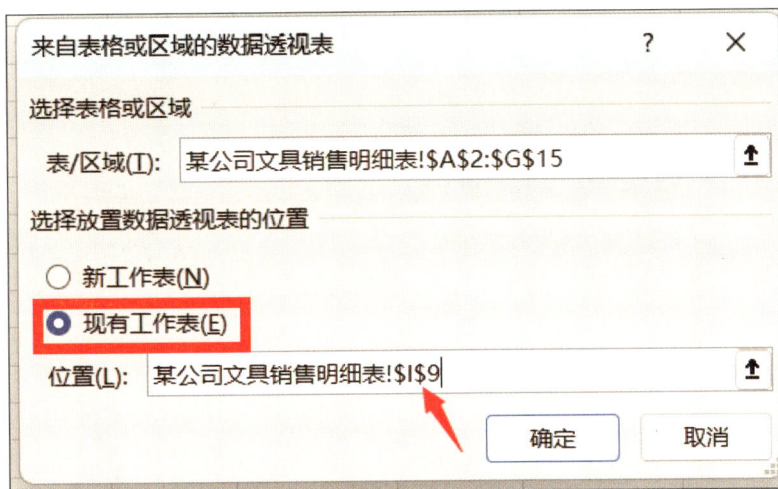

图4-3-3　选择放置数据透视表的位置

❖**STEP 4** 单击"确定"按钮，弹出"数据透视表字段"窗格，如图4-3-4所示。

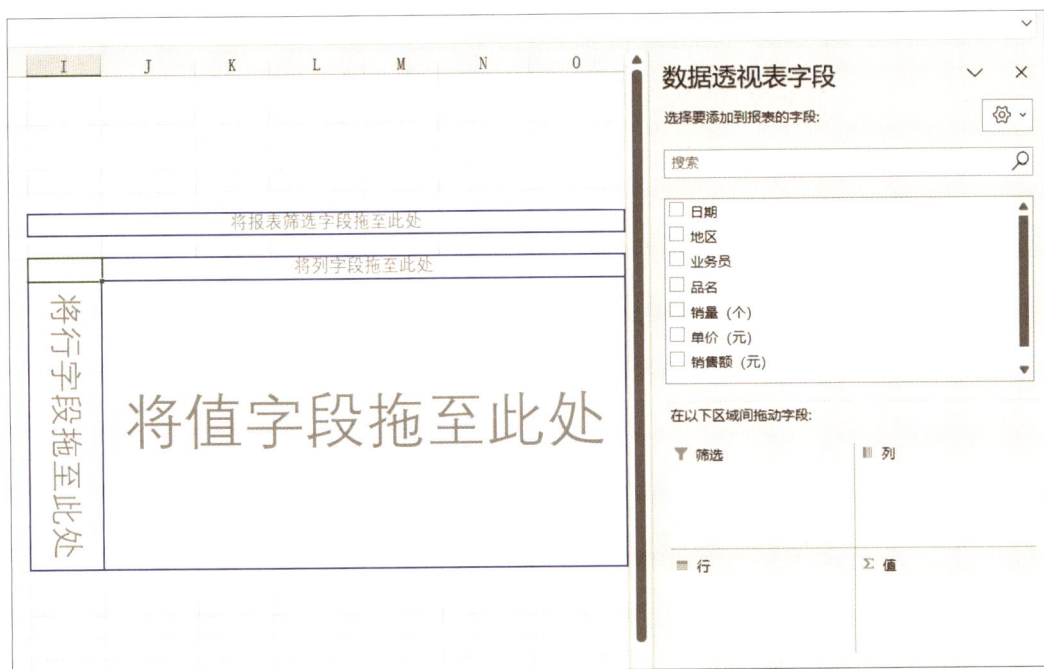

图4-3-4　数据透视表窗格

❖**STEP 5** 在"数据透视表字段"窗格中设置字段。右侧弹出的是数据透视表字段的设置界面，默认的数据透视表字段布局采用字段节和区域节层叠的方式，如图4-3-5所示。

　　在默认布局中，前面有字段名称的区域叫字段节，字段节用于显示数据透视表数据源中的所有字段，每个字段左侧有复选框，可以进行多选，勾选中，数据透视表会针对你勾选的字段进行计算和分析。下面四个框框的区域叫区域节，区域节包括4个区域，分别是筛选、列、行、值，它们在数据透视表中分别实现筛选功能、显示列标签、显示行标签、显示计算结果。

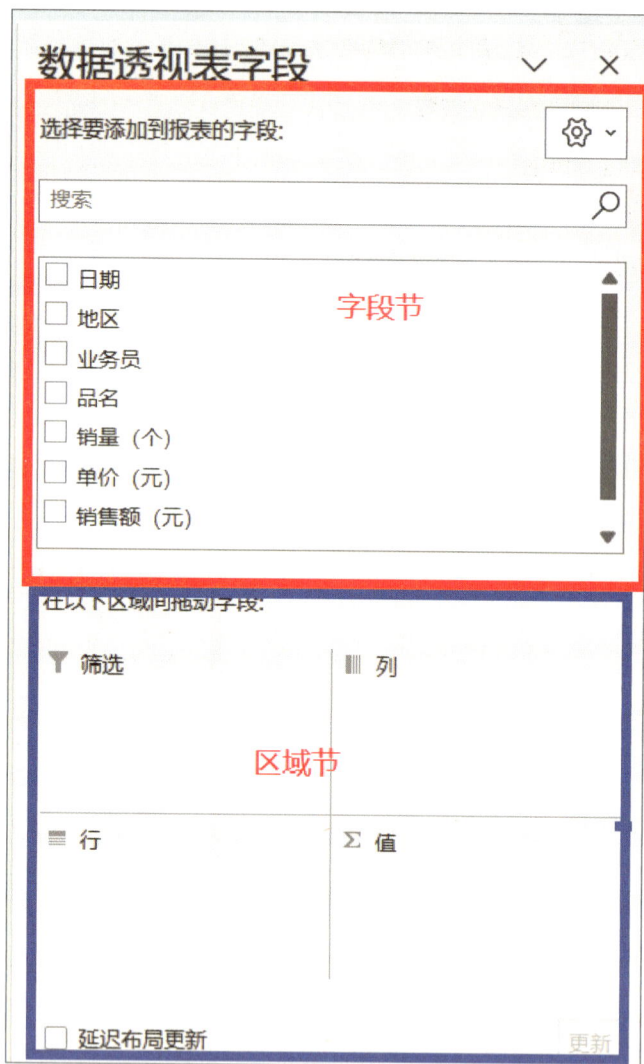

图4-3-5  数据透视表字段布局

❖**STEP 6** 拖拽字段进行数据统计分析。通过拖拽字段在行、列、筛选中的位置，可以改变数据透视表的结构。此外，若字段对应的数据为数值型数据，则该字段会默认到值区域参与运算。例如计算不同文具的具体销售额，勾选"品名"字段、"销售额"字段，可以看出"品名"字段默认在行区域发挥标题栏作用，"销售额"字段默认在值区域参与计算，字段勾选过程及数据透视表统计结果如图4-3-6、图4-3-7所示。

❖**STEP 7** 更改值字段汇总方式。值字段区域默认的统计方式是求和，可以根据统计的需求，进行值字段汇总方式的更改，计算方式可以是求和、计数、平均值、最大值、最小值等。具体操作方式是，在"数据透视表字段"窗格中单击"值"区域中的字段，在弹出的下拉列表中选择"值字段设置"命令，打开"值字段设置"对话框，选择"值汇总方式"选项卡进行设置，如将"销售额"的汇总方式改为"计数"，单击"确定"按钮。过程及结果如图4-3-8、图4-3-9所示。

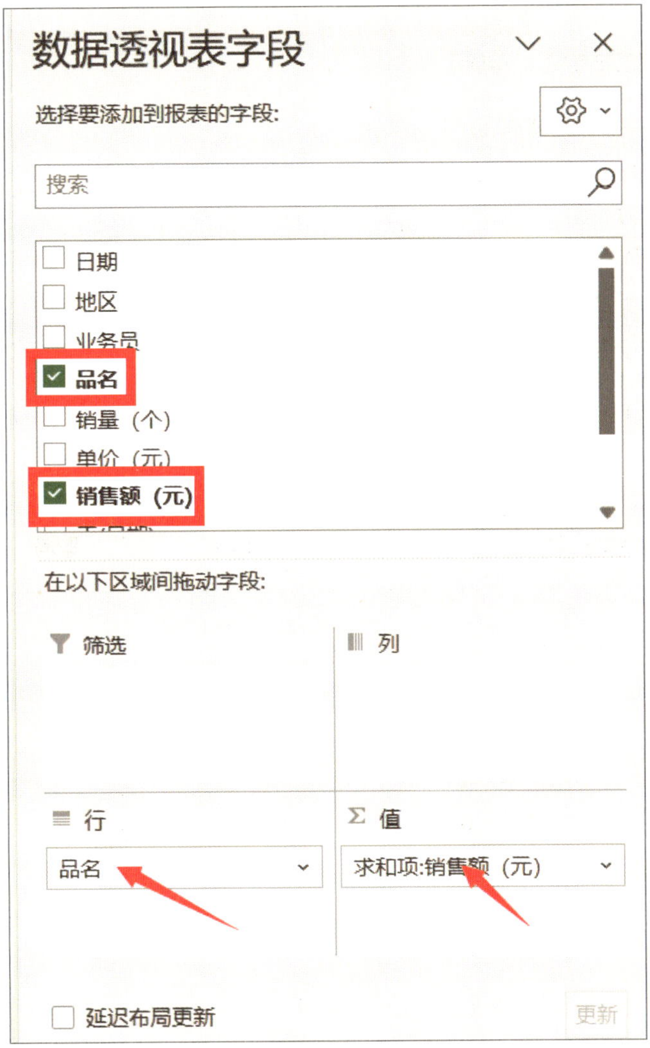

图4-3-6　字段勾选

| 求和项:销售额（元） | |
|---|---|
| 品名　▼ | 汇总 |
| 笔记本 | 11550 |
| 订书机 | 62775 |
| 钢笔 | 55160 |
| 铅笔 | 605 |
| 总计 | 130090 |

图4-3-7　数据透视表计算结果

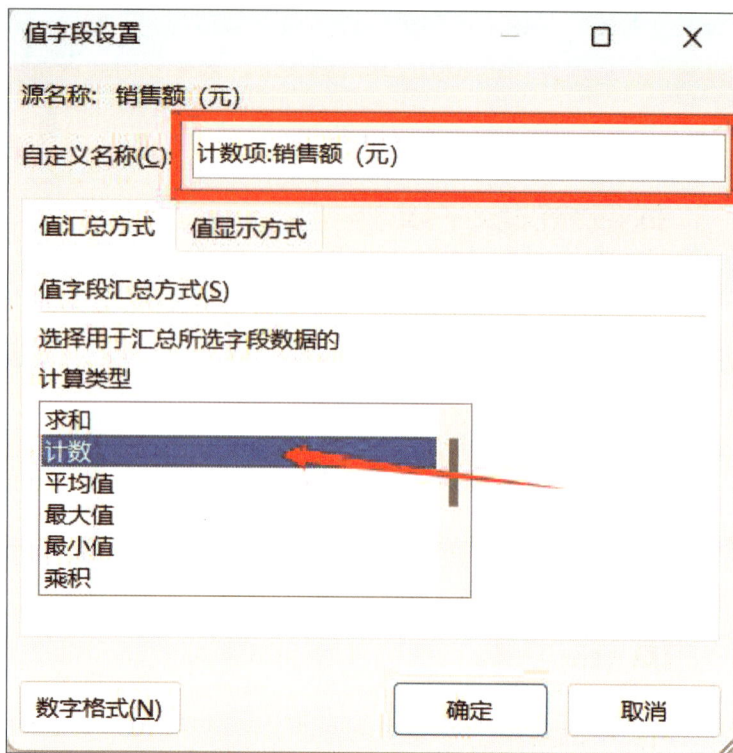

图4-3-8 "值字段设置"对话框

图4-3-9 "计数"汇总结果

### 4.3.2 数据透视表基础运用

一般情况下，根据数据统计的要求，通过勾选数据透视表中相关字段就可以实现基本的数据统计目标。具体操作以"分析某公司销售文具销售情况"为例，分析的指标包括以下几点：

①2010年总销量是多少？总销售额是多少？

②2010年A、B、C三地区的销量及销售额各是多少？

③2010年哪种产品销量最好？哪种产品销量最差？

④2010年B地区业务员王五的钢笔销量是多少？

❖**STEP 1** 2010年总销量是多少？总销售额是多少？

打开"素材文件/项目4/某公司文具销售明细表.xlsx"，按照插入数据透视表的步骤，在现有工作表中插入数据透视表，在"数据透视表字段"窗格中勾选"销量""销售额"两个字段，即可呈现总销量、总销售额统计结果，过程及结果如图4-3-10、图4-3-11所示。

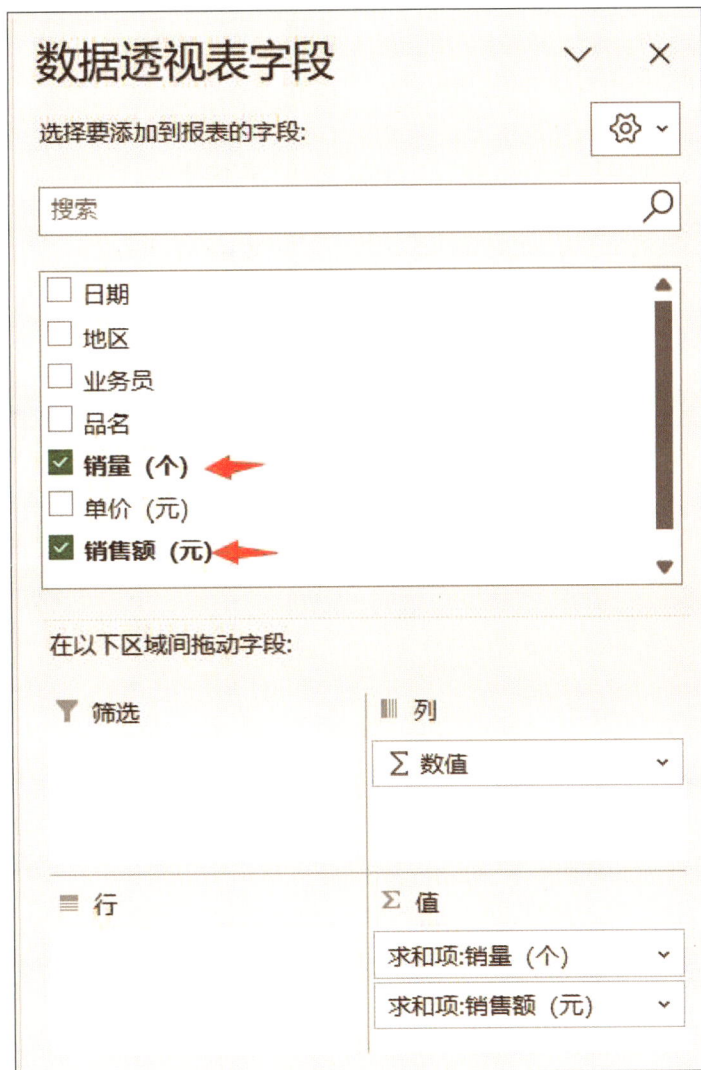

图4-3-10　勾选销量、销售额字段

| | 数据 | |
|---|---|---|
| | 求和项：销量（个） | 求和项：销售额（元） |
| 汇总 | 6067 | 130090 |

图4-3-11　总销量、总销售额统计结果

❖**STEP 2** 2010年A、B、C三地区的销量及销售额各是多少？

打开"素材文件/项目4/某公司文具销售明细表.xlsx"，在现有工作表中插入数据透视表，在"数据透视表字段"窗格中勾选"地区""销量""销售额"三个字段，行、列布局可以选择默认，过程和结果如图4-3-12所示。

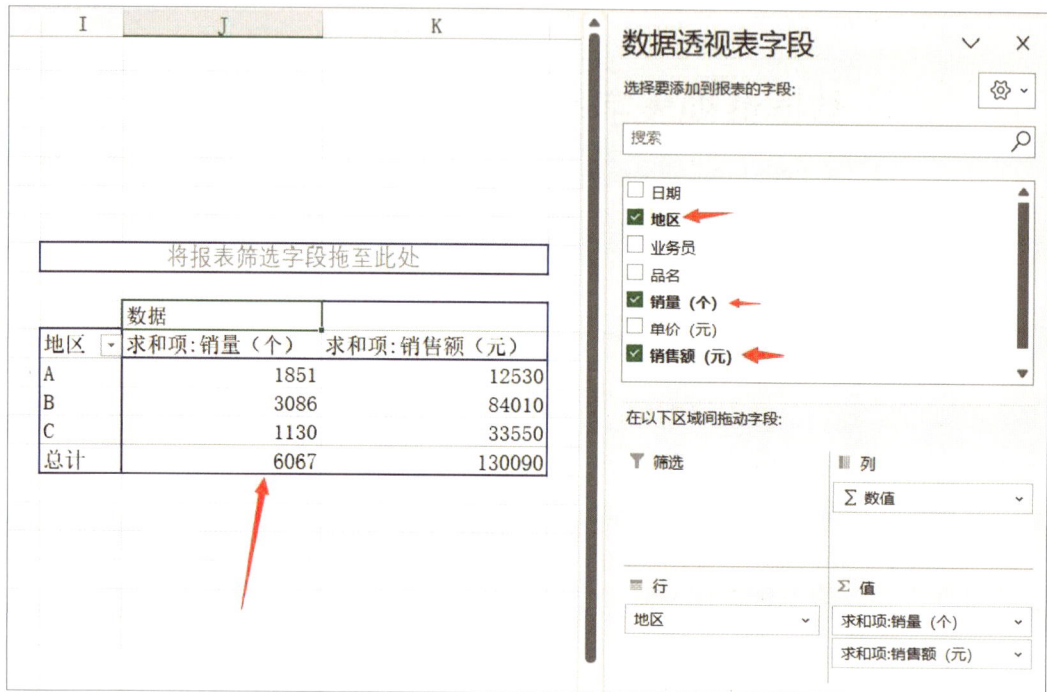

图4-3-12 按地区统计销量、销售额结果

❖**STEP 3** 2010年哪种产品销量最好？哪种产品销量最差？

打开"素材文件/项目4/某公司文具销售明细表.xlsx"，在现有工作表中插入数据透视表，在"数据透视表字段"窗格中勾选"品名""销量"两个字段，即出现按品名进行销量统计结果，如图4-3-13所示。然后选择数据透视表"汇总"字段下面的任意单元格，单击右键，弹出快捷方式菜单，鼠标指针移动至"排序"快捷方式上，弹出"排序"选项对话框，点击"升序"（降序也可以），即可看到按升序排序的产品销量情况，过程及结果如图4-3-14、图4-3-15所示。

❖**STEP 4** 2010年B地区业务员王五的钢笔销量是多少？

打开"素材文件/项目4/某公司文具销售明细表.xlsx"，在现有工作表中插入数据透视表，在"数据透视表字段"窗格中勾选"地区""业务员""品名""销量"等字段，即出现初步统计结果，如图4-3-16所示。然后将行字段区域中的"业务员""地区""品名"三个字段分别拖拽到"筛选"字段区域，如图4-3-17所示。然后点开数据透视表中的字段"地区"筛选项，选择"B"，单击"确定"，如图4-3-18。同样的操作步骤，分别筛选出业务员"王五"、品名"钢笔"，结果如图4-3-19所示。

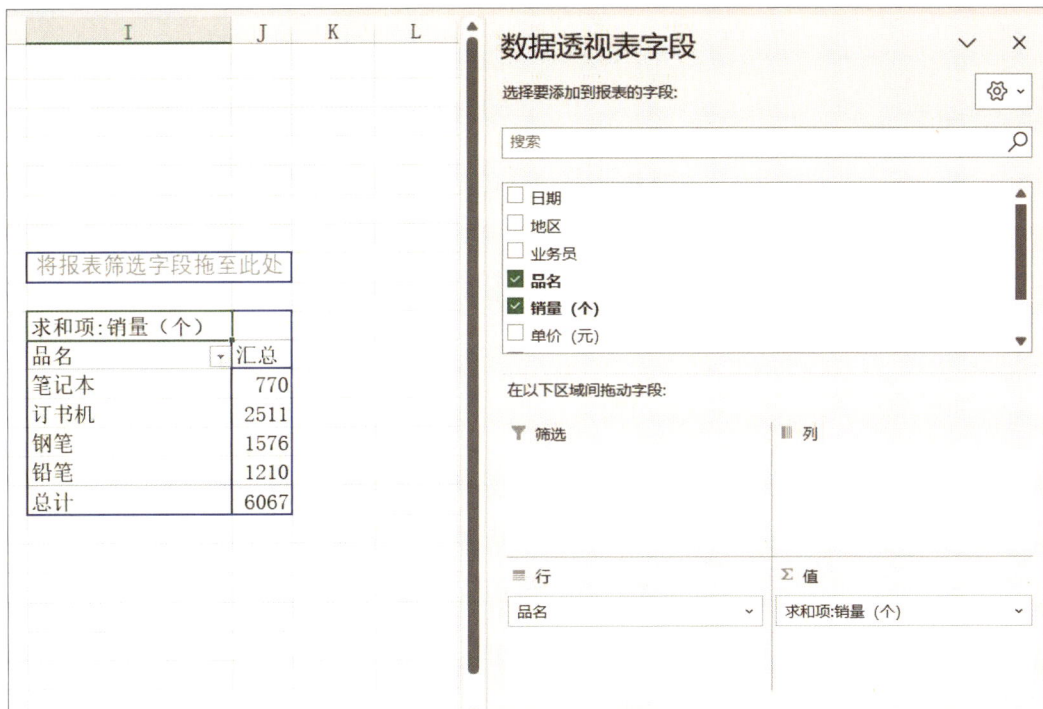

图4-3-13　按品名统计销量结果

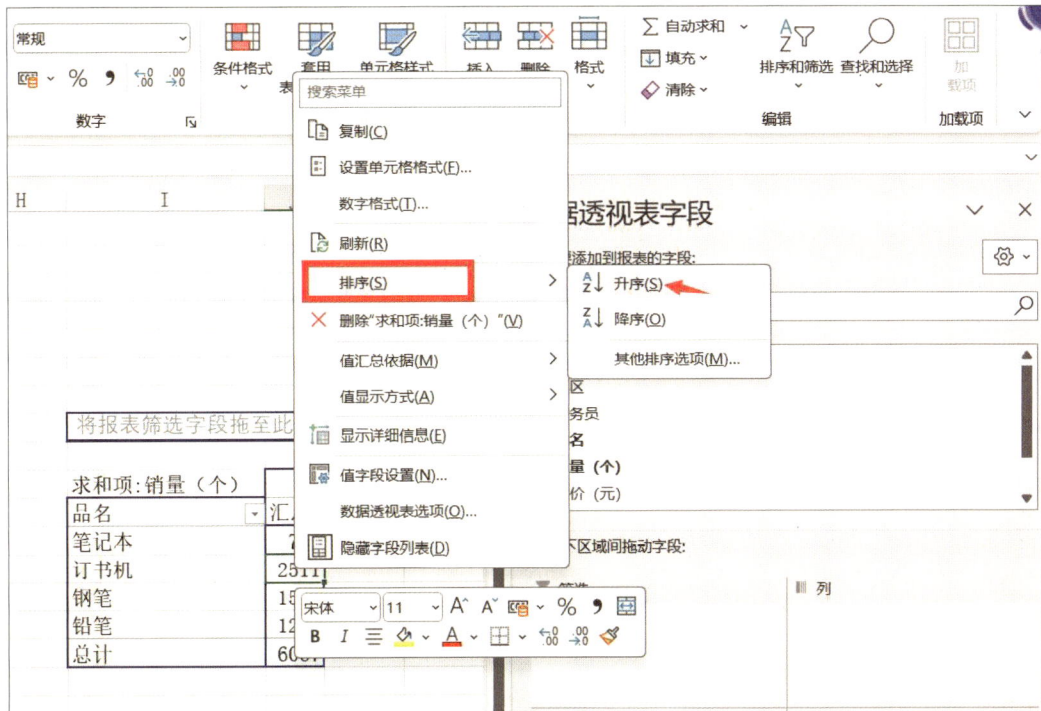

图4-3-14　统计结果升序排序

图4-3-15　升序排序结果

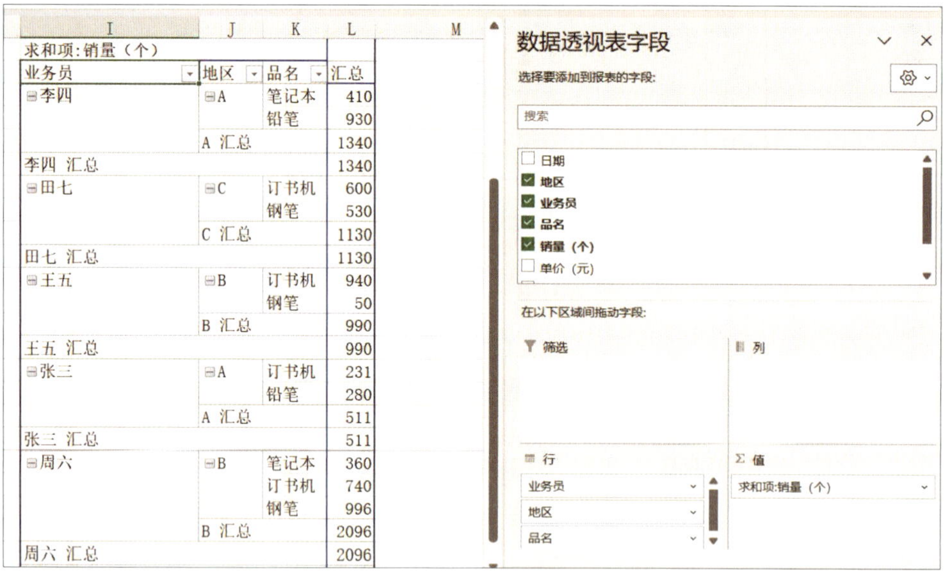

图4-3-16　多字段勾选初步结果

图4-3-17　拖拽字段至筛选字段区域

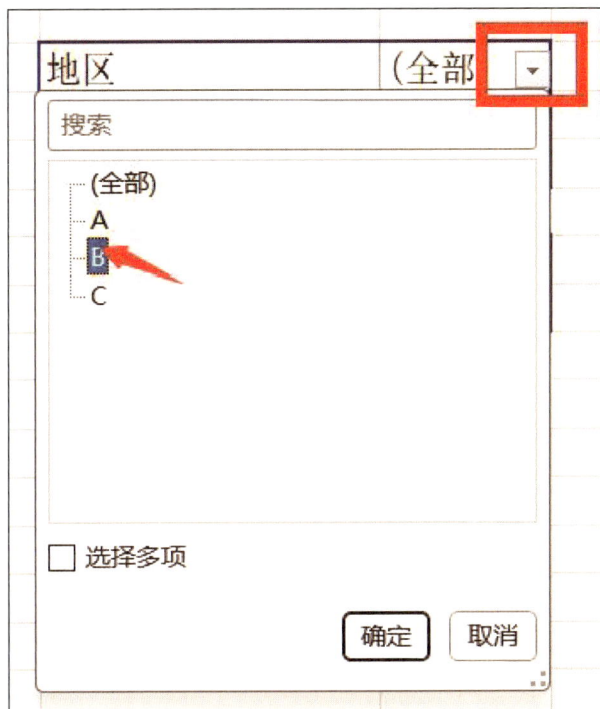

图4-3-18　筛选B地区

图4-3-19　B地区王五钢笔销量统计结果

### 4.3.3　数据透视表高阶运用

简单的数据统计结果不足以说明数据背后的问题，有时需要对统计数据作进一步处理方能直观地展示出统计结果，如求参数占比、求数据的环比/同比变动率，以及对数据进行分组统计等，具体操作以"分析某公司销售文具销售情况"为例，分析的指标包括以下几点。

①分析2010年A、B、C三地区的销售额占比。

②计算2010年每月的销售额。

③分析计算2010年每月销售额环比数据。

❖**STEP 1** 分析2010年A、B、C三地区的销售额占比。

a.打开"素材文件/项目4/某公司文具销售明细表.xlsx"，在现有工作表中插入数据透视表，在"数据透视表字段"窗格中勾选"地区""销售额"两个字段，然后选中"销售额"字段，按住鼠标左键将其拖拽至"值"区域字段，这时数据透视表中会增加"求和销售额"字段及其系列数据，过程及结果如图4-3-20、图4-3-21所示。

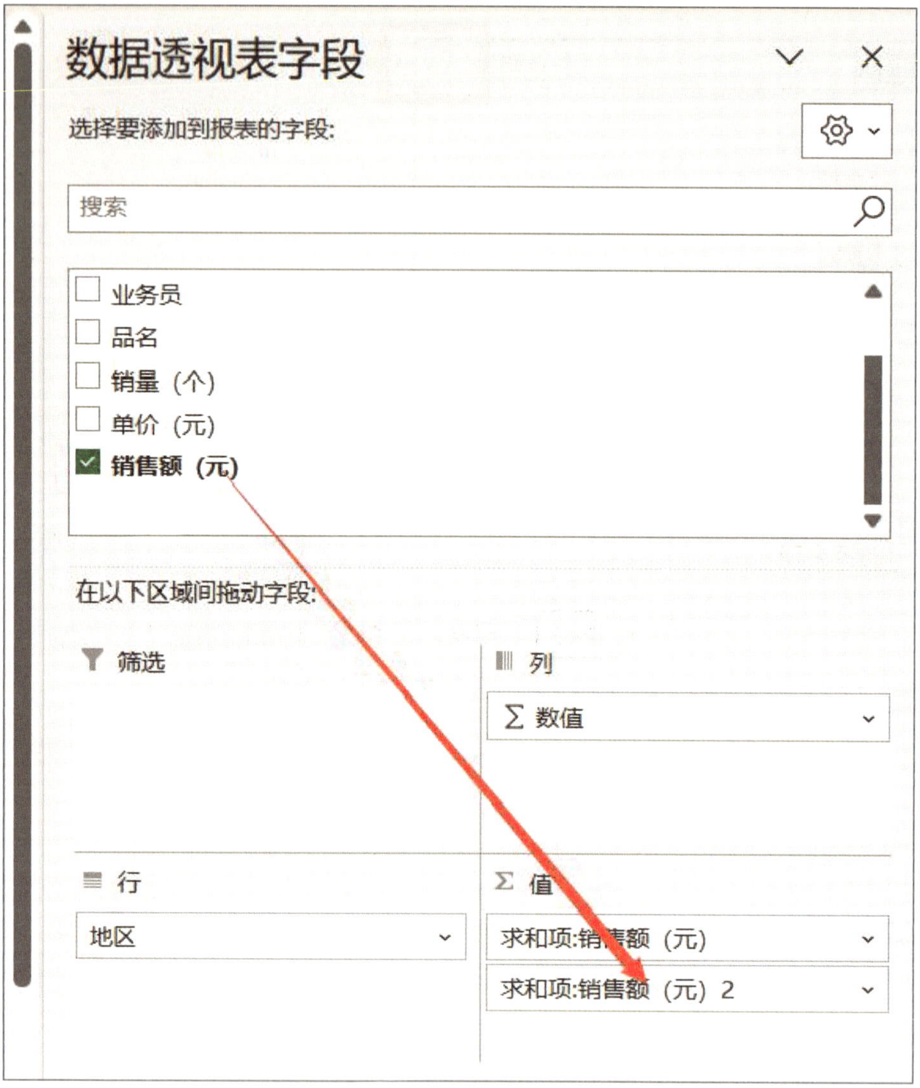

图4-3-20　拖拽销售额字段至值字段区域

| 地区 | 数据 | |
| --- | --- | --- |
| | 求和项:销售额（元） | 求和项:销售额（元）2 |
| A | 12530 | 12530 |
| B | 84010 | 84010 |
| C | 33550 | 33550 |
| 总计 | 130090 | 130090 |

图4-3-21　拖拽销售额结果图

　　b.将鼠标放在"求和项:销售额（元）2"字段上，输入"销售额占比"，即可更改字段，结果如图4-3-22所示。

图4-3-22　更改字段名称

c.将鼠标放在"销售额占比"字段数据任意单元格上，单击右键，弹出快捷方式菜单，鼠标指针移动至"值显示方式"快捷方式上，弹出"显示方式"选项对话框，点击"列汇总百分比"，即可看到不同地区销售数据及其占比，过程及结果如图4-3-23、图4-3-24所示。

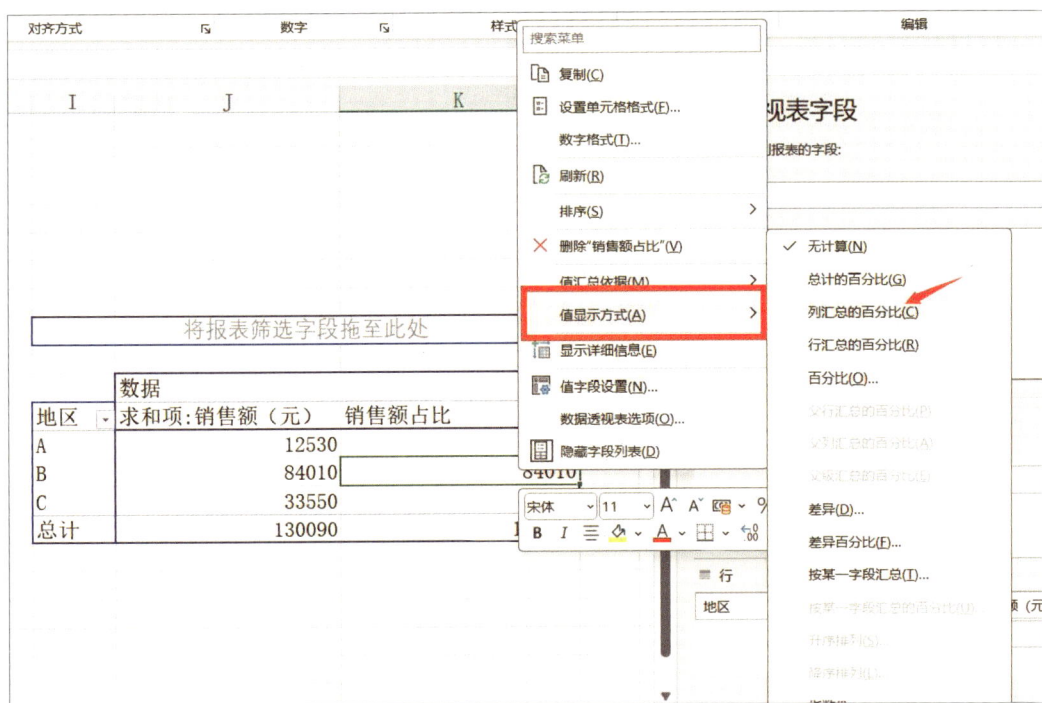

图4-3-23　选择列汇总百分比

| 地区 | 数据 | |
|---|---|---|
| | 求和项:销售额（元） | 销售额占比 |
| A | 12530 | 9.63% |
| B | 84010 | 64.58% |
| C | 33550 | 25.79% |
| 总计 | 130090 | 100.00% |

图4-3-24　销售额占比统计结果

❖**STEP 2** 计算2010年每月的销售额。

打开"素材文件/项目4/某公司文具销售明细表.xlsx",在现有工作表中插入数据透视表,在"数据透视表字段"窗格中勾选"日期""销售额"两个字段,即出现按时间统计销售额的数据透视表。选中"日期"字段下面任意单元格数据,单击右键,弹出快捷方式菜单,鼠标指针移动至"组合"快捷方式上,弹出"组合"选项对话框,"起始于""终止于"选择默认时间,"步长"选择"月",单击"确定"按钮,即可出现按月统计的结果,过程及结果如图4-3-25、图4-3-26、图4-3-27所示。

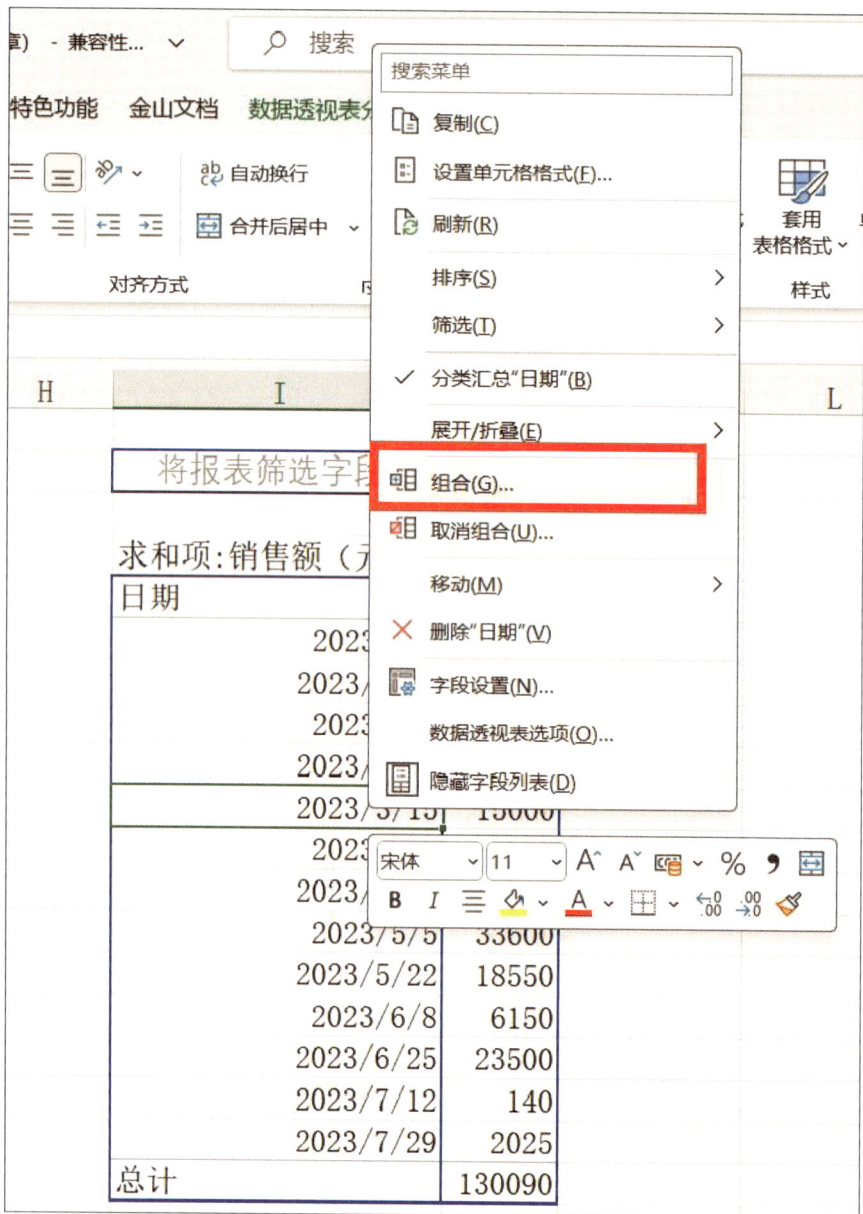

图4-3-25　单击组合快捷键

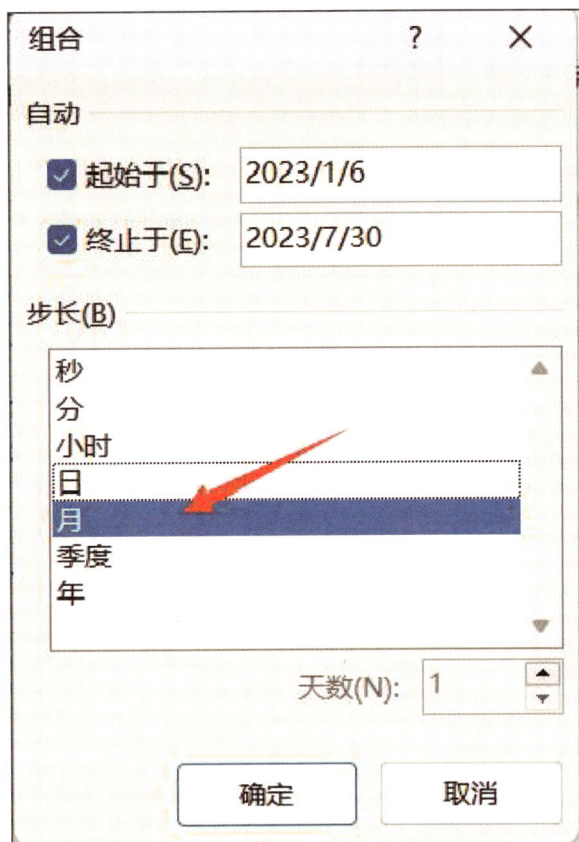

图 4-3-26 组合对话框及选项

| 求和项:销售额（元） | |
|---|---|
| 月（日期） ▽ | 汇总 |
| 1月 | 5500 |
| 2月 | 6660 |
| 3月 | 15000 |
| 4月 | 18965 |
| 5月 | 52150 |
| 6月 | 29650 |
| 7月 | 2165 |
| 总计 | 130090 |

图4-3-27 按月统计销售结果

❖**STEP 3** 分析计算2010年每月销售额环比数据。

接步骤2中的操作步骤，选中 "销售额" 字段，按住鼠标左键将其拖拽至 "值" 区域字段，这时数据透视表中会增加 "求和销售额" 字段及其系列数据，更改字段名称为"环比增长率",将鼠标放在"环比增长率"字段数据任意单元格上,单击右键,弹出快捷方式菜单,鼠标指针移动至"值显示方式"快捷方式上,弹出"显示方式"选项对话框,点击"差异百分比",弹出"值显示方式(环比增长率)"对话框,基本字段选择"月(日期)",点开基本项选项,选择"上一个",单击"确定"按钮,即可看到不同月份销售数据及其环比增长率,过程结果如图4-3-28、图4-3-29、图4-3-30、图4-3-31所示。

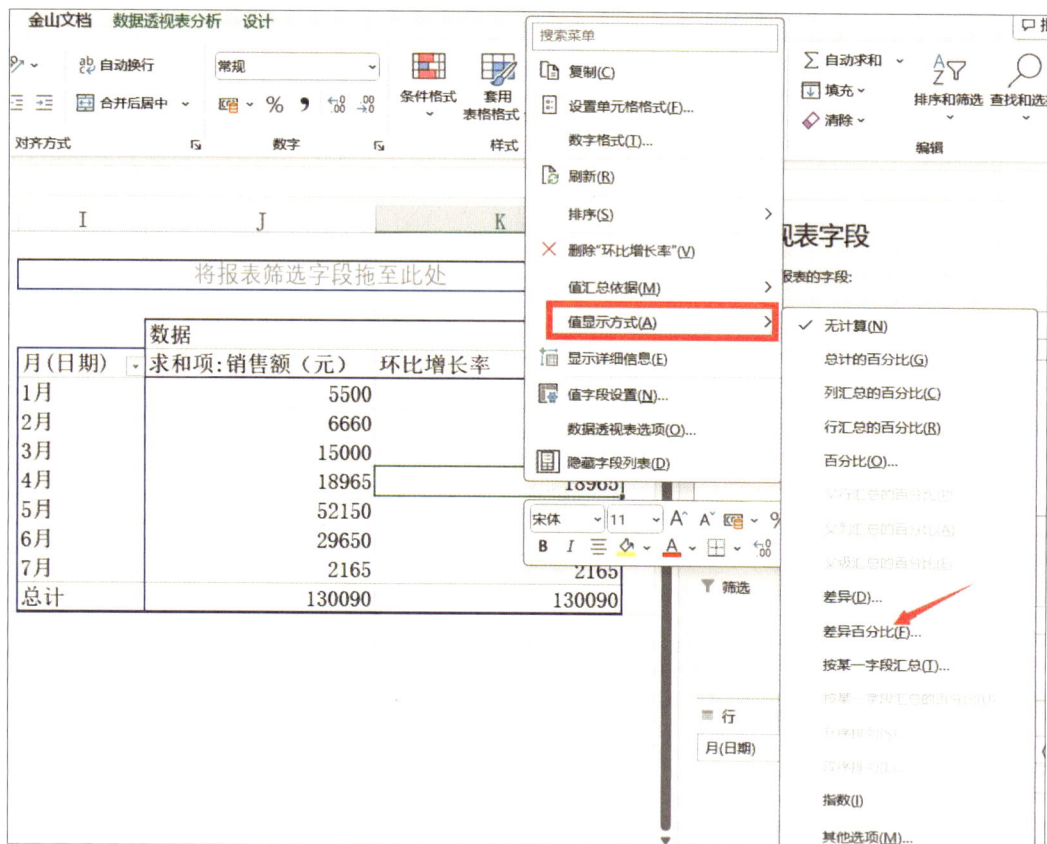

图4-3-28　值显示方式选择差异百分比

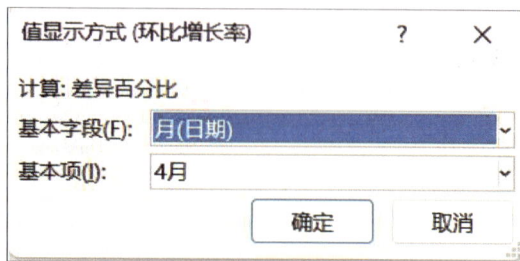

图4-3-29　值显示方式对话框

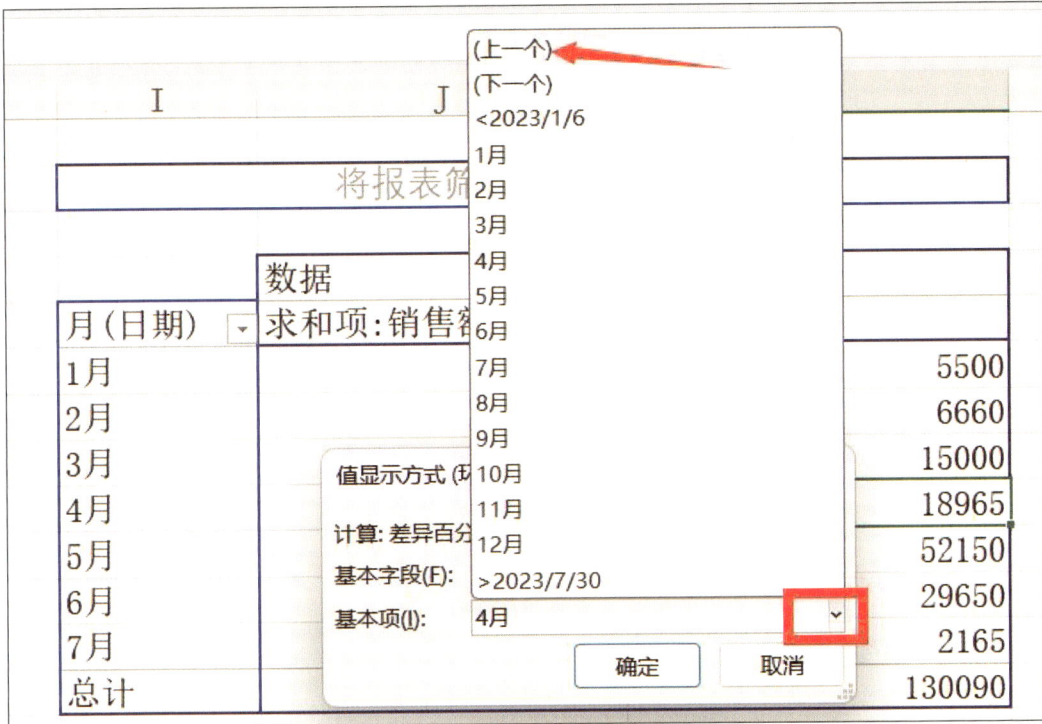

图4-3-30　值显示方式对话框参数选择

| | 数据 | |
|---|---|---|
| 月（日期） ▾ | 求和项:销售额（元） | 环比增长率 |
| 1月 | 5500 | −71.00% |
| 2月 | 6660 | −64.88% |
| 3月 | 15000 | −20.91% |
| 4月 | 18965 | |
| 5月 | 52150 | 174.98% |
| 6月 | 29650 | 56.34% |
| 7月 | 2165 | −88.58% |
| 总计 | 130090 | |

图4-3-31　每月销售额及环比增长率结果

## ➤ 任务实施

· 第一步：明确数据统计的目标。

①统计不同商品的销量、成交额；

②统计不同类型客户的成交额；

③统计不同客户评价的数量及其占比。

· 第二步：按要求完成以上3个任务，并截图展示任务实施结果。

任务结果1：

任务结果2：

任务结果3：

## ➤ 任务总结

· Excel中哪个选项卡可以插入数据透视表： _____

_____

_____

· 运用数据透视表计算数据的百分比值显示方式为： _____

_____

_____

· 运用数据透视表计算数据环比/同比变化率的值显示方式为： _____

_____

_____

· 完成本任务过程中的收获： _____

_____

_____

· 其他： _____

_____

_____

# 项目5　商务数据可视化

## 📑 项目描述

　　商务数据可视化是指将庞大的数据信息通过可视化、交互的方式进行展示，从而形象、直观地表达数据蕴含的信息和规律。最常用的可视化展示方式便是图表。图表是Excel中重要的数据分析工具之一，它通过直观的图形数据来表现工作簿中抽象而枯燥的数据，让数据更容易理解。

　　由于商务数据的可视化是通过图表展示的，因此商务数据的可视化种类也就是图表的种类。Excel中提供了多种类型的图表供用户选择。可以将这些图表分成两类：

　　经济适用图：柱形图与条形图、饼图与复合饼图、雷达图；

　　复杂数据图：平均线图、双坐标图、旋风图、帕累托图。

　　根据实训素材库中给出的相应素材表格，选择合适的图表绘制图形，完成商务数据可视化任务。

## 📑 知识图谱

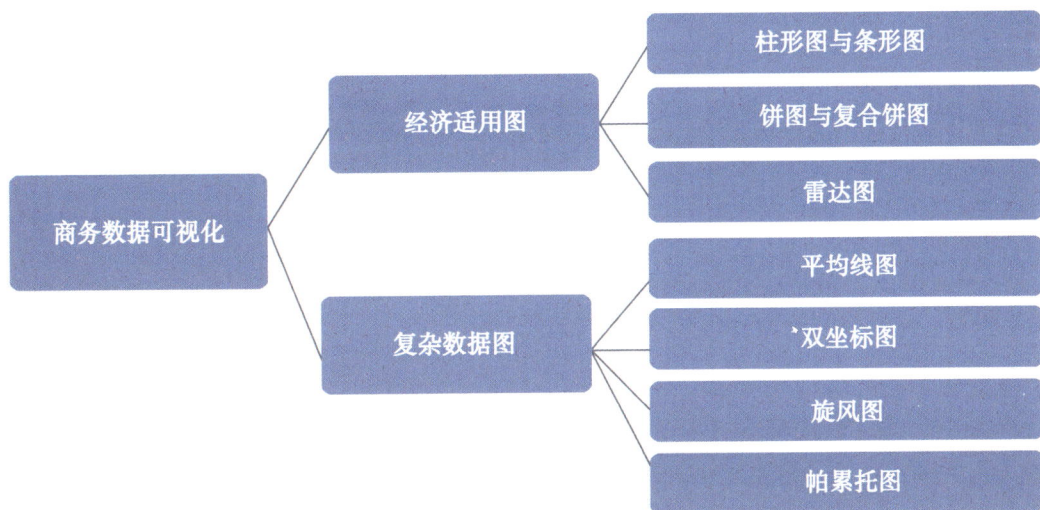

## 📄 学习目标

• **知识目标**

①学会柱形图与条形图的制作方法；

②学会绘制饼图与复合饼图的方法；

③学会绘制雷达图的方法；

④学会绘制平均线图、双坐标图的方法；

⑤学会绘制旋风图与帕累托图的方法。

• **技能目标**

①能使用简单的经济适用图进行数据展现；

②能使用复杂数据图进行数据展现。

• **素质目标**

①培养认真、细致的职业素养；

②提升思考问题的全面、系统的思维能力。

## 📄 微课视频

柱形图与条形图

平均线图

双坐标图

旋风图

帕累托图

数据透视表的基础运用

# 任务1　经济适用图

## ➤ 任务目标

熟悉掌握几种经济适用图的绘制方法，按照任务要求将不同的数据表格用作图的方式进行展现。

## ➤ 任务要求

①根据实训素材库已有数据，绘制柱形图与条形图；

②根据实训素材库已有数据，绘制饼图与复合饼图；

③根据实训素材库已有数据，绘制雷达图。

## ➤ 知识准备

### 5.1.1　柱形图与条形图

柱形图又称条形图和直方图，它是宽度相等的条形以高度或长度的差异来显示一段时间内数据的变化。它主要包括5种样式的子表图，分别是二维、三维、圆柱、圆锥和棱锥，而且每种样式都具备3种类型，分别是簇状、堆积和百分比。

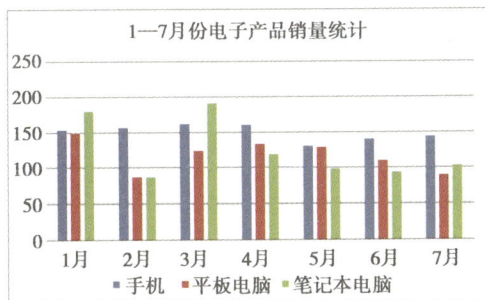

簇状条形图

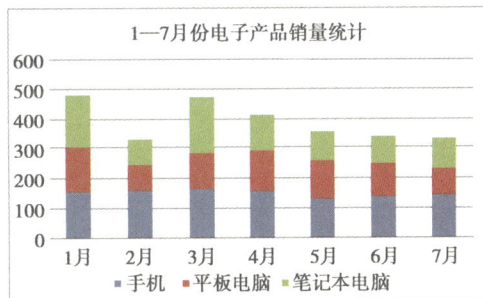

堆积条形图

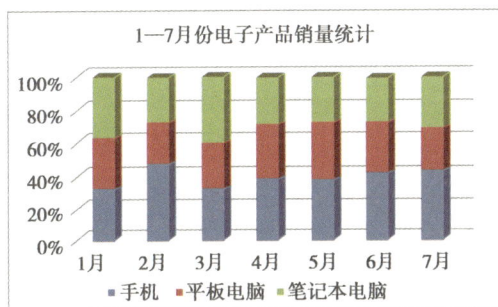

百分比条形图

条形图是用宽度相同的条形的高度或长短来表示数据多少的图形。条形图可以横置或纵置，纵置时也称为柱形图。因此，也可以把条形图看成柱形图的横置。此外，条形图有简单条形图、复式条形图等形式。条形图的图表子类型有簇状条形图和三维簇状条形图、堆积条形图和三维堆积条形图、百分比堆积条形图和三维百分比堆积条形图。

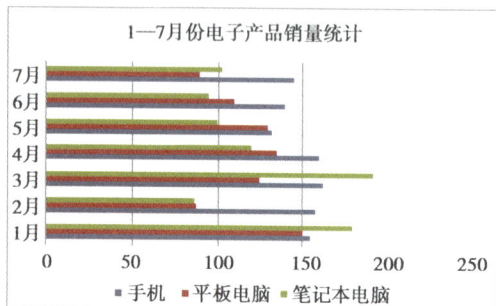

簇状条形图

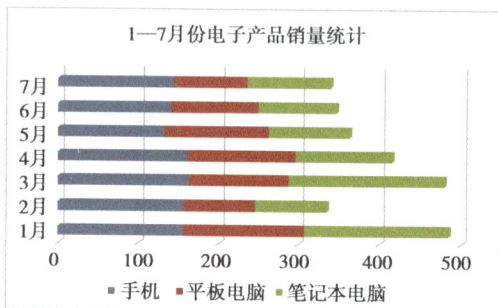

堆积条形图

【柱形图的绘制】

任务描述：将"学生成绩排序"表中10位同学的成绩按从高到低排序，并用柱形图呈现。

| 姓名 | 成绩 |
| --- | --- |
| 潘思宇 | 92 |
| 李谏 | 82 |
| 杨力 | 79 |
| 张科 | 79 |
| 姚旭峰 | 76 |
| 袁银川 | 75 |
| 熊炳江 | 68 |
| 刘拓君 | 67 |
| 代生杰 | 63 |
| 阳果 | 62 |

❖**STEP 1** 打开"学生成绩排序表"，选择A1：B11单元格区域，如图5-1-1所示。

| | A | B | C | D | E |
| --- | --- | --- | --- | --- | --- |
| 1 | 姓名 | 成绩 | | | |
| 2 | 潘思宇 | 92 | | | |
| 3 | 李谏 | 82 | | | |
| 4 | 杨力 | 79 | | | |
| 5 | 张科 | 79 | | | |
| 6 | 姚旭峰 | 76 | | | |
| 7 | 袁银川 | 75 | | | |
| 8 | 熊炳江 | 68 | | | |
| 9 | 刘拓君 | 67 | | | |
| 10 | 代生杰 | 63 | | | |
| 11 | 阳果 | 62 | | | |
| 12 | | | | | |

图5-1-1　选中数据区域

❖**STEP 2** 在"数据"选项卡中选择"排序"，在打开的对话框中主关键词选择"成绩"，次序选择"降序"，如图5-1-2所示。

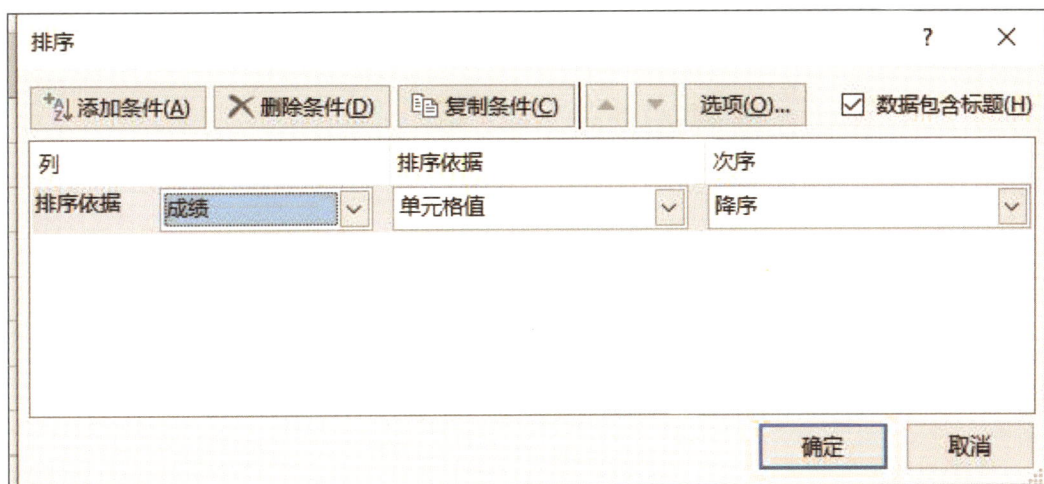

图5-1-2　成绩降序排列

❖**STEP 3** 在"插入"选项卡的"图表"组中单击"柱形图"按钮，在打开的下拉菜单中选择"簇状柱形图"选项，结果如图5-1-3所示。

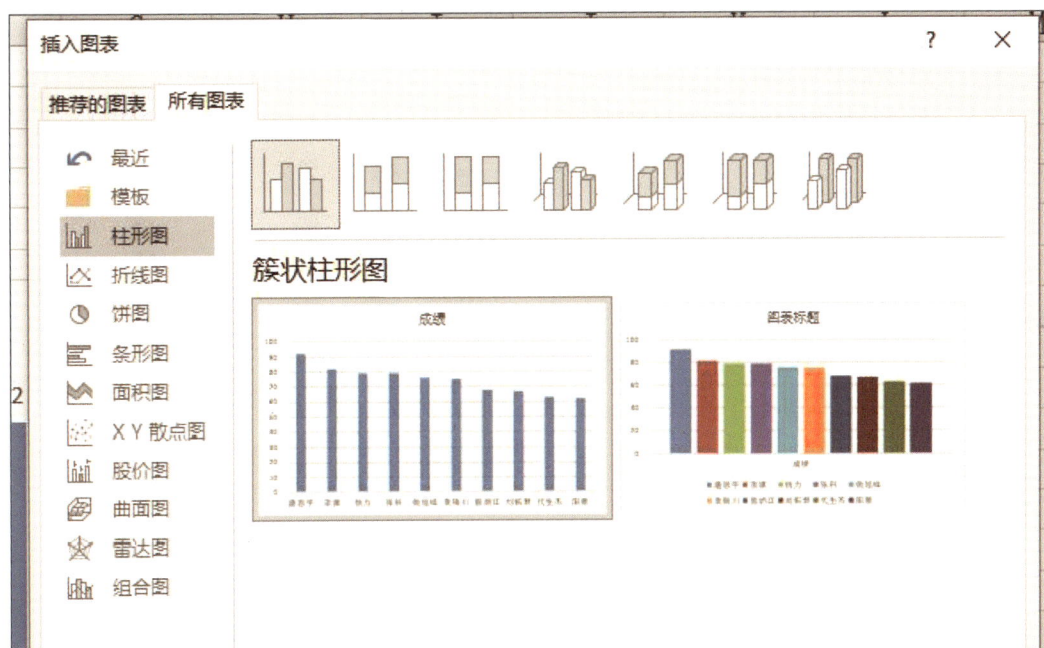

图5-1-3　插入簇状柱形图

❖**STEP 4** 选中主网格线，点击右键，选择"设置网格线格式"，线条格式选择"无线条"，如图5-1-4所示。

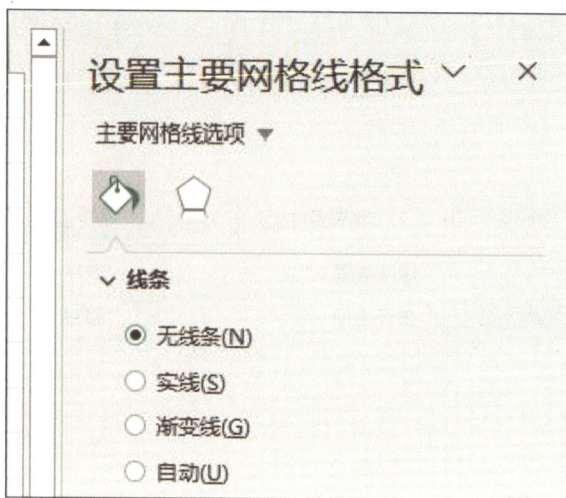

图5-1-4　将网格线隐藏

❖**STEP 5** 选中纵坐标轴，点击右键，选择"设置坐标轴格式"，标签位置选择"无"，隐藏纵坐标轴，如图5-1-5所示。

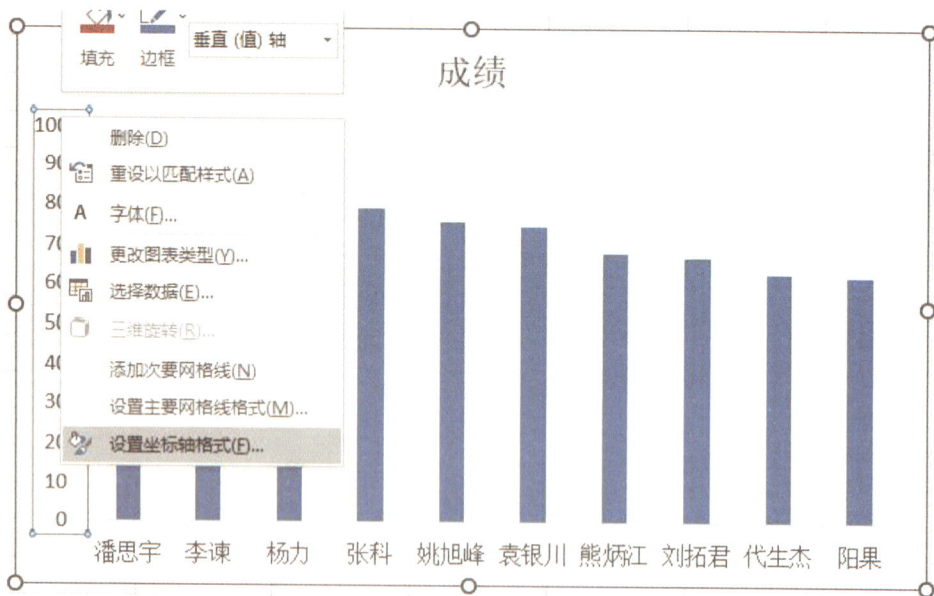

图5-1-5　将纵坐标轴隐藏

❖**STEP 6** 选中任一柱状，点击右键，选择"添加数据标签"，如图5-1-6所示。

❖**STEP 7** 选中图表标题，更改图表标题为"10位学生成绩排序"，如图5-1-7所示。

【条形图的绘制】

条形图的绘制过程与柱状图类似，这里不再赘述。条形图最终绘制结果如图5-1-8所示。

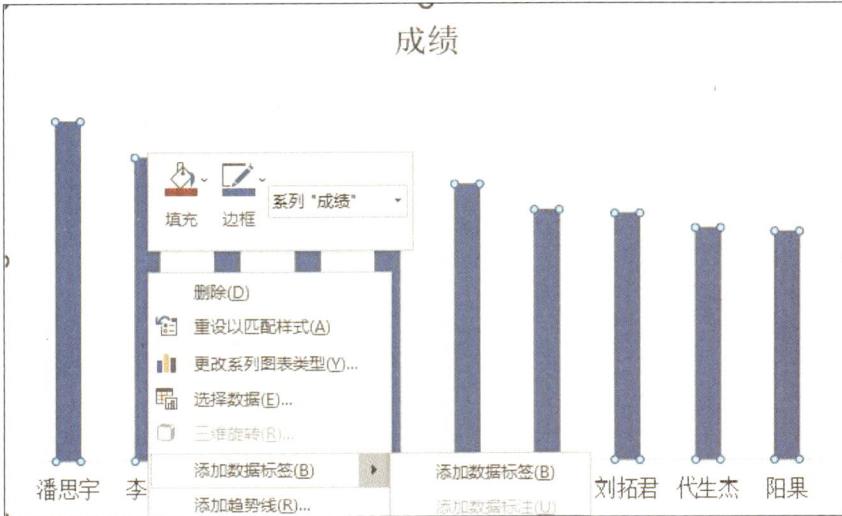

图5-1-6 添加数据标签

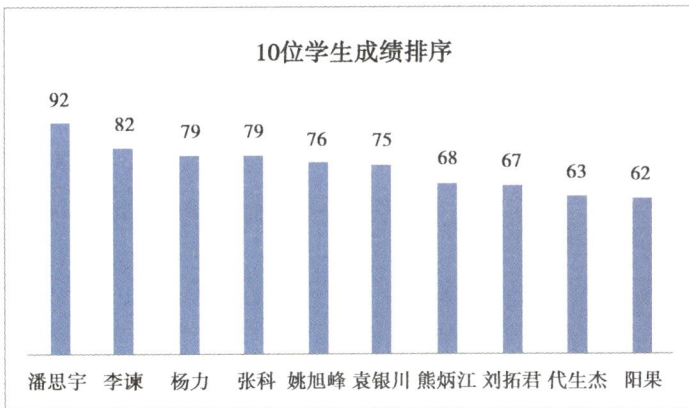

图5-1-7 更改图表标题

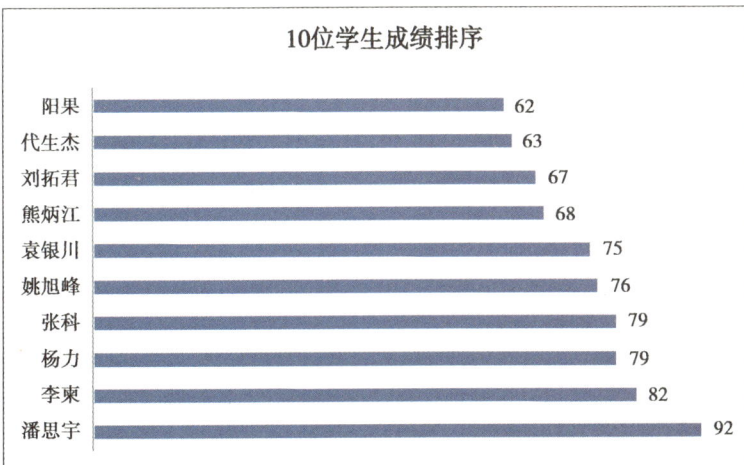

图5-1-8 条形图

### 5.1.2　饼图与复合饼图

饼图是将一个圆饼分为若干份，用来反映事物的构成情况和大小/比例。仅排列在表格的某一行或某一列中的数据能绘制到饼图中。饼图包括二维饼图和三维饼图两种形式。

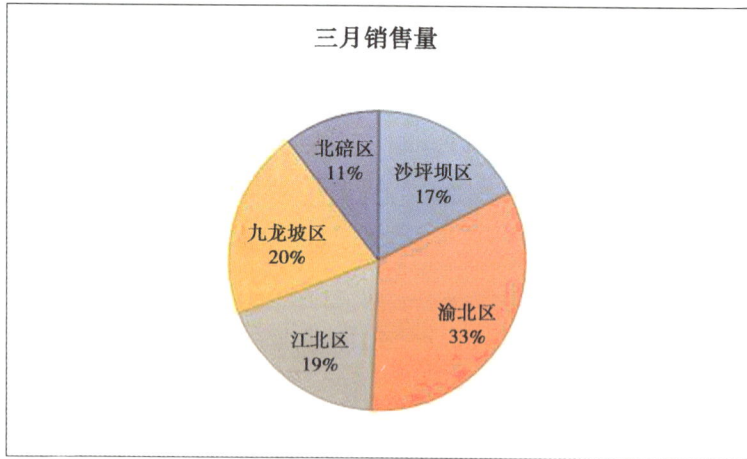

图 5-1-9　饼图

复合饼图或复合条饼图显示将用户定义的数值从主饼图中提取并组合到第二个饼图或堆积条形图的饼图。如果要使主饼图中的小扇面更易于查看，这些图表类型非常有用。

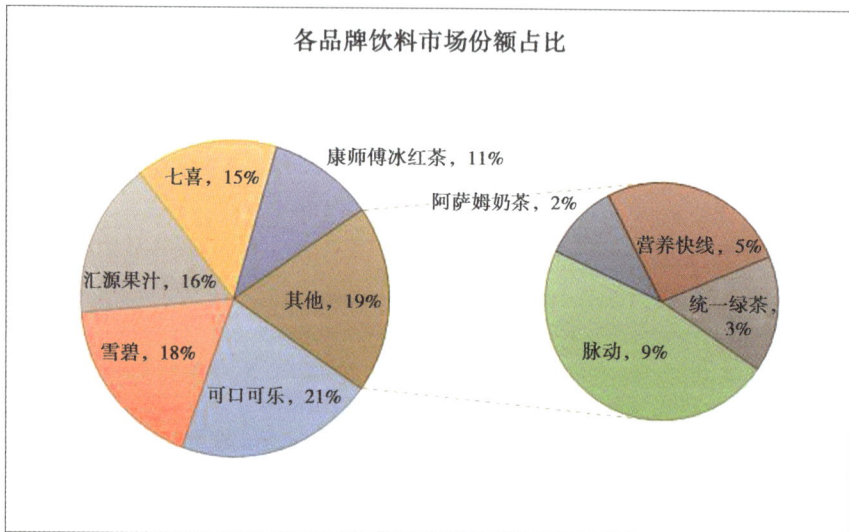

图5-1-10　复合饼图

分离型饼图显示每一数值相对于总数值的大小，同时强调每个数值。分离型饼图可以以三维格式显示。

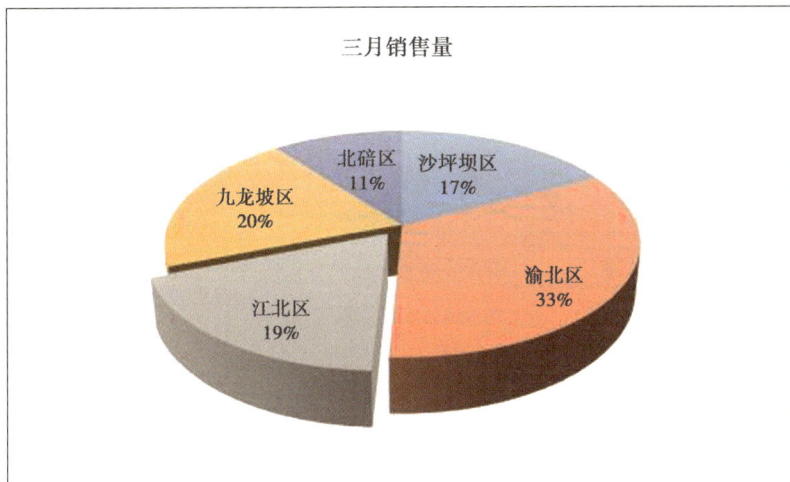

图5-1-11　分离饼图

【饼图的绘制】

将"三月销售量"表中5个城区的销售数据用饼图展示出来，并能反映各区的销售占比。

❖**STEP 1** 选中A1:B6单元格区域，如图5-1-12所示。

图5-1-12　选中数据区域

❖**STEP 2** 在"插入"选项卡中选择"图表"组中的二维饼图，如图5-1-13所示。

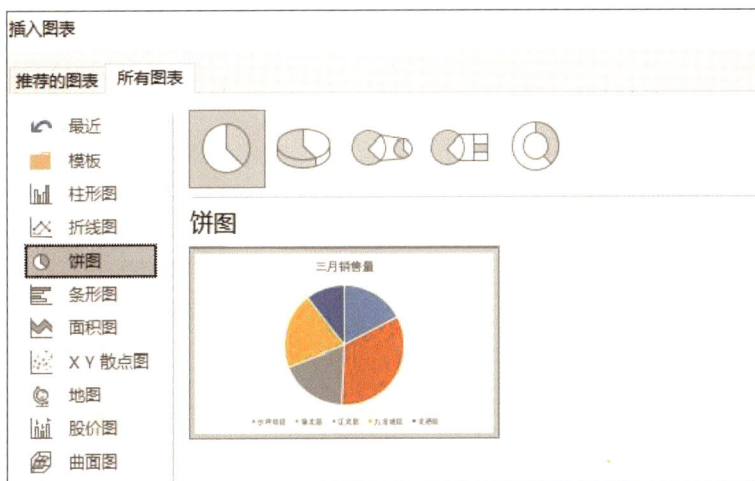

图5-1-13　插入饼图

❖**STEP 3** 选中任一扇区，点击右键，选择"添加数据标签"，如图5-1-14所示。

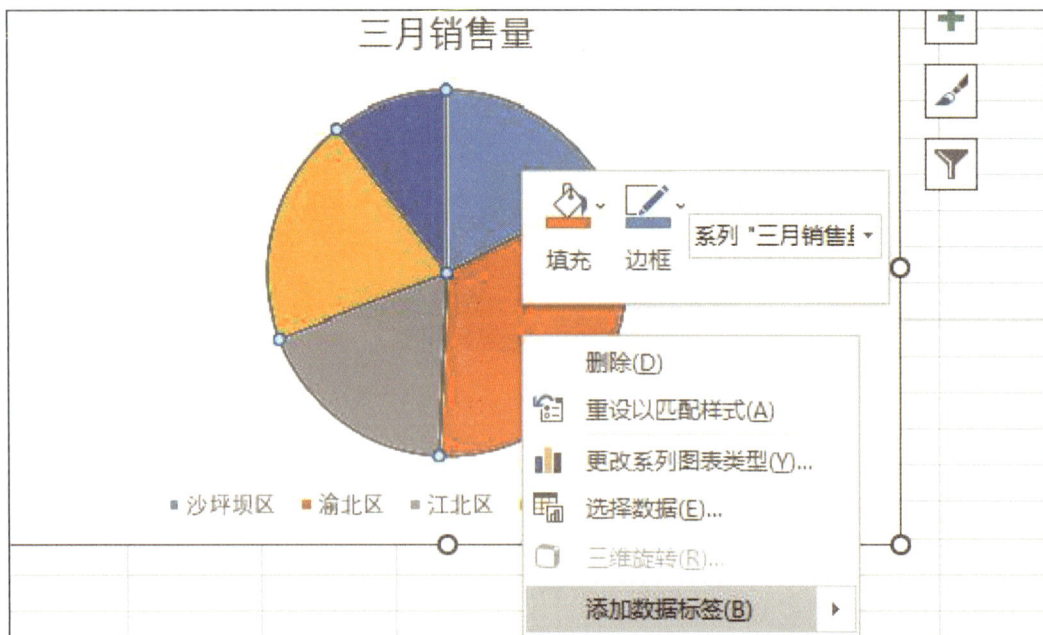

图5-1-14　添加数据标签

❖**STEP 4** 选中数据标签，点击右键，选择"设置数据标签格式"。勾选"类别名称""百分比""显示引导线"，如图5-1-15所示。

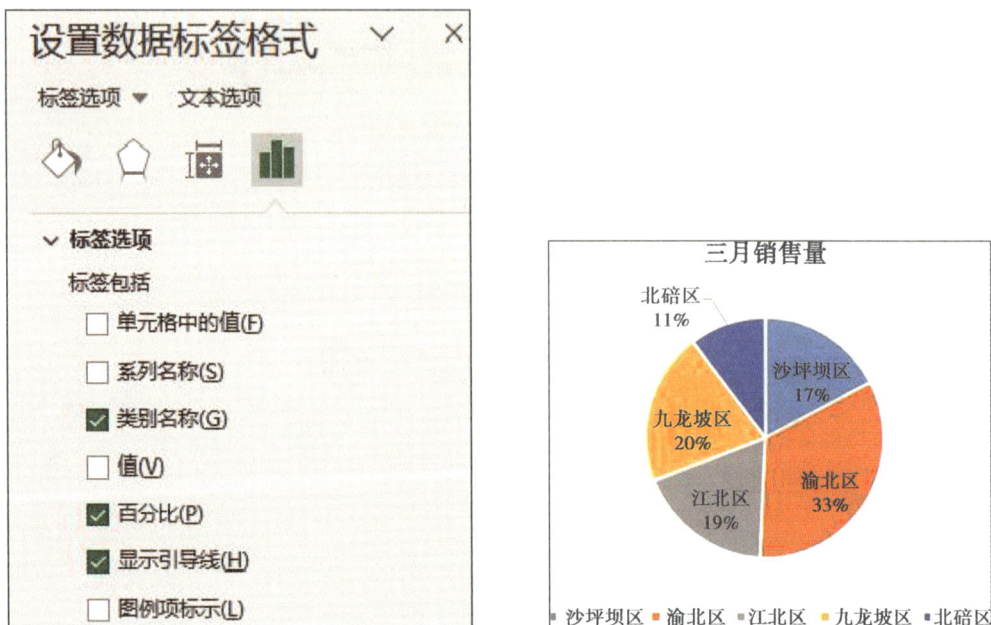

图5-1-15　数据标签格式修改

❖**STEP 5** 将图例删除。如图5-1-16所示。

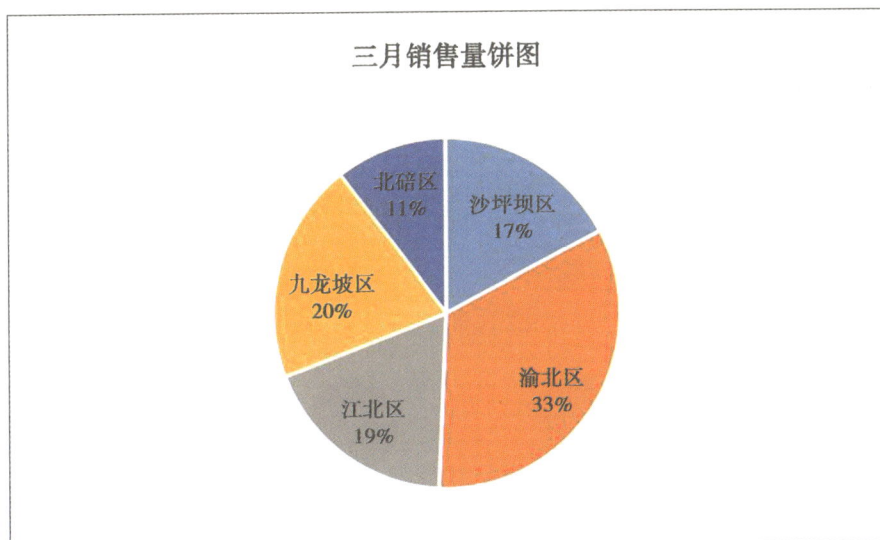

图5-1-16　删除图例

【复合饼图的绘制】

❖**STEP 1** 打开"各品牌饮料市场份额占比"表，将各品牌饮料的市场份额占比绘制成复合饼图。注意将市场占比最少的四类饮料绘制到复合饼图中。

选中A1:B10单元格区域，如图5-1-17所示。

图5-1-17　选中数据区域

❖**STEP 2** 在"插入"选项卡中选择"图表"组中的二维复合饼图，如图5-1-18所示。

❖**STEP 3** 选中任一扇区，点击右键，选择"添加数据标签"，如图5-1-19所示。

❖**STEP 4** 选中数据标签，点击右键，选择"设置数据标签格式"。勾选"类别名称""百分比"，第二绘图区中的值填写"4"，如图5-1-20所示。

❖**STEP 5** 将图例删除，如图5-1-21所示。

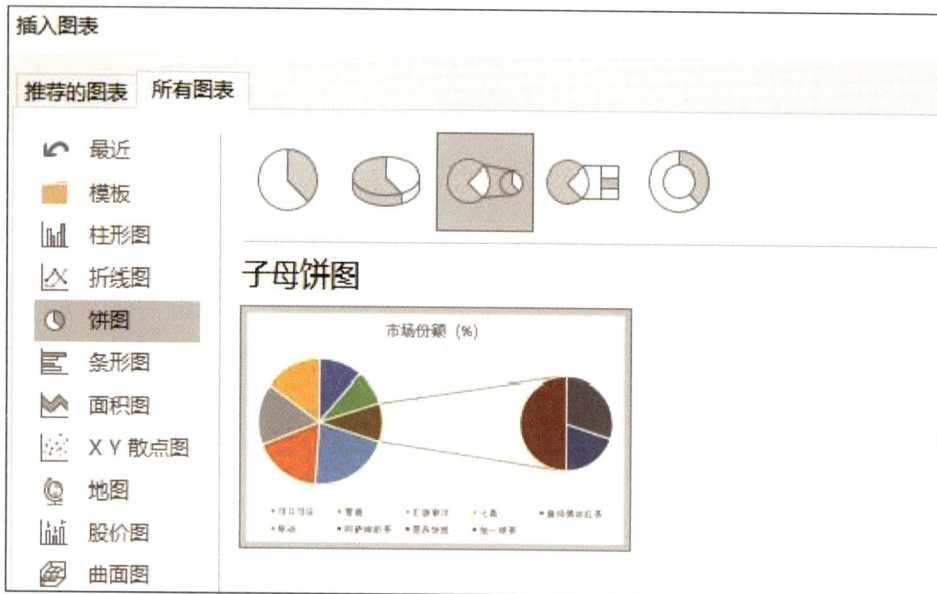

图5-1-18　插入复合饼图

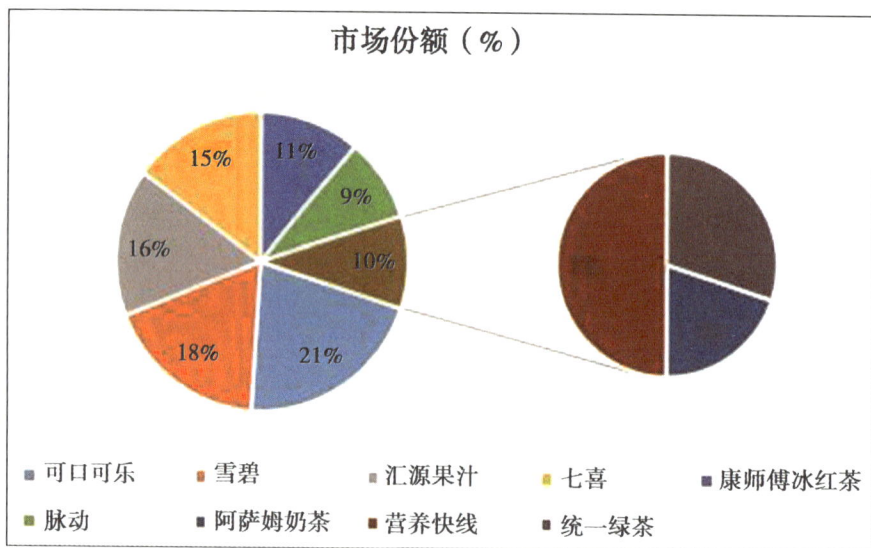

图5-1-19　添加数据标签

### 5.1.3　雷达图

雷达图是以从同一点开始的轴上表示的三个或更多个定量变量的二维图表的形式显示多变量数据的图形方法。轴的相对位置和角度通常是无信息的。雷达图也称为网络图、蜘蛛图、星图、蜘蛛网图、不规则多边形、极坐标图或Kiviat图。它相当于平行坐标图，轴径向排列。

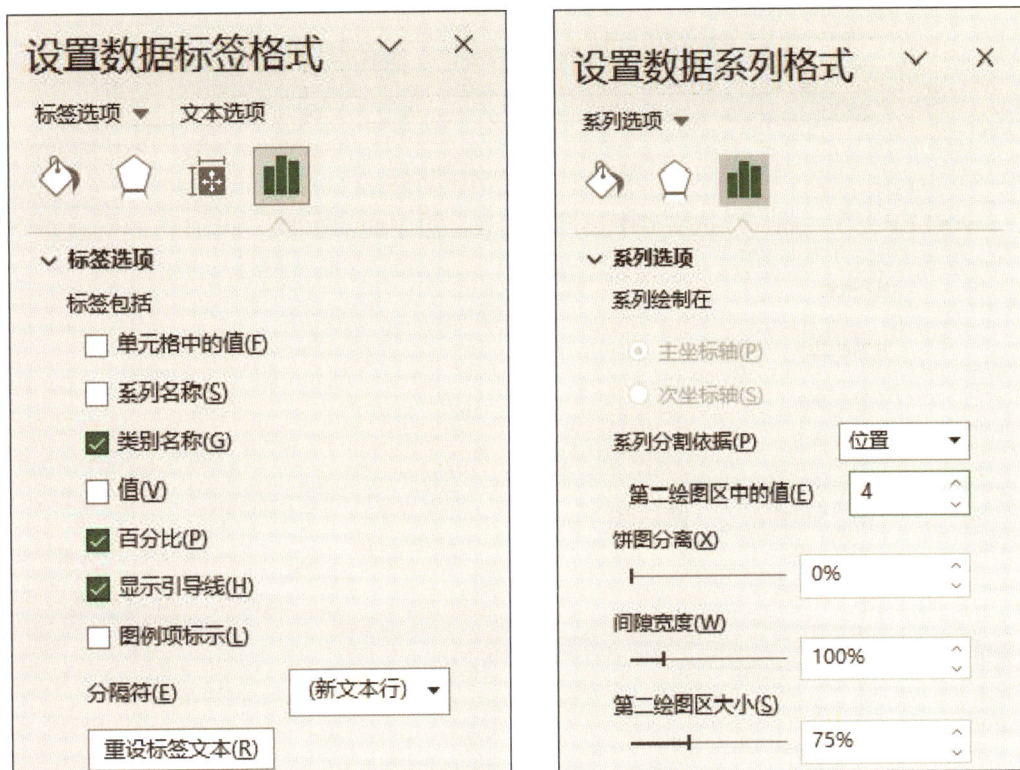

图5-1-20　设置标签格式并更改第二绘图区数值

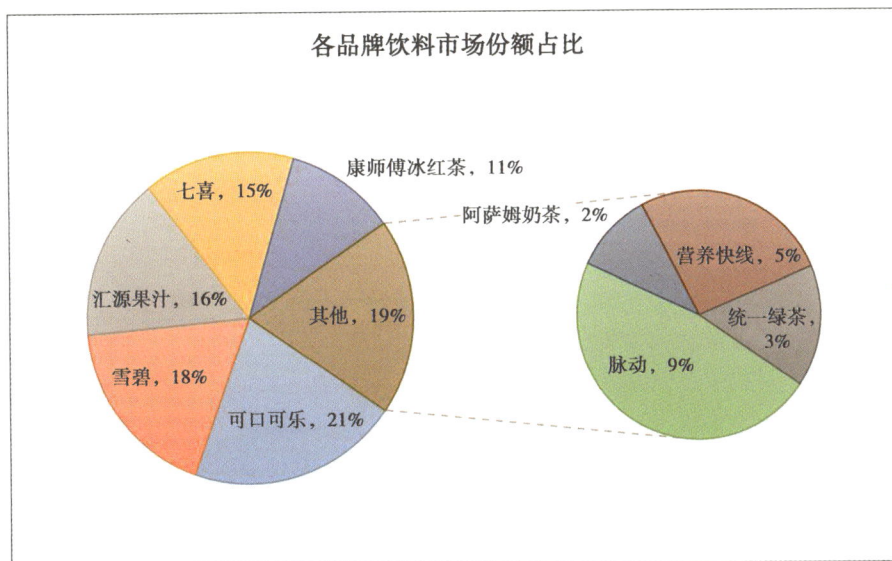

图5-1-21　删除图例

**【雷达图的绘制】**

打开"甲乙两种产品参数对比"表，绘制雷达图。

❖**STEP 1** 选中A1:H3单元格区域，如图5-1-22所示。

图5-1-22　选中数据区域

❖**STEP 2** 在"插入"选项卡中选择"图表"组中的雷达图，如图5-1-23所示。

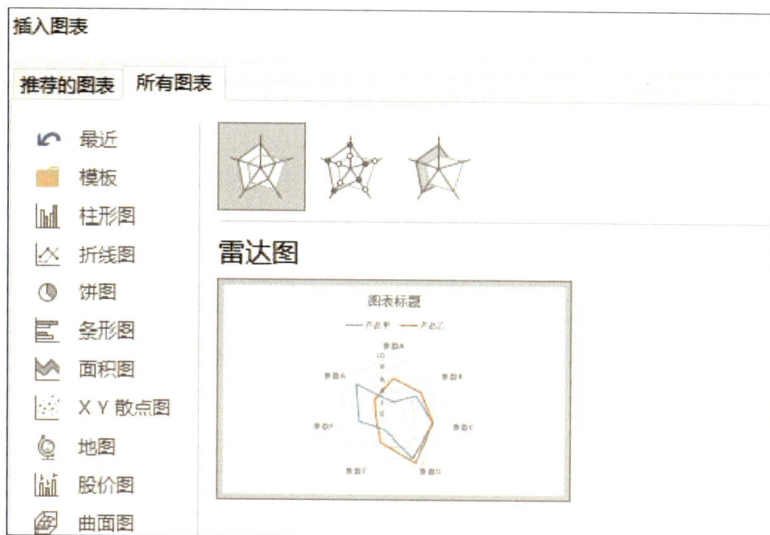

图5-1-23　插入雷达图

❖**STEP 3** 更改图名为"甲乙两种产品各参数对比"，如图5-1-24所示。

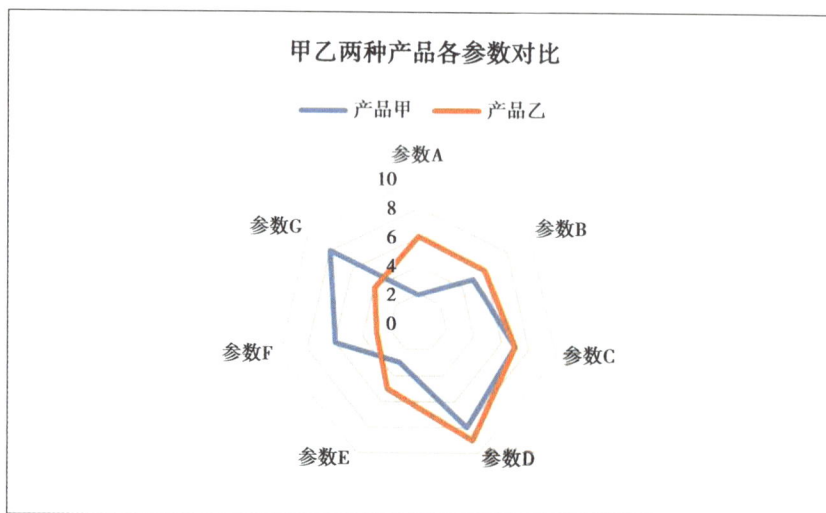

图5-1-24　更改图表名称

## ➤ 任务实施

• 第一步：简单阐述常用的经济适用图有哪些，并会绘制经济适用图。

柱形图与条形图：将"商品销量数据表"表中7种商品的销量按从高到低排序，分别用柱形图与条形图展现。

饼图与复合饼图：将"商品销量数据表"表中7种商品的销量用饼图展示出来，并能反映各区的销售占比。

打开"商品销量数据表"表，将7种商品的销量占比绘制成复合饼图。注意将销量占比最少的3类商品绘制到复合饼图中。

雷达图：打开"销售经理综合能力分析"表，绘制雷达图。

• 第二步：按要求完成3个任务，并截图展示任务实施结果。

## ➤ 任务总结

• 本任务中主要图表类型：_____

_____

_____

• 本任务中各图表绘制的操作步骤：_____

_____

_____

• 本任务中的难点：_____

_____

_____

• 完成本任务过程中的收获：_____

_____

_____

• 其他：_____

_____

_____

# 任务2　复杂数据图

## ➤ 任务目标

　　熟悉掌握几种复杂数据图的绘制方法，按照任务要求，将不同的数据表格用作图的方式进行展现。

## ➤ 任务要求

　　①根据实训素材库已有数据，绘制平均线图；

　　②根据实训素材库已有数据，绘制双坐标图；

　　③根据实训素材库已有数据，绘制旋风图；

　　④根据实训素材库已有数据，绘制帕累托图。

## ➤ 知识准备

### 5.2.1　平均线图

　　平均线图，可以将平均值和具体的数值一同展现在图表中，方便比较平均值与数值之间的差距，可以很明显地观察到哪些数据是高于／低于平均值。

　　一般而言，做数据分析时，"对比分析"会用到平均线图。做平均线图时，原数据一般做成柱形图更易通过看图对数据进行分析。

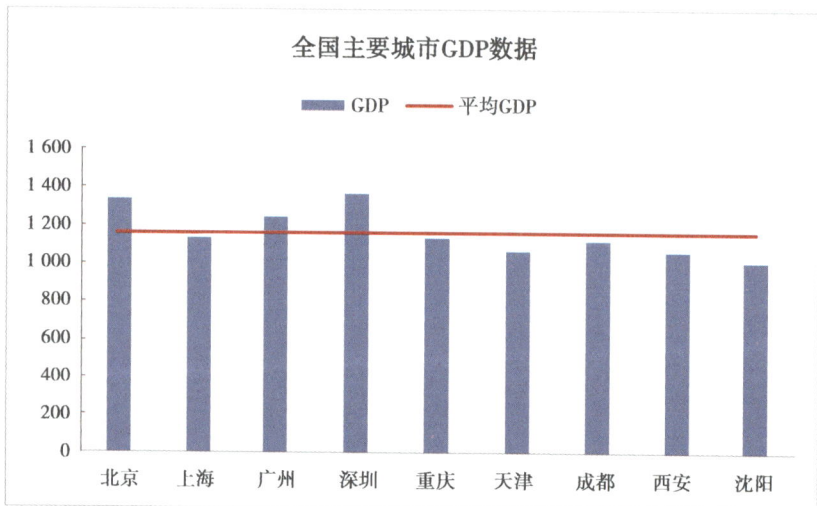

全国主要城市GDP数据

　　任务描述：用柱状图绘制出"估价二班期末成绩"中所有学生的成绩分布情况，并通过绘制平均成绩线图，展示学生成绩分布情况。

| 学生姓名 | 总成绩 |
|---|---|
| 胥琳 | 87 |
| 李明 | 65 |
| 胡雨 | 66 |
| 姜婷燕 | 65 |
| 王潇 | 90 |
| 蔡晓宇 | 85 |
| 何新梅 | 88 |
| 蒋欣益 | 92 |
| 邓瑶 | 71 |
| 张灿 | 72 |
| 肖瑶 | 86 |
| 谭能红 | 74 |
| 何瑾 | 93 |
| 贾欢 | 72 |

❖**STEP 1** 打开"估价二班期末成绩"表，在C1单元格新增"平均成绩"字段，如图5-2-1所示。

| ▲ | A | B | C |
|---|---|---|---|
| 1 | 学生姓名 | 总成绩 | 平均成绩 |
| 2 | 胥琳 | 87 | |
| 3 | 李明 | 65 | |
| 4 | 胡雨 | 66 | |
| 5 | 姜婷燕 | 65 | |
| 6 | 王潇 | 90 | |
| 7 | 蔡晓宇 | 85 | |
| 8 | 何新梅 | 88 | |
| 9 | 蒋欣益 | 92 | |
| 10 | 邓瑶 | 71 | |
| 11 | 张灿 | 72 | |
| 12 | 肖瑶 | 86 | |
| 13 | 谭能红 | 74 | |
| 14 | 何瑾 | 93 | |
| 15 | 贾欢 | 72 | |

图5-2-1　新增"平均成绩"字段

❖**STEP 2** 在C2:C15单元格范围内，填充学生的平均成绩数据。具体做法为，将光标置于C2单元格，在"公式"选项卡"函数库"组内选择"平均值"。数据框选范围为B2:B15。C2:C15单元格区域均填充此平均值，如图5-2-2所示。

图5-2-2　求取平均成绩，并填充

❖**STEP 3** 选中A1:C15单元格区域，在"插入"选项卡"图表"组中选择"柱形图"，如图5-2-3所示。

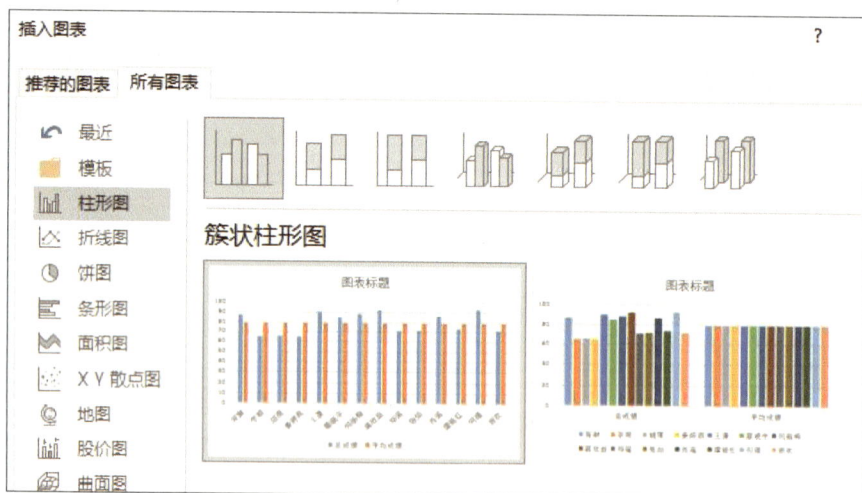

图5-2-3　插入簇状柱形图

❖**STEP 4** 选中柱状，点击右键，选择"更改图表系列类型"，将"平均成绩"图表类型更改为"折线"，点击"确定"，如图5-2-4所示。

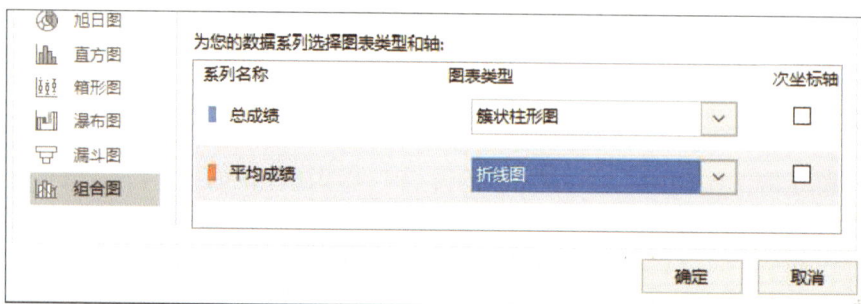

图5-2-4　更改图表类型

**❖STEP 5** 选中图例，点击右键，设置图例格式为"靠上"，如图5-2-5所示。

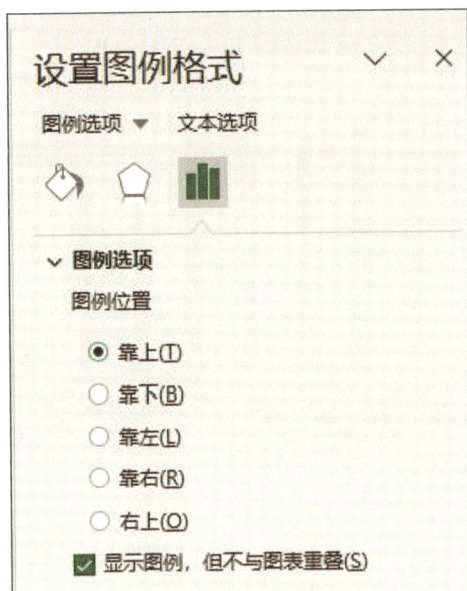

图5-2-5　设置图例格式

**❖STEP 6** 选中网格线，点击右键，设置网格线格式为"无线条"，如图5-2-6所示。

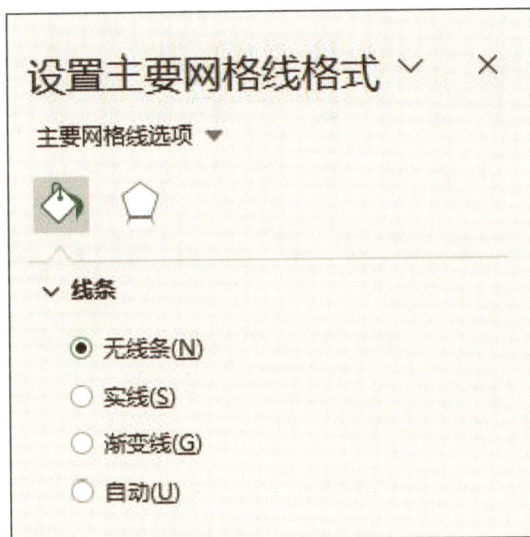

图5-2-6　隐藏网格线

**❖STEP 7** 在"插入"选项卡"插图"组中选择标注图形，绘制平均线标注。将"标注"图形底色设置为无填充，点击右键，"编辑文字"，输入"平均成绩：79"，如图5-2-7所示。

**❖STEP 8** 将图表标题更改为"学生总成绩平均线图"，如图5-2-8所示。

图5-2-7　插入平均线标注

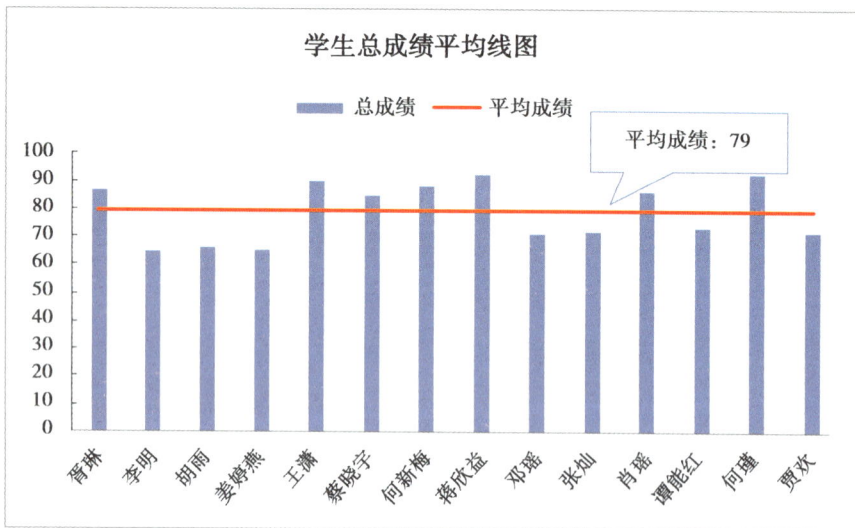

图5-2-8　更改图表名称

## 5.2.2　双坐标图

　　双坐标图比平常的图形多了一个纵坐标轴，称为次纵坐标轴。主坐标轴即常用的左轴，简称左轴；次纵坐标轴在右轴显示，简称右轴。

　　一般在图表中有两个系列及以上的数据，并且它们的量纲不同或者数据差别很大时，在同一纵坐标轴下就无法很好地展现出数据原本的面貌，这时采用双坐标图来绘制。

**不同生产线产量及不良率**

常用的双坐标图有双坐标的线柱图和双坐标的双柱图。

**【双坐标线柱图的绘制】**

任务描述：将"生产线产品检测表"中的数据用双坐标图中的线柱图展示出来。要求横纵坐标都有标识，有图例。

| 线别 | 产量 | 不良率 |
|------|------|--------|
| A线 | 1200 | 20% |
| B线 | 1000 | 6% |
| C线 | 1500 | 13% |
| D线 | 1150 | 8% |
| E线 | 1340 | 17% |
| F线 | 1280 | 9% |
| G线 | 1470 | 5% |
| H线 | 1290 | 4% |

❖**STEP 1** 选中A1:C9单元格区域，如图5-2-9所示。

| ▲ | A | B | C |
|---|------|-----------|-------------|
| 1 | 线别 | 产量（左轴） | 不良率（右轴） |
| 2 | A线 | 1200 | 20% |
| 3 | B线 | 1000 | 6% |
| 4 | C线 | 1500 | 13% |
| 5 | D线 | 1150 | 8% |
| 6 | E线 | 1340 | 17% |
| 7 | F线 | 1280 | 9% |
| 8 | G线 | 1470 | 5% |
| 9 | H线 | 1290 | 4% |

图5-2-9　选中数据区域

❖**STEP 2** 在"插入"选项卡的"图表"组中单击"柱形图"按钮，在打开的下拉菜单中选择"簇状柱形图"选项，绘制出简单柱形图，如图5-2-10所示。

117

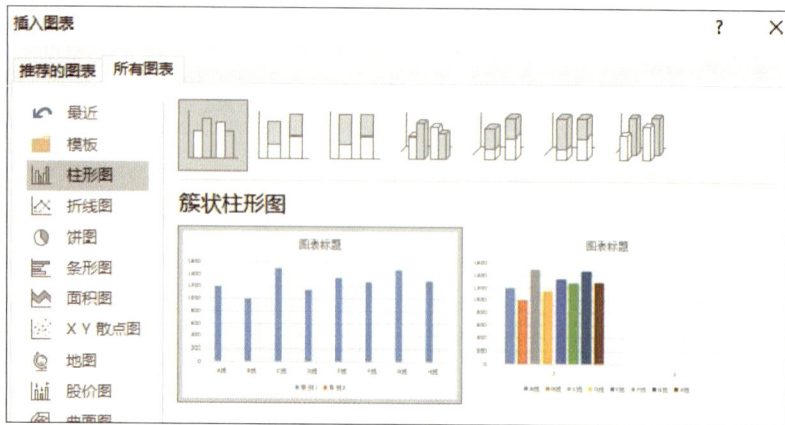

图5-2-10　插入簇状柱形图

❖**STEP 3** 选中柱状，点击右键，选择"更改图表类型"，将"不良率"设置为"折线图"并绘制在次坐标，点击"确定"，如图5-2-11所示。

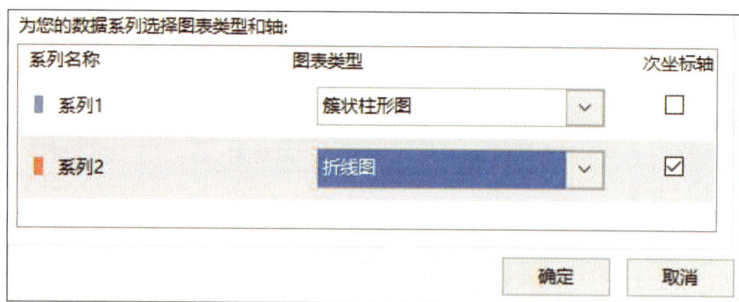

图5-2-11　更改图表类型并将折线绘制在次坐标

❖**STEP 4** 选中主网格线，点击右键，选择"设置网格线格式"，线条格式选择"无线条"，如图5-2-12所示。

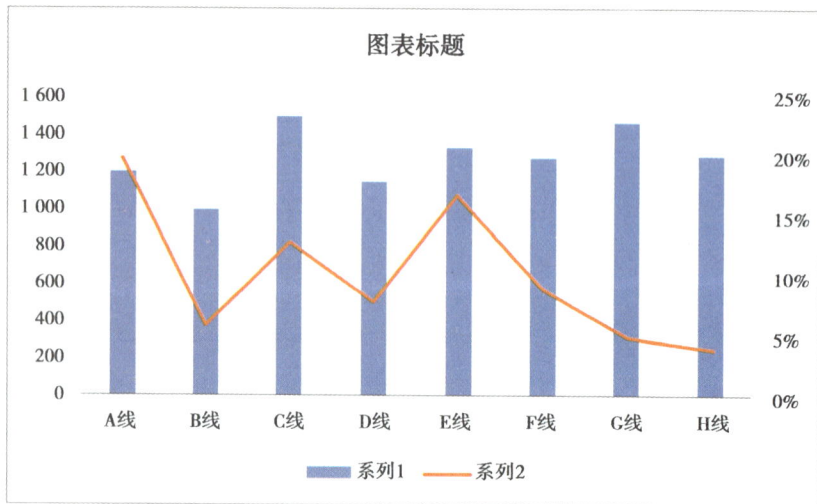

图5-2-12　隐藏网格线

❖**STEP 5** 选中图例，点击右键，"设置图例格式"，选择"靠上"，如图5-2-13所示。

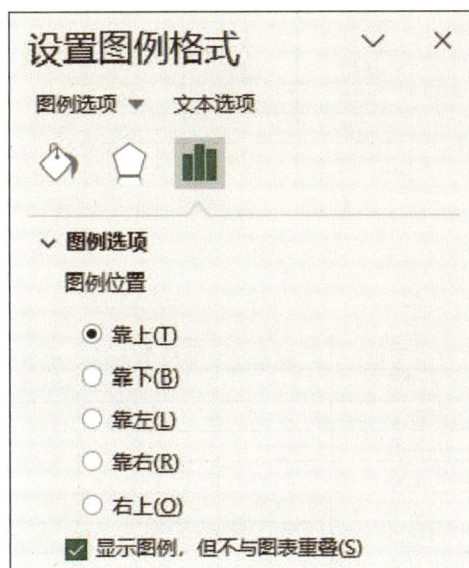

图5-2-13　设置图例格式

❖**STEP 6** 选中图表标题，更改图表标题为"不同生产线产量及不良率"，如图5-2-14所示。

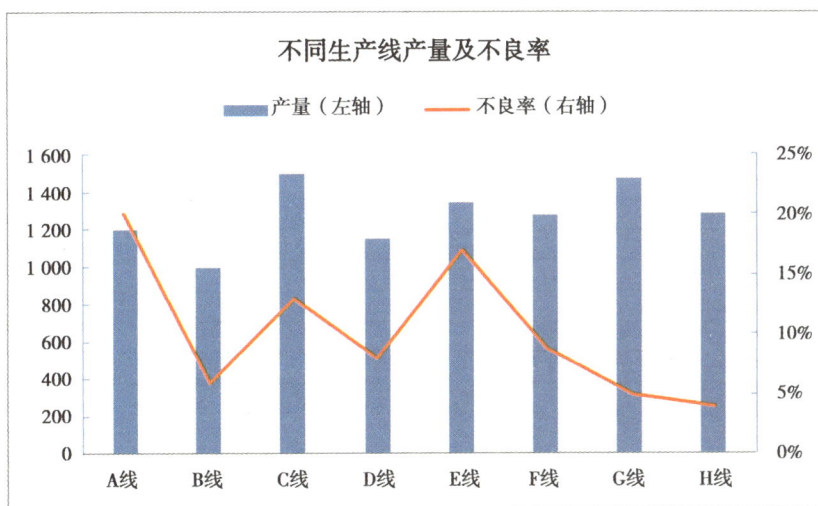

图5-2-14　更改图表名称

注意：为了区别两个字段的坐标轴，可以在原表格字段后标注"左轴""右轴"。

【双坐标双柱图的绘制】

任务描述：将"生产线产品检测表"中的数据用双坐标图中的双柱图展示出来。要求横纵坐标都有标识，图例只显示"产量"和"不良率"。

| 线别 | 产量 | 不良率 |
|---|---|---|
| A线 | 1200 | 20% |
| B线 | 1000 | 6% |
| C线 | 1500 | 13% |
| D线 | 1150 | 8% |
| E线 | 1340 | 17% |
| F线 | 1280 | 9% |
| G线 | 1470 | 5% |
| H线 | 1290 | 4% |

❖**STEP 1** 在"产量"与"不良率"字段之间插入两列，字段名称为"产量占位"与"不良率占位"，如图5-2-15所示。

| | A | B | C | D | E |
|---|---|---|---|---|---|
| 1 | 线别 | 产量（左轴） | 产量占位 | 不良率占位 | 不良率（右轴） |
| 2 | A线 | 1200 | | | 20% |
| 3 | B线 | 1000 | | | 6% |
| 4 | C线 | 1500 | | | 13% |
| 5 | D线 | 1150 | | | 8% |
| 6 | E线 | 1340 | | | 17% |
| 7 | F线 | 1280 | | | 9% |
| 8 | G线 | 1470 | | | 5% |
| 9 | H线 | 1290 | | | 4% |

图5-2-15　新增占位字段

❖**STEP 2** "产量占位"与"不良率占位"字段列填充数据，所填充数据建议介于"产量"与"不良率"数值之间，大小适中。例如分别填充为"800""300"，如图5-2-16所示。

| | A | B | C | D | E |
|---|---|---|---|---|---|
| 1 | 线别 | 产量（左轴） | 产量占位 | 不良率占位 | 不良率（右轴） |
| 2 | A线 | 1200 | 800 | 300 | 20% |
| 3 | B线 | 1000 | 800 | 300 | 6% |
| 4 | C线 | 1500 | 800 | 300 | 13% |
| 5 | D线 | 1150 | 800 | 300 | 8% |
| 6 | E线 | 1340 | 800 | 300 | 17% |
| 7 | F线 | 1280 | 800 | 300 | 9% |
| 8 | G线 | 1470 | 800 | 300 | 5% |
| 9 | H线 | 1290 | 800 | 300 | 4% |

图5-2-16　将占位字段填充适当数值

❖**STEP 3** 选中A1:E9单元格区域，如图5-2-17所示。

❖**STEP 4** 在"插入"选项卡的"图表"组中单击"柱形图"按钮，在打开的下拉菜单中选择"簇状柱形图"选项，绘制出简单柱形图，如图5-2-18所示。

❖**STEP 5** 选中柱状，点击右键，选择"更改图表类型"，将"不良率""不良率占位"设置为"折线图"并绘制在次坐标，点击"确定"，如图5-2-19所示。

| | A | B | C | D | E |
|---|---|---|---|---|---|
| 1 | 线别 | 产量（左轴） | 产量占位 | 不良率占位 | 不良率（右轴） |
| 2 | A线 | 1200 | 800 | 300 | 20% |
| 3 | B线 | 1000 | 800 | 300 | 6% |
| 4 | C线 | 1500 | 800 | 300 | 13% |
| 5 | D线 | 1150 | 800 | 300 | 8% |
| 6 | E线 | 1340 | 800 | 300 | 17% |
| 7 | F线 | 1280 | 800 | 300 | 9% |
| 8 | G线 | 1470 | 800 | 300 | 5% |
| 9 | H线 | 1290 | 800 | 300 | 4% |

图5-2-17　选中数据区域

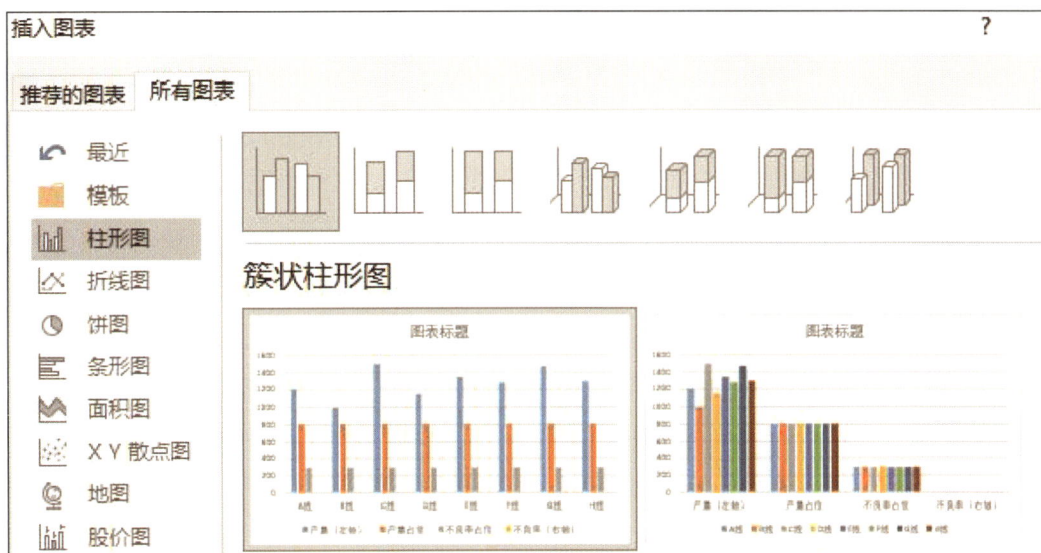

图5-2-18　插入簇状柱形图

121

图5-2-19　将"不良率"与"良率占位"字段绘制在次坐标

❖**STEP 6** 删除表格中"产量占位"与"不良率占位"的所有数据，如图5-2-20所示。

| | A | B | C | D | E |
|---|---|---|---|---|---|
| 1 | 线别 | 产量（左轴） | 产量占位 | 不良率占位 | 不良率（右轴） |
| 2 | A线 | 1200 | | | 20% |
| 3 | B线 | 1000 | | | 6% |
| 4 | C线 | 1500 | | | 13% |
| 5 | D线 | 1150 | | | 8% |
| 6 | E线 | 1340 | | | 17% |
| 7 | F线 | 1280 | | | 9% |
| 8 | G线 | 1470 | | | 5% |
| 9 | H线 | 1290 | | | 4% |

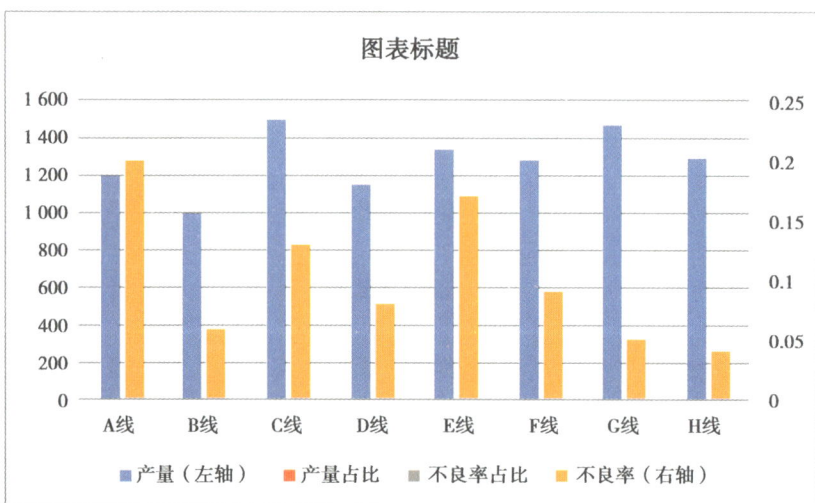

图5-2-20　删除占位数据

❖**STEP 7** 将图例中占位的标识删除，点击右键，"设置图例格式"，选择"靠上"，如图5-2-21所示。

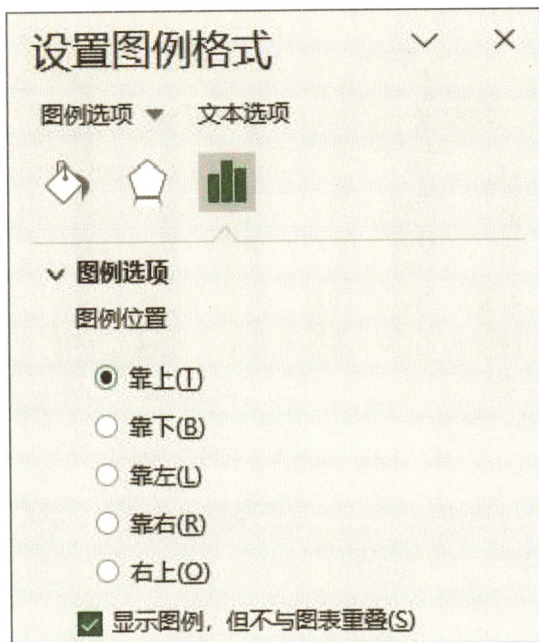

图5-2-21　设置图例格式

❖**STEP 8** 选中主网格线，点击右键，选择"设置网格线格式"，线条格式选择"无线条"，如图5-2-22所示。

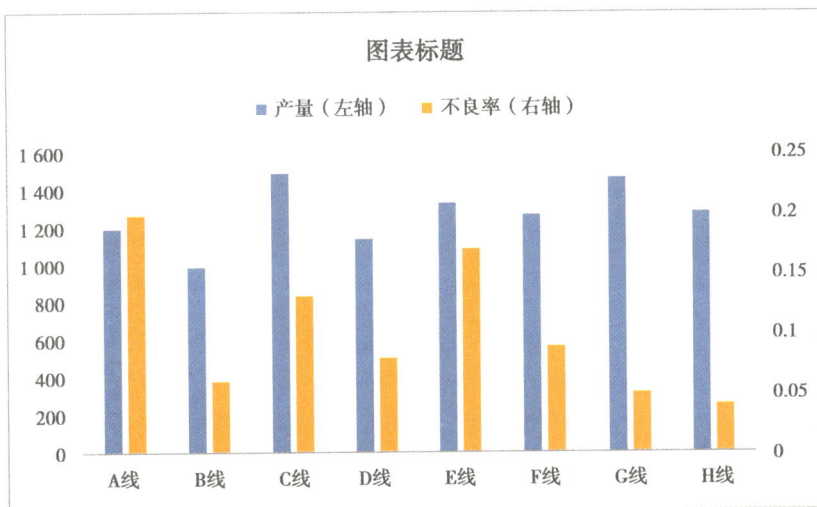

图5-2-22　隐藏网格线

❖**STEP 9** 选中右坐标轴，点击右键，"设置坐标轴格式"。在坐标轴选项中，将数值格式更改为"百分数"，如图5-2-23所示。

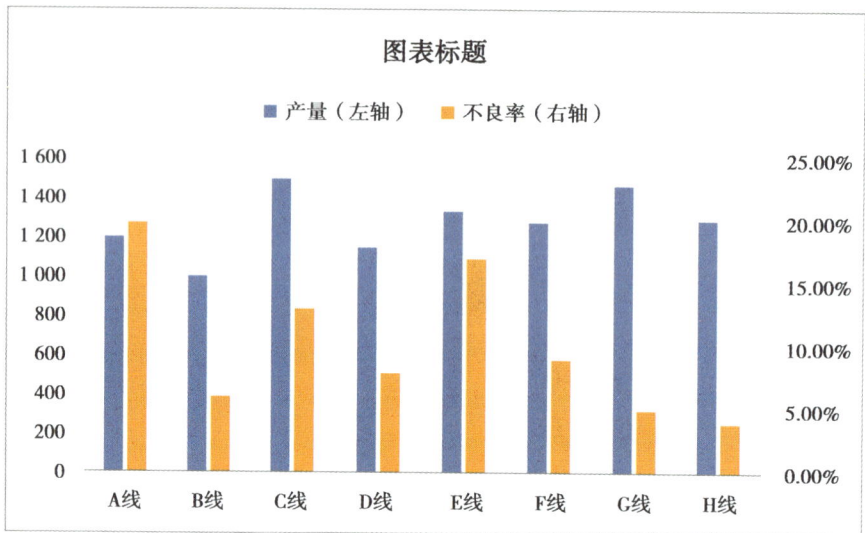

图5-2-23　设置次坐标轴数值格式

❖**STEP 10** 选中图表标题，更改图表标题为"不同生产线产量及不良率"，如图5-2-24所示。

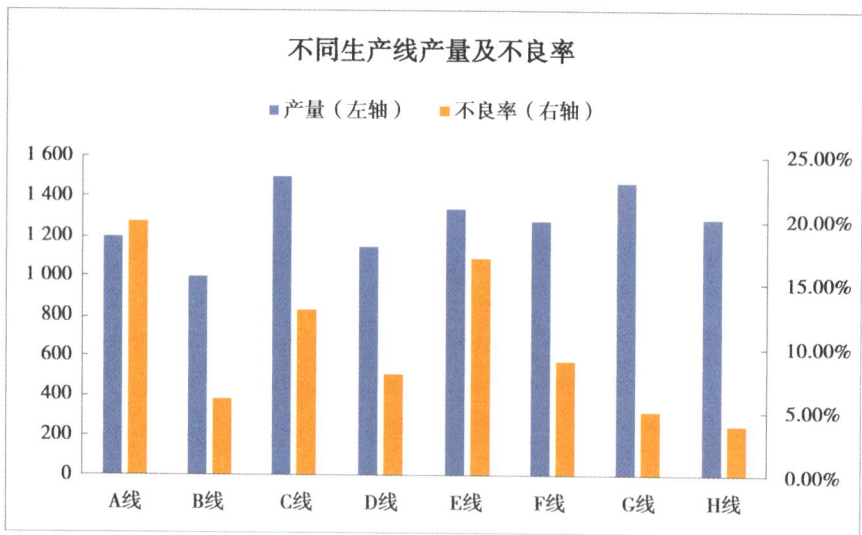

图5-2-24　更改图表名称

### 5.2.3　旋风图

旋风图的学名是成对条形图、对称条形图。对称条形图是条形图的一种，支持根据数据两个分类的对称比较样式，能够更加清晰智能地展示各数据的差异。

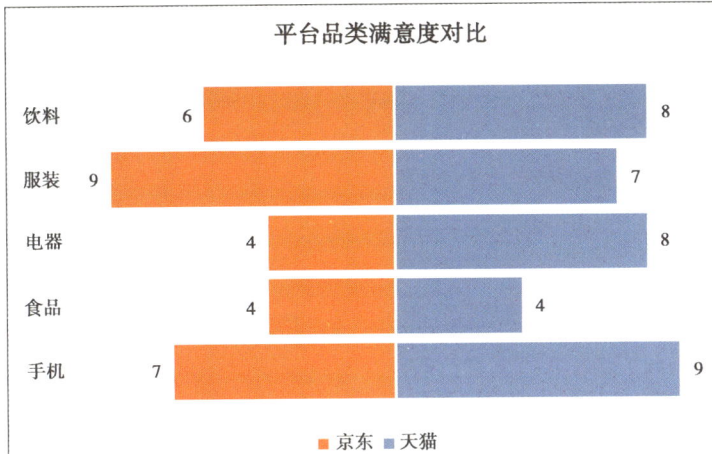

平台品类满意度对比

旋风图主要运用于以下情境：

（1）同一事物在某个活动、行为影响前后不同指标的变化；

（2）同一事物在某个条件变化下（指标A的变化），指标B受影响也随之变化，具有因果关系；

（3）两个类之间不同指标的比较。

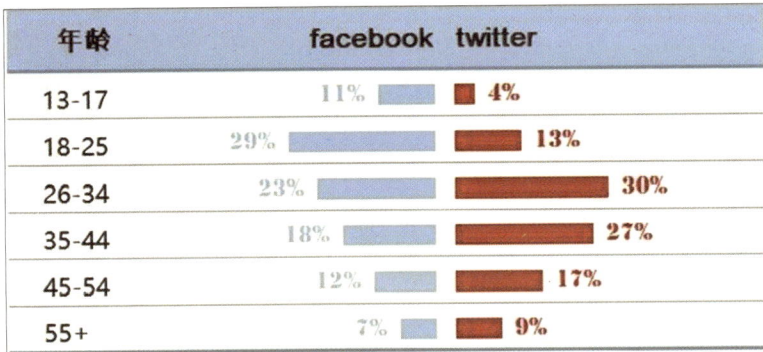

任务描述：打开"各部门员工男女性别占比"表格，制作旋风图进行分析。

| 部门 | 男性 | 女性 |
|---|---|---|
| 生产部 | 63% | 37% |
| 品质部 | 44% | 56% |
| 行政部 | 68% | 32% |
| 销售部 | 45% | 55% |
| 技术部 | 68% | 32% |
| 财务部 | 55% | 45% |
| 人力资源部 | 67% | 33% |

❖**STEP 1** 选中A1:C8单元格区域，在"插入"选项卡的"图表"组中单击"条形图"按钮，在打开的下拉菜单中选择"簇状条形图"选项，绘制出简单条形图，如图5-2-25所示。

图5-2-25　插入簇状条形图

❖**STEP 2** 选中其中一组条形，例如红色的代表"女性"比例的条形，点击右键，"设置数据系列格式"，选择"绘制在次坐标"，如图5-2-26所示。

图5-2-26　将其中一个条形绘制在次坐标

❖**STEP 3** 分别选中主要横坐标、次要横坐标，点击右键，"设置坐标轴格式"，在"坐标轴选项"里分别设置主横坐标、次横坐标最大值为1，最小值为–1，如图5-2-27所示。

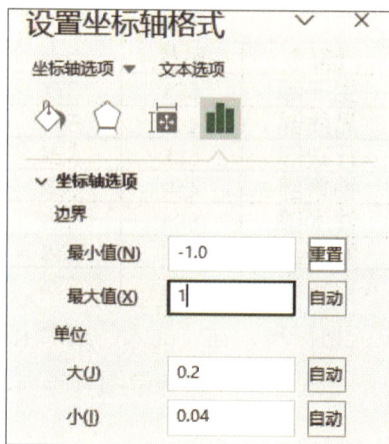

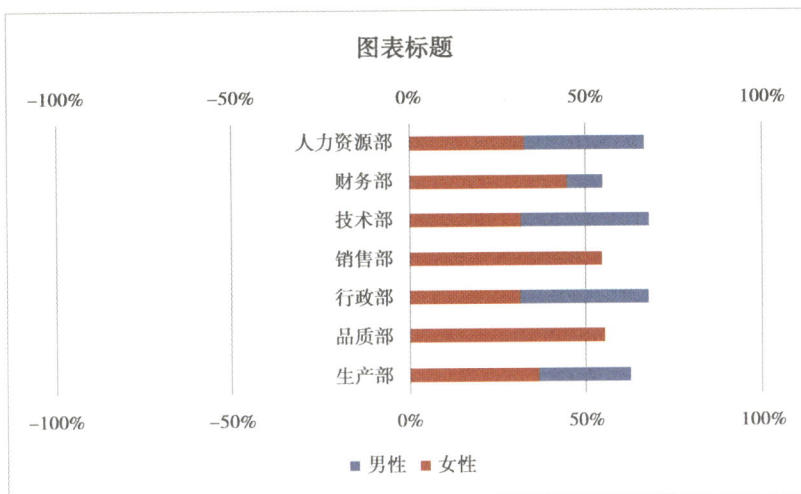

图5-2-27　设置主、次横坐标取值范围

❖**STEP 4** 在"坐标轴选项"中"数字"里，自定义数字格式"0%;0%;0%"，并让两个横坐标轴标签都选择这种格式，使左侧负坐标轴标签显示正值，如图5-2-28所示。

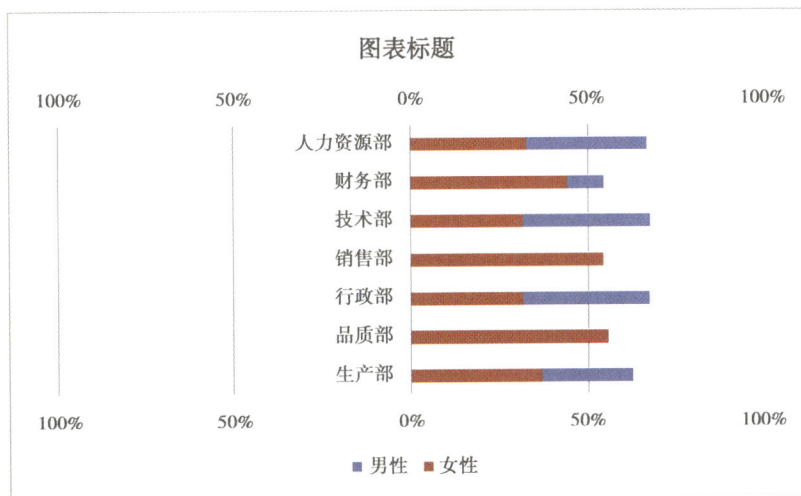

图5-2-28　自定义坐标轴数值格式

❖**STEP 5** 选中上方横坐标轴，在"坐标轴选项"里勾选"逆序刻度值"，主要刻度线类型、坐标轴标签都选"无"，如图5-2-29所示。

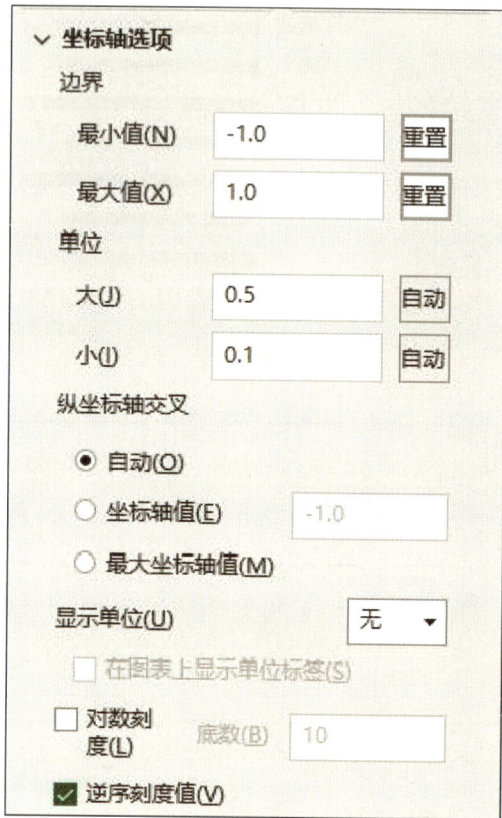

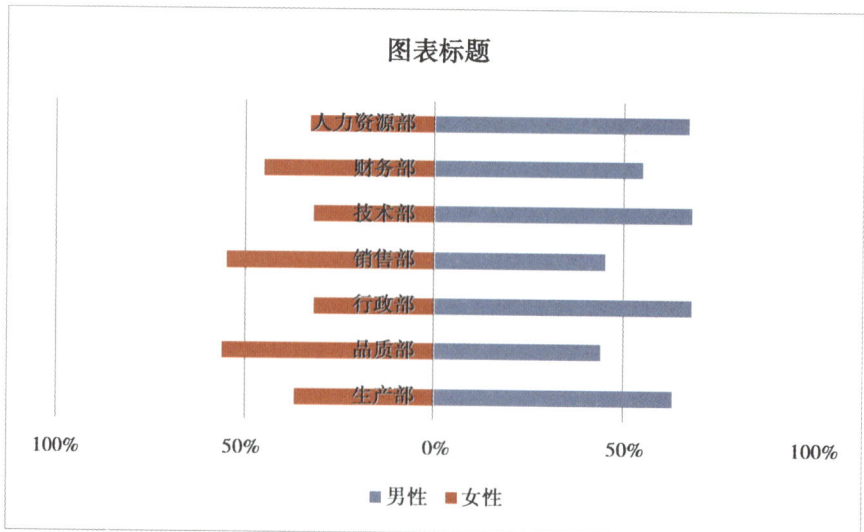

图5-2-29　将其中一组条形勾选逆序刻度值并隐藏坐标轴

❖**STEP 6** 选中纵坐标轴，点击右键，设置坐标轴格式，"坐标轴选项"中的"标签"中的"坐标轴标签位置"选择"低"，如图5-2-30所示。

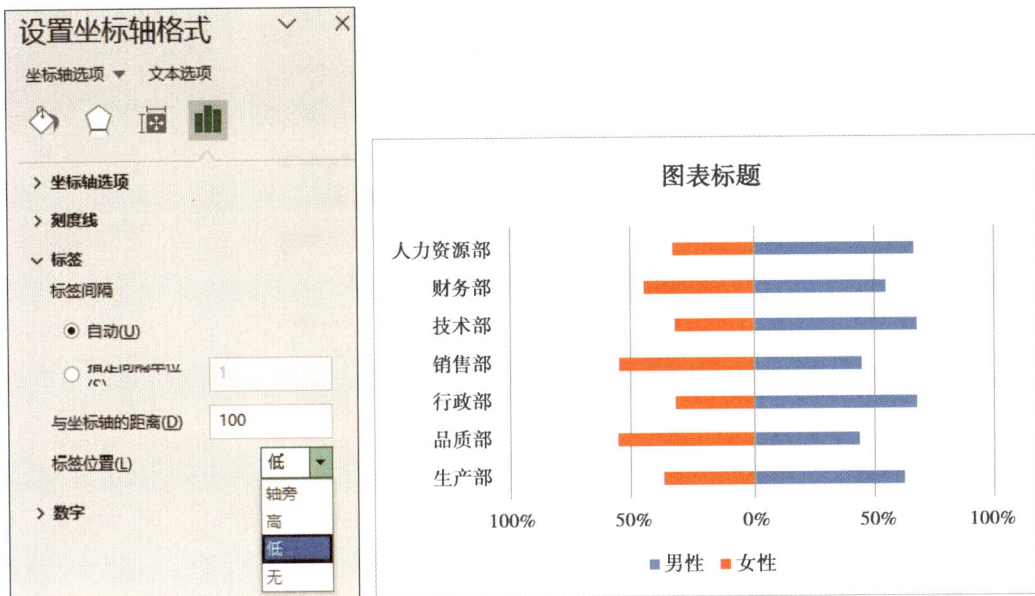

图5-2-30　设置纵坐标轴位置

❖**STEP 7** 选中图例，点击右键，"设置图例格式"，选择"靠上"，如图5-2-31所示。

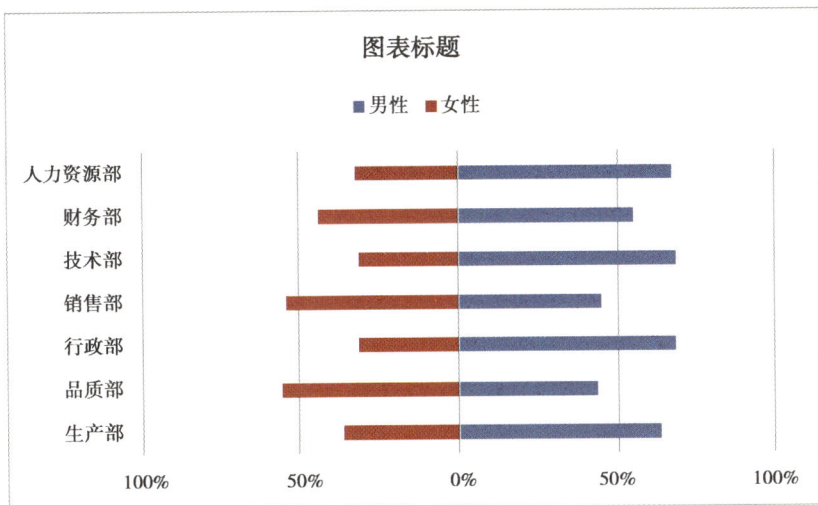

图5-2-31　设置图例格式

❖**STEP 8** 选中主网格线，点击右键，选择"设置网格线格式"，线条格式选择"无线条"，如图5-2-32所示。

❖**STEP 9** 分别选中两组条形，点击右键，"添加数据标签"，如图5-2-33所示。

❖**STEP 10** 选中图表标题，更改图表标题为"各部门员工男女性别占比"，如图5-2-34所示。

图5-2-32　隐藏网格线

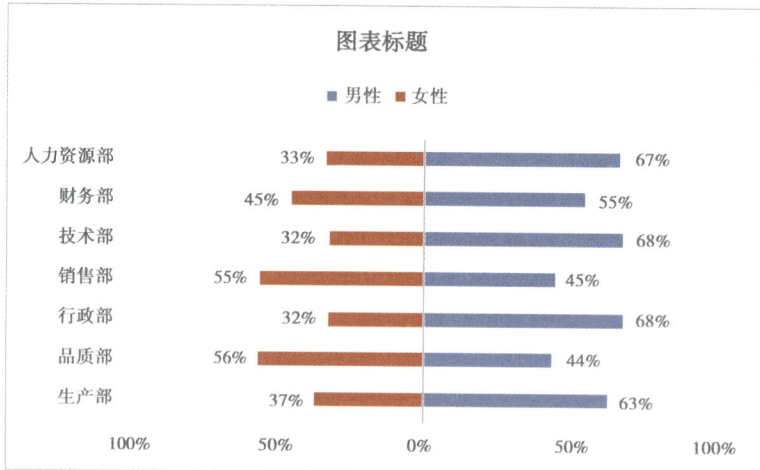

图5-2-33　添加数据标签

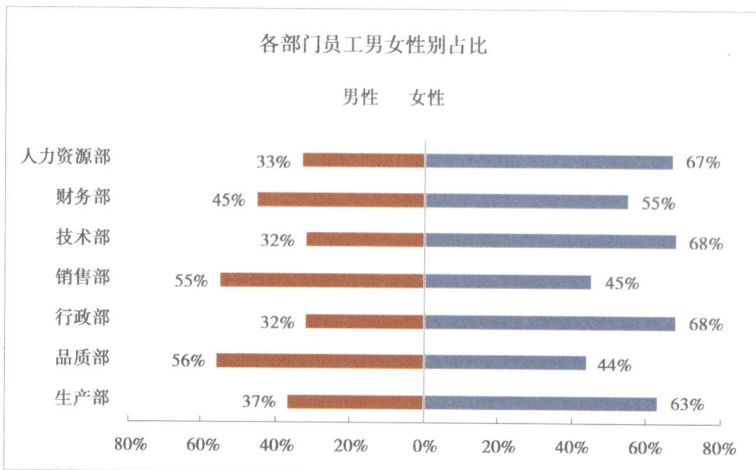

图5-2-34　更改图表标题

### 5.2.4　帕累托图

#### 1）二八法则

二八法则是指，任何一组事物中，最重要的只占其中20%，其余80%虽然是多数，但却是次要的。

#### 2）帕累托图

帕累托图又叫排列图、主次图，是按照频率发生的高低顺序绘制的直方图（无间距柱形图）。帕累托图能区分"微不足道的大多数"和"至关重要的极少数"，从而方便人们关注重要的类别。

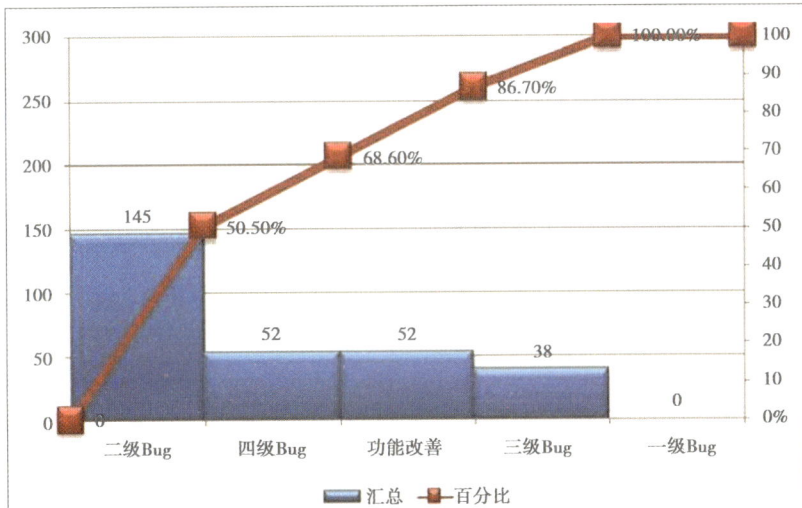

#### 3）帕累托图的特征

（1）帕累托图是一个特殊的线柱图，柱形图的数据按数值的降序排列，折线图数据为累计百分比数据，并在次坐标轴显示；

（2）折线图的起点数值为0%，并位于柱形图第一个柱子的最左下角；

（3）折线图的第二个点位于柱形图第一个柱子的最右上角；

（4）折线图最后一个点数值为100%，位于整张图形的最右上角。

任务描述：打开"学生旷课原因分析表"，绘制帕累托图。

| 旷课原因 | 人数 |
| --- | --- |
| 起床困难 | 50 |
| 参加社团活动 | 26 |
| 网瘾太大 | 8 |
| 兼职 | 6 |
| 听不懂 | 4 |
| 对课程没兴趣 | 3 |
| 同学影响 | 2 |
| 家庭影响 | 1 |

❖**STEP 1** 在C1、D1单元格分别新增"累计百分比""累计人数"字段，求出相应记录，如图5-2-35所示。

| | A | B | C | D |
|---|---|---|---|---|
| 1 | 旷课原因 | 人数（左轴） | 累计百分比（右轴） | 累计人数 |
| 2 | 起床困难 | 50 | 50.00% | 50 |
| 3 | 参加社团活动 | 26 | 76.00% | 76 |
| 4 | 网瘾太大 | 8 | 84.00% | 84 |
| 5 | 兼职 | 6 | 90.00% | 90 |
| 6 | 听不懂 | 4 | 94.00% | 94 |
| 7 | 对课程没兴趣 | 3 | 97.00% | 97 |
| 8 | 同学影响 | 2 | 99.00% | 99 |
| 9 | 家庭影响 | 1 | 100.00% | 100 |

图5-2-35　新增并计算"累计百分比""累计人数字段"

❖**STEP 2** 选中"旷课原因""人数""累计百分比"三个字段与记录，在"插入"选项卡的"图表"组中单击"柱形图"按钮，在打开的下拉菜单中选择"簇状柱形图"选项，绘制出简单柱形图，如图5-2-36所示。

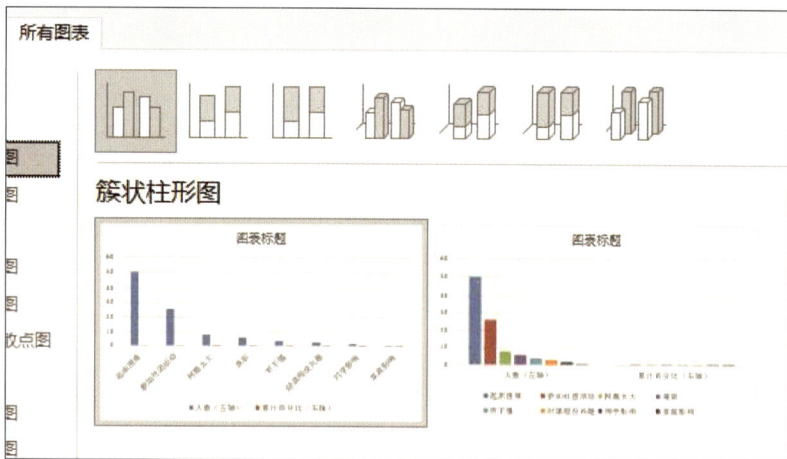

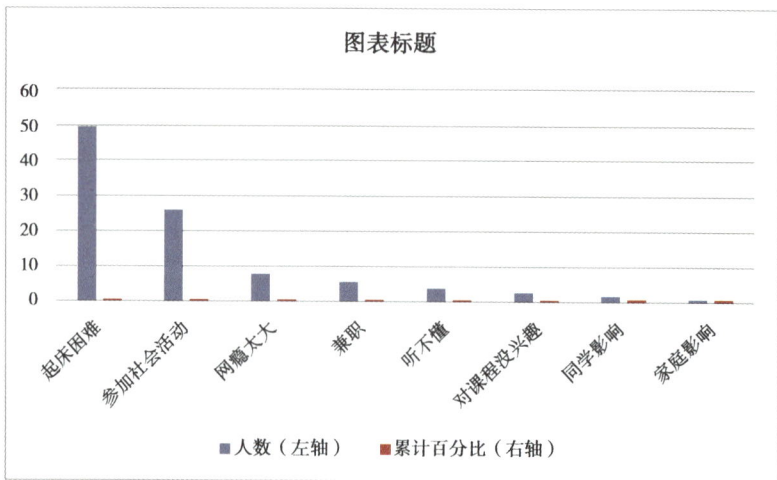

图5-2-36　插入簇状柱形图

❖**STEP 3** 选中"累计百分比"生成的柱形，点击右键，选择"更改图表系列类型"。将"累计百分比"柱形更改为"带标记点的折线图"，并勾选"绘制到次坐标"，如图5-2-37所示。

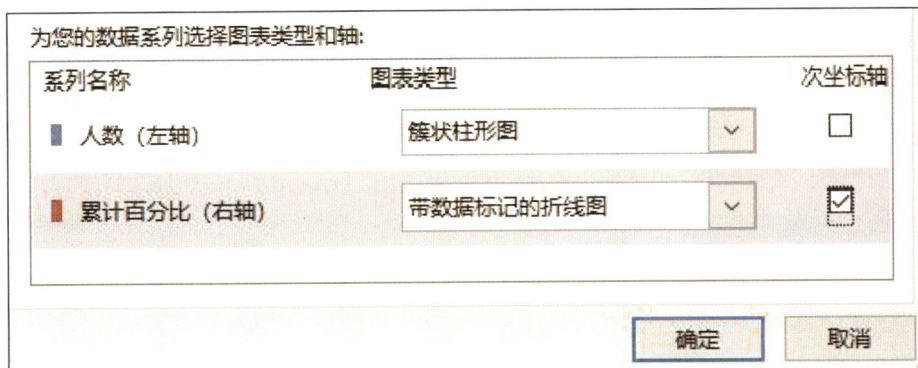

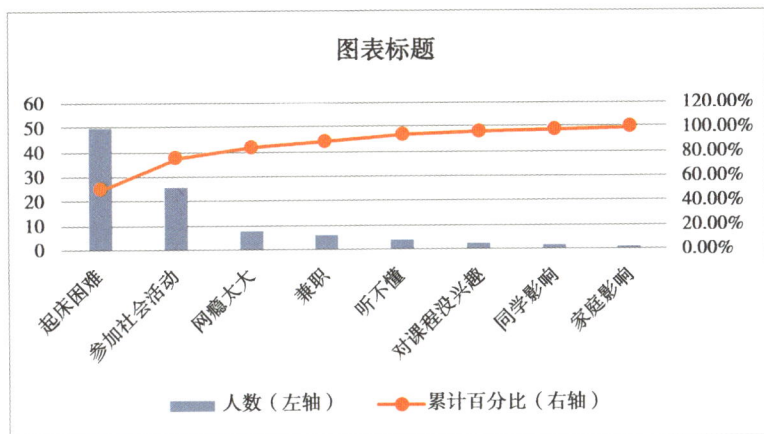

图5-2-37  更改累计百分比数据类型并绘制在次坐标

❖**STEP 4** 在字段名称下新插入一行，并在"累计百分比"字段下方录入"0%"，如图5-2-38所示。

| | A | B | C | D |
|---|---|---|---|---|
| 1 | 旷课原因 | 人数（左轴） | 累计百分比（右轴） | 累计人数 |
| 2 | | | 0.00% | |
| 3 | 起床困难 | 50 | 50.00% | 50 |
| 4 | 参加社团活动 | 26 | 76.00% | 76 |
| 5 | 网瘾太大 | 8 | 84.00% | 84 |
| 6 | 兼职 | 6 | 90.00% | 90 |
| 7 | 听不懂 | 4 | 94.00% | 94 |
| 8 | 对课程没兴趣 | 3 | 97.00% | 97 |
| 9 | 同学影响 | 2 | 99.00% | 99 |
| 10 | 家庭影响 | 1 | 100.00% | 100 |

图5-2-38  新增"累计百分比"起点数据

❖**STEP 5** 选中"累计百分比折线",点击右键,选择数据,选择"累计百分比"点击"编辑",重新选择系列值范围,将"0%"框选在范围内。点击"确定",如图5-2-39所示。

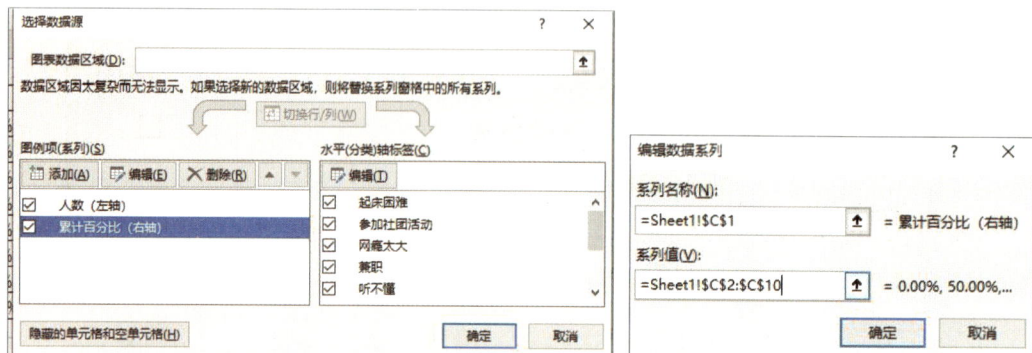

| B | C | D | E | F | G | H |
|---|---|---|---|---|---|---|
| 人数（左轴） | 累计百分比（右轴） | | | | | |
| | 0.00% | | | | | |
| 50 | 50.00% | | | | | |
| 26 | 76.00% | | | | | |
| 8 | 84.00% | | | | | |
| 6 | 90.00% | | | | | |
| 4 | 94.00% | | | | | |
| 3 | 97.00% | | | | | |
| 2 | 99.00% | 99 | | | | |
| 1 | 100.00% | 100 | | | | |

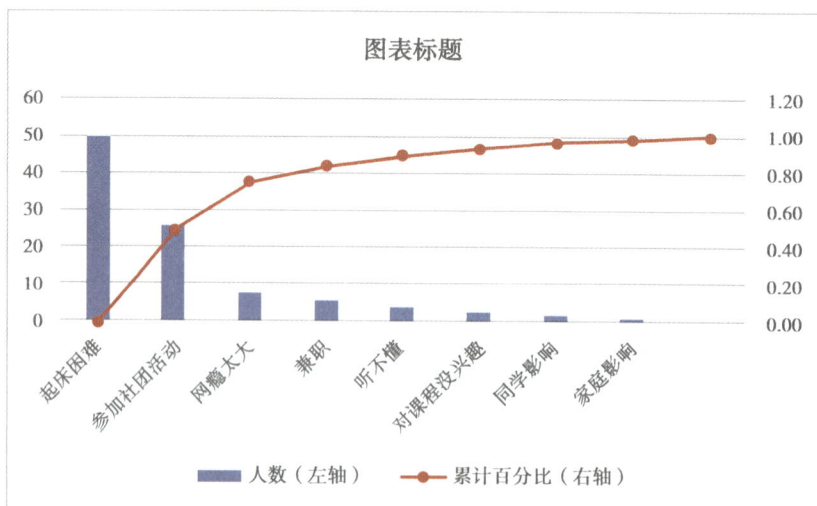

图5-2-39 编辑"累计百分比"数据系列值范围

❖**STEP 6** 在"图表设计"选项卡中点击"添加图表元素",选择添加"次要横坐标轴",如图5-2-40所示。

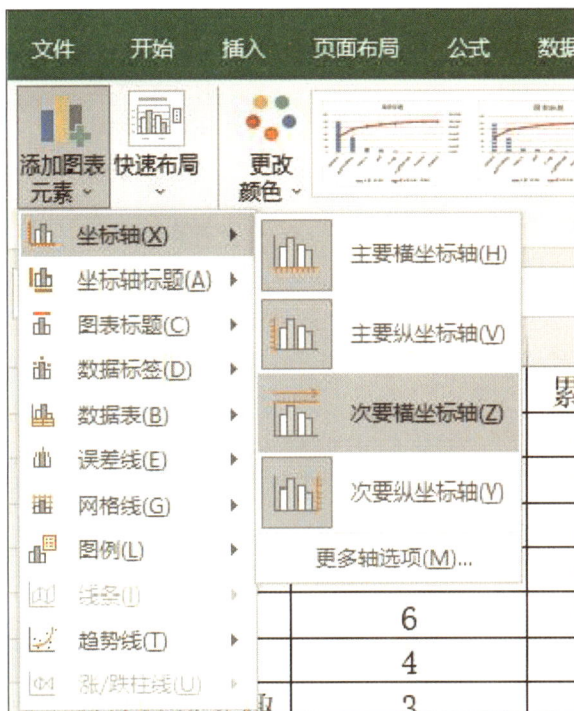

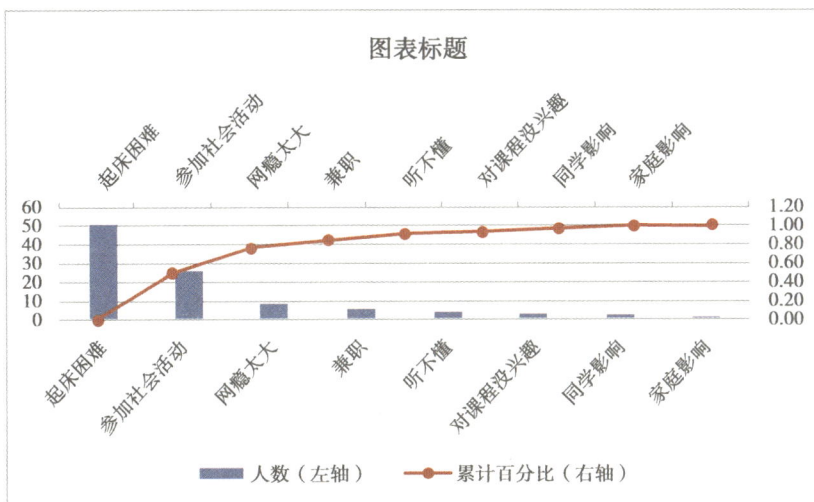

图5-2-40　添加次要横坐标

❖**STEP 7** 选中次要横坐标轴，点击右键，设置坐标轴格式，位置坐标轴选择"在刻度线上"。主要刻度线类型、坐标轴标签选择"无"，如图5-2-41所示。

❖**STEP 8** 选中柱状，点击右键，设置数据系列格式，系列选项中"间隙宽度"设置为"0%"，如图5-2-42所示。

❖**STEP 9** 设置主要纵坐标轴的最大值为100，最小值为0；设置次要纵坐标轴的最大值为100%，最小值为0%，如图5-2-43所示。

**设置坐标轴格式**

坐标轴选项 ▼  文本选项

○ 日期坐标轴(X)

纵坐标轴交叉

○ 自动(O)
○ 分类编号(E)          9
● 最大分类(G)

坐标轴位置

● 在刻度线上(K)

**刻度线**

刻度线间隔(B)          1
主刻度线类型(J)        无 ▼
次刻度线类型(I)        无 ▼

**标签**

标签间隔

● 自动(U)
○ 指定间隔单位(S)      1

与坐标轴的距离(D)      100
标签位置(L)            无 ▼

**图表标题**

| 人数（左轴） | 累计百分比（右轴） |

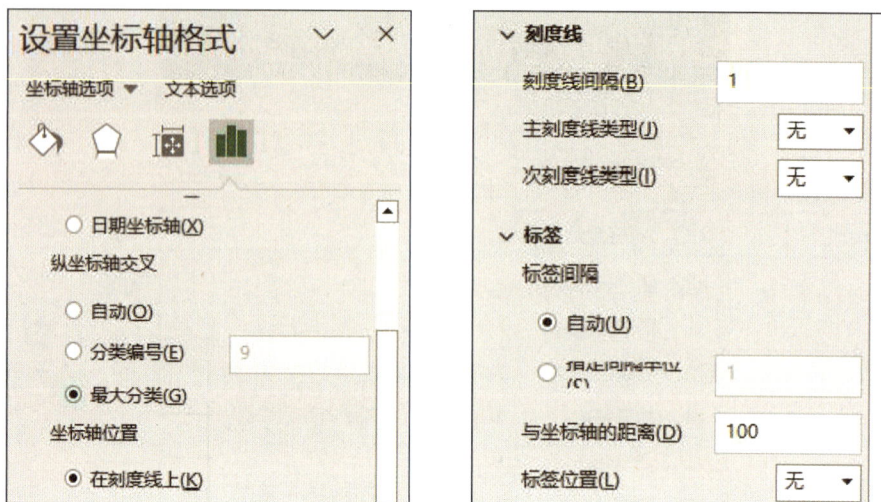

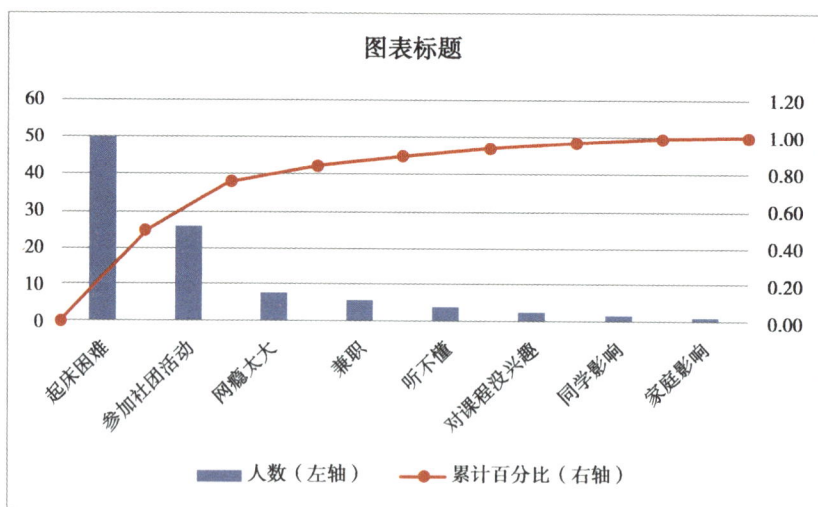

图5-2-41    将次要横坐标轴数值绘制在刻度线上

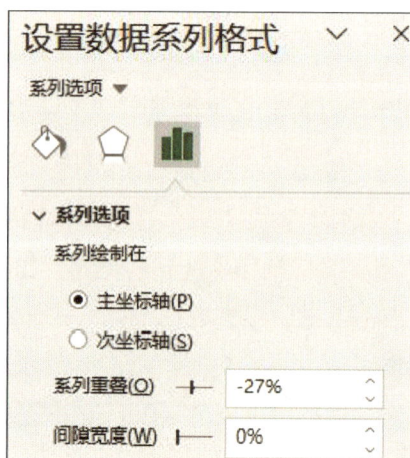

**设置数据系列格式**

系列选项 ▼

**系列选项**

系列绘制在

● 主坐标轴(P)
○ 次坐标轴(S)

系列重叠(O)      ─┼─    -27%
间隙宽度(W)      ─┼─    0%

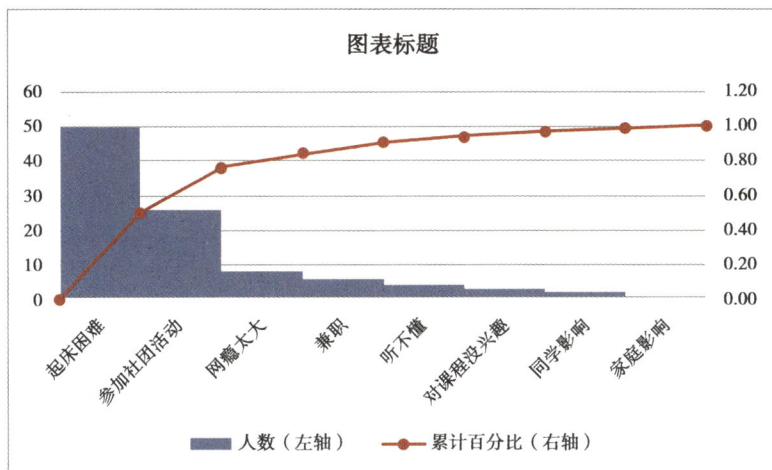

图5-2-42　将柱形图间隙宽度设置为0

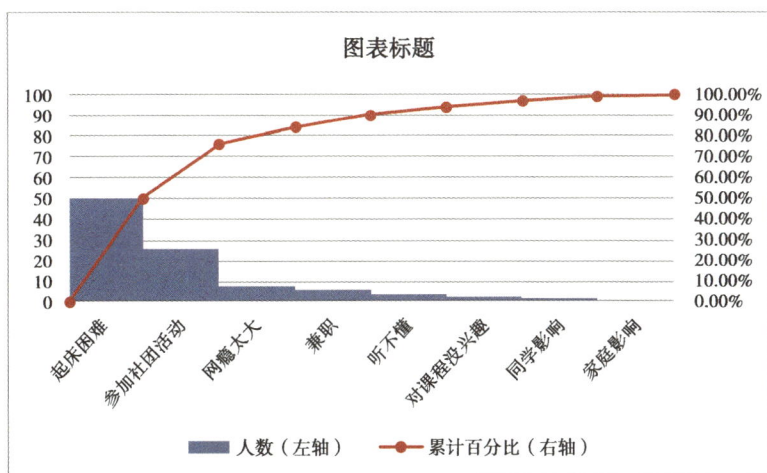

图5-2-43　设置主要纵坐标、次要纵坐标范围

❖**STEP 10** 选中图例，点击右键，"设置图例格式"，选择"靠上"，如图5-2-44所示。

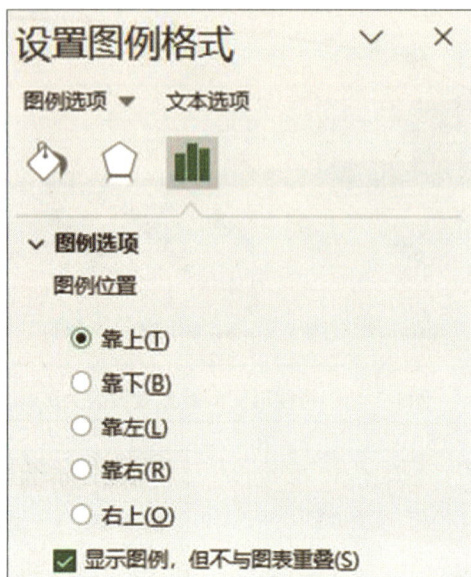

图5-2-44　设置图例格式

❖**STEP 11** 选中主网格线，点击右键，选择"设置网格线格式"，线条格式选择"无线条"，如图5-2-45所示。

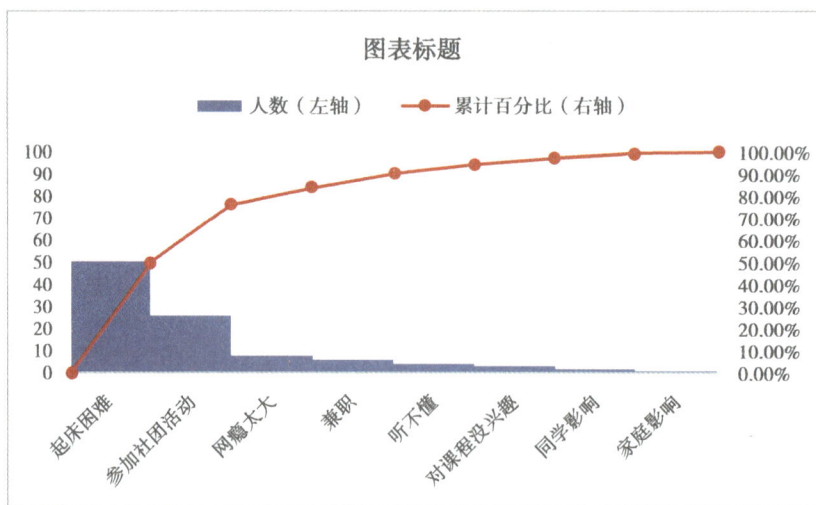

图5-2-45　隐藏网格线

❖**STEP 12** 选中折线，点击右键，选择"添加数据标签"，如图5-2-46所示。

❖**STEP 13** 选中图表标题，更改图表标题为"学生旷课原因帕累托图"，如图5-2-47所示。

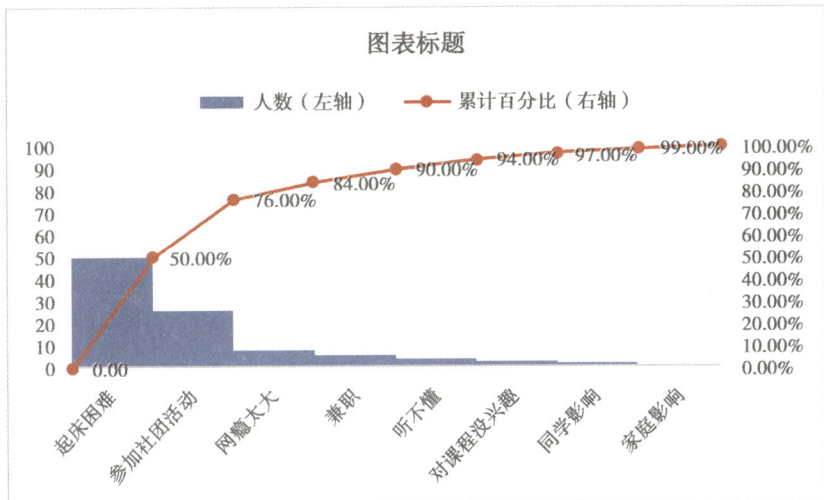

图5-2-46　添加数据标签

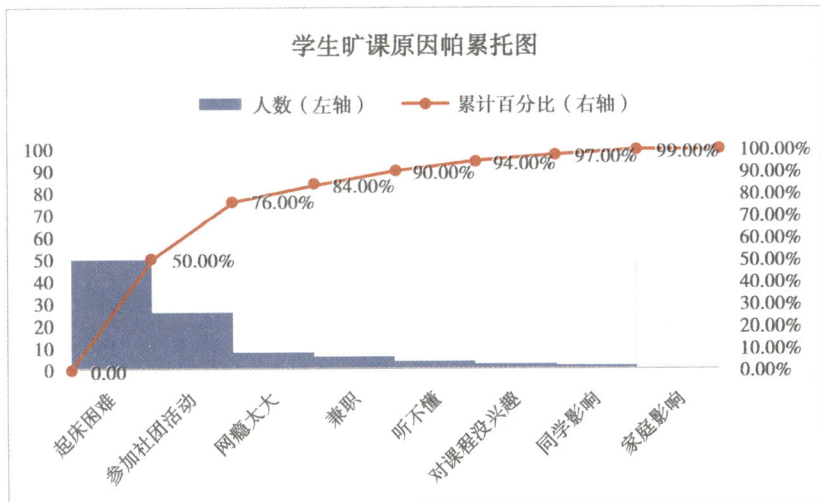

图5-2-47　更改标题名称

## ➤ 任务实施

•第一步：简单阐述常用的复杂数据图有哪些，并会绘制复杂数据图。

平均线图： 用柱状图绘制出"商品生产及销售情况表"中所有商品的"年生产量"情况，并通过绘制平均线图，展示各类商品年生产量分布情况。

双坐标图：将"商品生产及销售情况表"中的"年生产量""单位价格"两组数据用双坐标图中的线柱图展示出来。要求横纵坐标都有标识，有图例。

旋风图：打开"商品生产及销售情况表"表格，将"年生产量"与"年销售量"两组数据制作旋风图进行分析。

帕累托图：打开"商品生产及销售情况表"，计算各商品的年销售额，并绘制年销售额的帕累托图。

•第二步：按要求完成4个任务，并截图展示任务实施结果。

## ➤ 任务总结

•本任务中主要图表类型：_____

_____

_____

•本任务中各图表绘制的操作步骤：_____

_____

_____

•本任务中的难点：_____

_____

_____

•完成本任务过程中的收获：_____

_____

_____

_____

•其他：_____

_____

_____

# 项目6 商品销售情况统计与分析

## 📋 项目描述

电商卖家需要对在线商品的销售数据进行定期统计与整理，便于深入了解各类商品的销售情况。实际上，从线上导出的数据只是一张记录基本信息的表格，并不能直接看出表格中数据背后呈现的销售方面的问题，更不能体现其他潜在的信息。这时，通过Excel对销售情况数据进行统计分析，从中发现问题并解决问题，为以后的销售策略提供数据支持。

根据"某品牌地板1月份销售统计表"中的数据，运用合适的分析方法，采用恰当的分析指标，分析该品牌地板1月份的销售现状。

## 📋 知识图谱

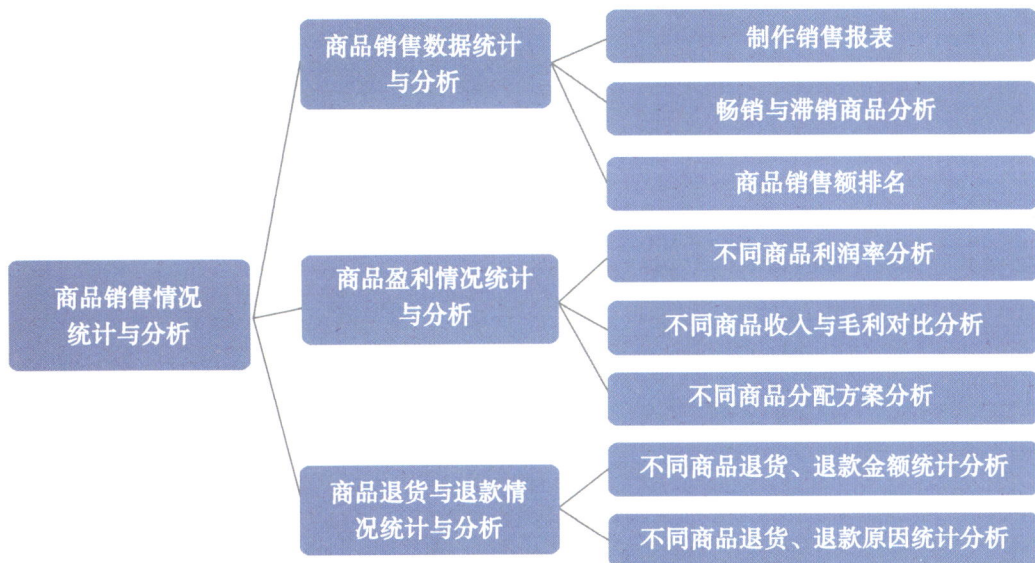

商品销售情况统计与分析

- 商品销售数据统计与分析
  - 制作销售报表
  - 畅销与滞销商品分析
  - 商品销售额排名
- 商品盈利情况统计与分析
  - 不同商品利润率分析
  - 不同商品收入与毛利对比分析
  - 不同商品分配方案分析
- 商品退货与退款情况统计与分析
  - 不同商品退货、退款金额统计分析
  - 不同商品退货、退款原因统计分析

## 学习目标

**· 知识目标**

①学会销售数据统计与分析的方法；

②学会不同商品销售的统计与分析的方法；

③学会同类商品销售的统计与分析的方法；

④学会商品退货、退款情况的统计与分析的方法。

**· 技能目标**

①能对现有销售数据进行整理、加工；

②能列举出商品销售数据时所涉及的分析指标；

③能运用所学的基础数据分析工具恰当地分析不同指标。

**· 素质目标**

①形成数据科学思维和研究态度；

②培养以数据为依据，实事求是且严谨的职业素养。

## 微课视频

商品销售数据
统计与分析

商品盈利情况
统计分析

# 任务1 商品销售数据统计与分析

## ➤ 任务目标

整理、完善、重加工销售数据表，计算每种商品的畅滞销比率，并根据销售额大小对商品进行排名。

## ➤ 任务要求

①根据已有数据，增加销售收入、销售成本、销售毛利、毛利率等字段，并计算相应数据；

②分析多层复合地板、强化地板、实木地板、踢脚线几种产品的畅滞销比率；

③分别按照销售额、毛利分析各省份排名情况。

## ➤ 知识准备

### 6.1.1 制作销售报表

交易平台记录的数据一般仅仅是展示商品的基本信息的数据，卖家从上面下载的数据表也就并不能完全呈现数据背后说明的问题，需要对现有数据进行加工，丰富表格的内容，尽量计算出所有关键分析指标。具体可参照如下案例。

❖**STEP 1** 打开"素材文件/项目6/销售数据分析表.xlsx/店铺月销售报表工作表"，添加"销售成本""销售总额""销售毛利"三个字段，如图6-1-1所示。

| 日期 | 商品编码 | 商品名称 | 销售单价 | 单位成本 | 数量 | 销售成本 | 销售总额 | 销售毛利 |
|------|----------|----------|----------|----------|------|----------|----------|----------|
| 2022/4/1 | kt18001 | 阔腿裤 | 399.00 | 298.00 | 12 | | | |
| 2022/4/1 | cs17035 | 女士衬衫 | 89.00 | 61.00 | 9 | | | |
| 2022/4/2 | kt18102 | 阔腿裤 | 239.00 | 157.00 | 15 | | | |
| 2022/4/2 | cq19032 | 长裙 | 65.00 | 29.00 | 13 | | | |
| 2022/4/2 | cs17035 | 女士衬衫 | 89.00 | 61.00 | 12 | | | |
| 2022/4/3 | cs18135 | 女士衬衫 | 119.00 | 78.00 | 8 | | | |
| 2022/4/3 | kt18001 | 阔腿裤 | 399.00 | 298.00 | 10 | | | |
| 2022/4/4 | cs17035 | 女士衬衫 | 89.00 | 61.00 | 12 | | | |
| 2022/4/5 | cq19135 | 长裙 | 49.00 | 21.00 | 6 | | | |
| 2022/4/5 | kt18001 | 阔腿裤 | 399.00 | 298.00 | 8 | | | |
| 2022/4/5 | cs17035 | 女士衬衫 | 89.00 | 61.00 | 10 | | | |
| 2022/4/5 | kt18102 | 阔腿裤 | 239.00 | 157.00 | 12 | | | |
| 2022/4/6 | kt18001 | 阔腿裤 | 399.00 | 298.00 | 6 | | | |
| 2022/4/6 | cs17035 | 女士衬衫 | 89.00 | 61.00 | 5 | | | |
| 2022/4/6 | fy16251 | 女士风衣 | 339.00 | 216.00 | 13 | | | |
| 2022/4/6 | cq19032 | 长裙 | 65.00 | 29.00 | 7 | | | |

图6-1-1 增加分析字段

❖**STEP 2** 根据已有数据及三个字段的内涵，分别计算出三个字段对应的数据。选择G2单元格，在编辑栏中输入公式"=E2*F2"，并按回车键确认，计算出销售成本，然后使用填充柄将公式复制到其他单元格中，如图6-1-2所示。

| | A | B | C | D | E | F | G |
|---|---|---|---|---|---|---|---|
| 1 | 日期 | 商品编码 | 商品名称 | 销售单价 | 单位成本 | 数量 | 销售成本 |
| 2 | 2022/4/1 | kt18001 | 阔腿裤 | 399.00 | 298.00 | 12 | 3576.00 |
| 3 | 2022/4/1 | cs17035 | 女士衬衫 | 89.00 | 61.00 | 9 | 549.00 |
| 4 | 2022/4/2 | kt18102 | 阔腿裤 | 239.00 | 157.00 | 15 | 2355.00 |
| 5 | 2022/4/2 | cq19032 | 长裙 | 65.00 | 29.00 | 13 | 377.00 |
| 6 | 2022/4/2 | cs17035 | 女士衬衫 | 89.00 | 61.00 | 12 | 732.00 |
| 7 | 2022/4/3 | cs18135 | 女士衬衫 | 119.00 | 78.00 | 8 | 624.00 |
| 8 | 2022/4/3 | kt18001 | 阔腿裤 | 399.00 | 298.00 | 10 | 2980.00 |
| 9 | 2022/4/4 | cs17035 | 女士衬衫 | 89.00 | 61.00 | 12 | 732.00 |
| 10 | 2022/4/5 | cq19135 | 长裙 | 49.00 | 21.00 | 6 | 126.00 |
| 11 | 2022/4/5 | kt18001 | 阔腿裤 | 399.00 | 298.00 | 8 | 2384.00 |
| 12 | 2022/4/5 | cs17035 | 女士衬衫 | 89.00 | 61.00 | 10 | 610.00 |
| 13 | 2022/4/5 | kt18102 | 阔腿裤 | 239.00 | 157.00 | 12 | 1884.00 |
| 14 | 2022/4/6 | kt18001 | 阔腿裤 | 399.00 | 298.00 | 6 | 1788.00 |
| 15 | 2022/4/6 | cs17035 | 女士衬衫 | 89.00 | 61.00 | 5 | 305.00 |
| 16 | 2022/4/6 | fy16251 | 女士风衣 | 339.00 | 216.00 | 13 | 2808.00 |

图6-1-2　补充销售成本字段数据

❖**STEP 3** 同第二步，选择H2单元格，在编辑栏中输入公式"=E2*F2"，并按回车键确认，计算出销售总额，然后使用填充柄将公式复制到其他单元格中；选择I2单元格，在编辑栏中输入公式"=H2-G2"，并按回车键确认，计算出销售毛利，然后使用填充柄将公式复制到其他单元格中，结果如图6-1-3所示。

| | A | B | C | D | E | F | G | H | I |
|---|---|---|---|---|---|---|---|---|---|
| 1 | 日期 | 商品编码 | 商品名称 | 销售单价 | 单位成本 | 数量 | 销售成本 | 销售总额 | 销售毛利 |
| 2 | 2022/4/1 | kt18001 | 阔腿裤 | 399.00 | 298.00 | 12 | 3576.00 | 4788.00 | 1212.00 |
| 3 | 2022/4/1 | cs17035 | 女士衬衫 | 89.00 | 61.00 | 9 | 549.00 | 801.00 | 252.00 |
| 4 | 2022/4/2 | kt18102 | 阔腿裤 | 239.00 | 157.00 | 15 | 2355.00 | 3585.00 | 1230.00 |
| 5 | 2022/4/2 | cq19032 | 长裙 | 65.00 | 29.00 | 13 | 377.00 | 845.00 | 468.00 |
| 6 | 2022/4/2 | cs17035 | 女士衬衫 | 89.00 | 61.00 | 12 | 732.00 | 1068.00 | 336.00 |
| 7 | 2022/4/3 | cs18135 | 女士衬衫 | 119.00 | 78.00 | 8 | 624.00 | 952.00 | 328.00 |
| 8 | 2022/4/3 | kt18001 | 阔腿裤 | 399.00 | 298.00 | 10 | 2980.00 | 3990.00 | 1010.00 |
| 9 | 2022/4/4 | cs17035 | 女士衬衫 | 89.00 | 61.00 | 12 | 732.00 | 1068.00 | 336.00 |
| 10 | 2022/4/5 | cq19135 | 长裙 | 49.00 | 21.00 | 6 | 126.00 | 294.00 | 168.00 |
| 11 | 2022/4/5 | kt18001 | 阔腿裤 | 399.00 | 298.00 | 8 | 2384.00 | 3192.00 | 808.00 |
| 12 | 2022/4/5 | cs17035 | 女士衬衫 | 89.00 | 61.00 | 10 | 610.00 | 890.00 | 280.00 |
| 13 | 2022/4/5 | kt18102 | 阔腿裤 | 239.00 | 157.00 | 12 | 1884.00 | 2868.00 | 984.00 |
| 14 | 2022/4/6 | kt18001 | 阔腿裤 | 399.00 | 298.00 | 6 | 1788.00 | 2394.00 | 606.00 |
| 15 | 2022/4/6 | cs17035 | 女士衬衫 | 89.00 | 61.00 | 5 | 305.00 | 445.00 | 140.00 |
| 16 | 2022/4/6 | fy16251 | 女士风衣 | 339.00 | 216.00 | 13 | 2808.00 | 4407.00 | 1599.00 |
| 17 | 2022/4/6 | cq19032 | 长裙 | 65.00 | 29.00 | 7 | 203.00 | 455.00 | 252.00 |

图6-1-3　补充销售总额、销售毛利字段数据

### 6.1.2　畅销与滞销商品分析

卖家通过对商品的销售情况进行分析，可以直观地判断哪些商品是畅销状态，哪些商品是滞销状态，然后针对不同销售状态的商品制订不同的采购计划和销售策略。下面将介绍如何分析店铺中的畅销与滞销商品，具体可参照如下案例：

❖**STEP 1** 打开"素材文件/项目6/销售数据分析表.xlsx/店铺月销售报表工作表"，选择B2:B66单元格区域，点击右键选择复制，或者按【Ctrl+C】快捷键复制选中数据，如图6-1-4所示。

| 　 | A | B | C | D | E | F | G | H | I |
|---|---|---|---|---|---|---|---|---|---|
| 1 | 日期 | 商品编码 | 商品名称 | 销售单价 | 单位成本 | 数量 | 销售成本 | 销售总额 | 销售毛利 |
| 2 | 2022/4/1 | kt18001 | 阔腿裤 | 399.00 | 298.00 | 12 | 3576.00 | 4788.00 | 1212.00 |
| 3 | 2022/4/1 | cs17035 | 女士衬衫 | 89.00 | 61.00 | 9 | 549.00 | 801.00 | 252.00 |
| 4 | 2022/4/2 | kt18102 | 阔腿裤 | 239.00 | 157.00 | 15 | 2355.00 | 3585.00 | 1230.00 |
| 5 | 2022/4/2 | cq19032 | 长裙 | 65.00 | 29.00 | 13 | 377.00 | 845.00 | 468.00 |
| 6 | 2022/4/2 | cs17035 | 女士衬衫 | 89.00 | 61.00 | 12 | 732.00 | 1068.00 | 336.00 |
| 7 | 2022/4/3 | cs18135 | 女士衬衫 | 119.00 | 78.00 | 8 | 624.00 | 952.00 | 328.00 |
| 8 | 2022/4/3 | kt18001 | 阔腿裤 | 399.00 | 298.00 | 10 | 2980.00 | 3990.00 | 1010.00 |
| 9 | 2022/4/3 | cs17035 | 女士衬衫 | 89.00 | 61.00 | 12 | 732.00 | 1068.00 | 336.00 |
| 10 | 2022/4/5 | cq19135 | 长裙 | 49.00 | 21.00 | 6 | 126.00 | 294.00 | 168.00 |
| 11 | 2022/4/5 | kt18001 | 阔腿裤 | 399.00 | 298.00 | 8 | 2384.00 | 3192.00 | 808.00 |
| 12 | 2022/4/5 | cs17035 | 女士衬衫 | 89.00 | 61.00 | 10 | 610.00 | 890.00 | 280.00 |
| 13 | 2022/4/5 | kt18102 | 阔腿裤 | 239.00 | 157.00 | 12 | 1884.00 | 2868.00 | 984.00 |
| 14 | 2022/4/6 | kt18001 | 阔腿裤 | 399.00 | 298.00 | 6 | 1788.00 | 2394.00 | 606.00 |
| 15 | 2022/4/6 | cs17035 | 女士衬衫 | 89.00 | 61.00 | 5 | 305.00 | 445.00 | 140.00 |
| 16 | 2022/4/6 | fy16251 | 女士风衣 | 339.00 | 216.00 | 13 | 2808.00 | 4407.00 | 1599.00 |
| 17 | 2022/4/6 | cq19032 | 长裙 | 65.00 | 29.00 | 7 | 203.00 | 455.00 | 252.00 |

图6-1-4　复制数据

❖**STEP 2** 选择"畅销与滞销品分析"工作表，选择A2单元格，然后按【Enter】键粘贴数据，如图6-1-5所示。

❖**STEP 3** 选中A列数据，打开"数据"选项卡，单击"数据工具"组中的"删除重复项"按钮，对A列数据中的重复数据进行删除，过程如图6-1-6所示，结果如图6-1-7所示。

❖**STEP 4** 运用sumif函数求出不同商品总销量。在"畅销与滞销商品分析"工作表中选中B2单元格，在编辑栏中输入公式"=SUMIF(店铺月销售报表!$B$2:$B$66,畅销与滞销商品分析!A2,店铺月销售报表!$F$2:$F$66)"，并按回车键确认，计算出销售总量，然后使用填充柄将公式复制到其他单元格中，如图6-1-8所示。

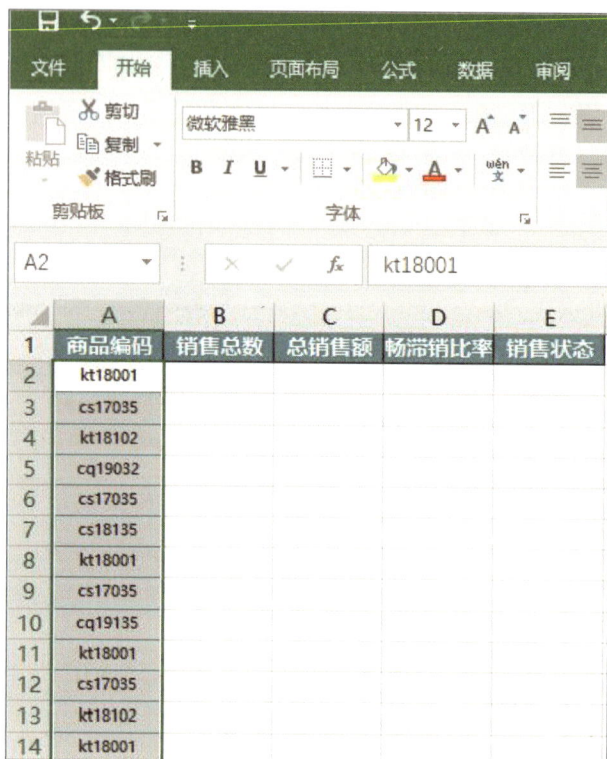

图6-1-5　粘贴数据

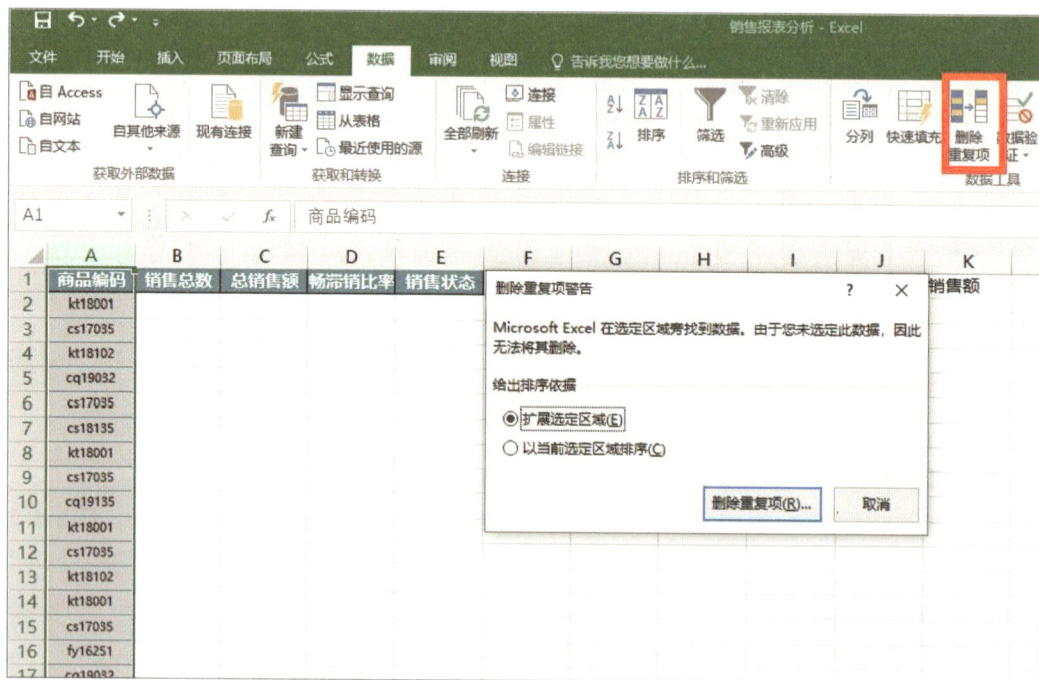

图6-1-6　删除重复数据

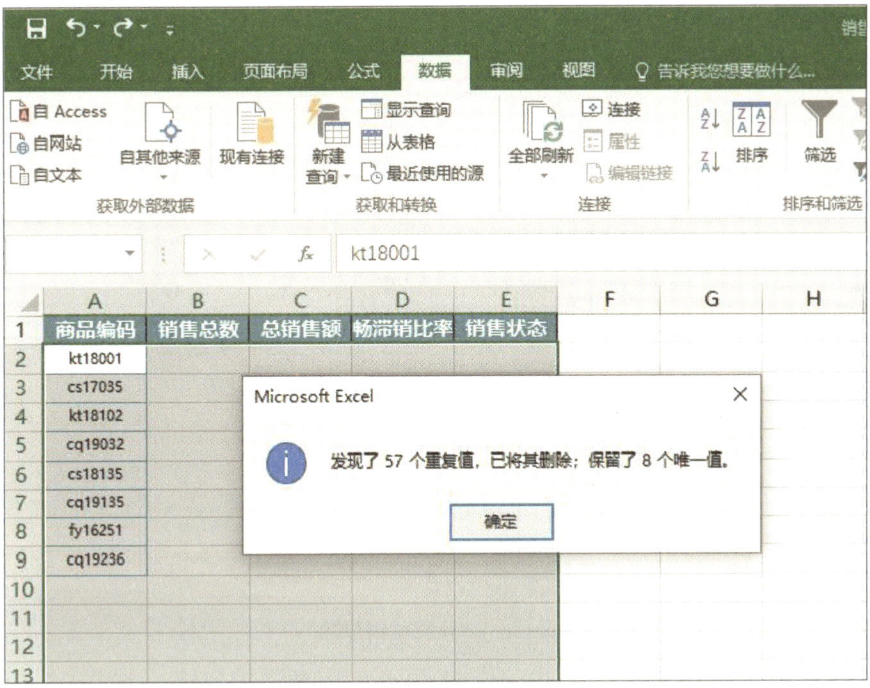

图6-1-7　重复数据删除结果

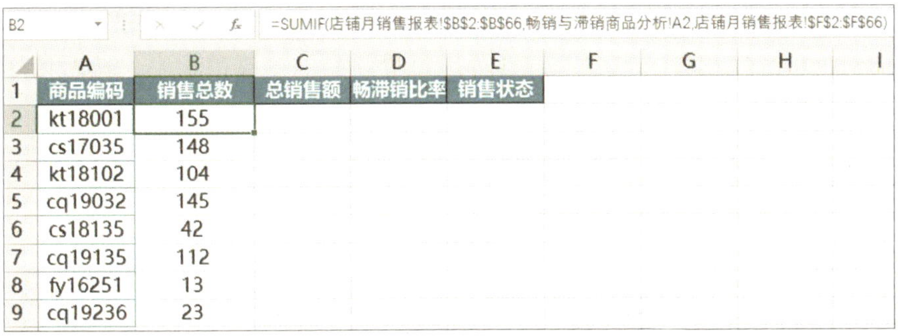

图6-1-8　计算销售总量

## ❖ 知识链接

### SUMIF函数

**语法**：SUMIF(range，criteria，sum_range)

**参数**：①Range为条件区域，用于条件判断的单元格区域；

②Criteria是求和条件，即为确定哪些单元格将被相加求和的条件，由数字、逻辑表达式等组成的判定条件，其形式可以为数字、文本、表达式或单元格内容；

③Sum_range为实际求和区域，需要求和的单元格、区域或引用。

**注意**：当省略第三个参数时，则条件区域就是实际求和区域。

❖**STEP 5** 运用sumif函数求出不同商品总销售额。在“畅销与滞销商品分析”工作表中，选中C2单元格，在编辑栏中输入公式“=SUMIF(店铺月销售报表!$B$2:$B$66,畅销与滞销商品分析!A2,店铺月销售报表!$H$2:$H$66)”，并按回车键确认，计算出总销售额，然后使用填充柄将公式复制到其他单元格中，如图6-1-9所示。

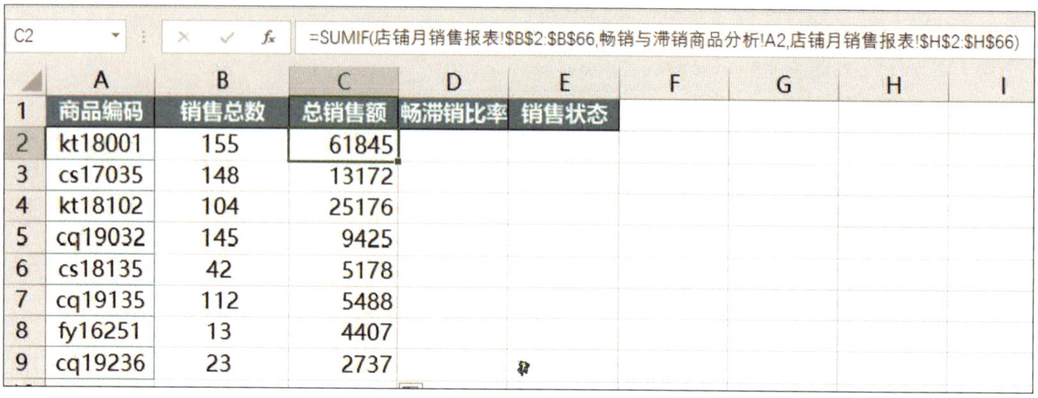
C2 =SUMIF(店铺月销售报表!$B$2:$B$66,畅销与滞销商品分析!A2,店铺月销售报表!$H$2:$H$66)

| | A | B | C | D | E | F | G | H | I |
|---|---|---|---|---|---|---|---|---|---|
| 1 | 商品编码 | 销售总数 | 总销售额 | 畅滞销比率 | 销售状态 | | | | |
| 2 | kt18001 | 155 | 61845 | | | | | | |
| 3 | cs17035 | 148 | 13172 | | | | | | |
| 4 | kt18102 | 104 | 25176 | | | | | | |
| 5 | cq19032 | 145 | 9425 | | | | | | |
| 6 | cs18135 | 42 | 5178 | | | | | | |
| 7 | cq19135 | 112 | 5488 | | | | | | |
| 8 | fy16251 | 13 | 4407 | | | | | | |
| 9 | cq19236 | 23 | 2737 | | | | | | |

图6-1-9 计算总销售额

❖**STEP 6** 运用畅滞销比公式，求出不同商品畅滞销比率。选择B2：C9单元格区域，点击“开始”选项卡，点“编辑”工具中的“自动求和”，对销量与销售额做求和计算，如图6-1-10所示。然后选择D2单元格，在编辑栏中输入公式“=B2/$B$10*0.8+C2/$C$10*0.2”，计算出每种商品的畅滞销比率，然后使用填充柄将公式复制到其他单元格中，如图6-1-11所示。

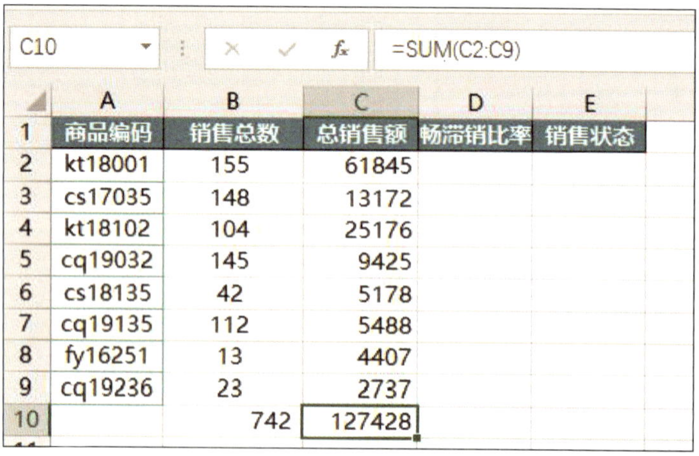
C10 =SUM(C2:C9)

| | A | B | C | D | E |
|---|---|---|---|---|---|
| 1 | 商品编码 | 销售总数 | 总销售额 | 畅滞销比率 | 销售状态 |
| 2 | kt18001 | 155 | 61845 | | |
| 3 | cs17035 | 148 | 13172 | | |
| 4 | kt18102 | 104 | 25176 | | |
| 5 | cq19032 | 145 | 9425 | | |
| 6 | cs18135 | 42 | 5178 | | |
| 7 | cq19135 | 112 | 5488 | | |
| 8 | fy16251 | 13 | 4407 | | |
| 9 | cq19236 | 23 | 2737 | | |
| 10 | | 742 | 127428 | | |

图 6-1-10 对销售总量和销售总额求和

❖**STEP 7** 运用IF函数分析每种商品的销售状态（具体的评判标准依据商品特点变动而）。选择E2单元格，在编辑栏中输入公式“=IF(D2>15%,"畅销",IF(D2>10%,"一般","滞销"))”，计算出每种商品的销售状态，然后使用填充柄将公式复制到其他单元格中，如图6-1-12所示。

图6-1-11　计算畅滞销比率

图6-1-12　计算商品销售状态

❖ **知识链接**

### IF函数

**语法**：=IF(logical_test,value_if_true,value_if_false)

**参数**：①Logical_test 表示计算结果为 TRUE 或 FALSE 的任意值或表达式；

②Value_if_true logical_test 为 TRUE 时返回的值；

③Value_if_false logical_test 为 FALSE 时返回的值。

### 6.1.3　商品销售额排名

卖家通过对商品销售额进行排名，可以更加直观地了解商品的销售情况。具体可参照如下案例。

❖**STEP 1** 运用ROW函数进行排名序号编辑。选择H2单元格，在编辑栏中输入公式"=ROW()-1"，编辑排名序号，然后使用填充柄将公式复制到其他单元格中，如图6-1-13所示。

❖**STEP 2** 运用LARGE函数将销售额从大到小添加到"销售额"字段。选择J2单元格，在编辑栏中输入公式"=LARGE($C$2:$C$9,H2)"，按从大到小的顺序填充销售额字段，然后使用填充柄将公式复制到其他单元格中，如图6-1-14所示。

| H2 | | | | fx | =ROW()-1 | | | | | |
|---|---|---|---|---|---|---|---|---|---|---|
| | A | B | C | D | E | F | G | H | I | J |
| 1 | 商品编码 | 销售总数 | 总销售额 | 畅滞销比率 | 销售状态 | | | 排名 | 商品编码 | 销售额 |
| 2 | kt18001 | 155 | 61845 | 26.42% | 畅销 | | | 1 | | |
| 3 | cs17035 | 148 | 13172 | 18.02% | 畅销 | | | 2 | | |
| 4 | kt18102 | 104 | 25176 | 15.16% | 畅销 | | | 3 | | |
| 5 | cq19032 | 145 | 9425 | 17.11% | 畅销 | | | 4 | | |
| 6 | cs18135 | 42 | 5178 | 5.34% | 滞销 | | | 5 | | |
| 7 | cq19135 | 112 | 5488 | 12.94% | 一般 | | | 6 | | |
| 8 | fy16251 | 13 | 4407 | 2.09% | 滞销 | | | 7 | | |
| 9 | cq19236 | 23 | 2737 | 2.91% | 滞销 | | | 8 | | |
| 10 | | 742 | 127428 | | | | | | | |

图6-1-13　添加排名序号

| J2 | | | | fx | =LARGE($C$2:$C$9,H2) | | | | | |
|---|---|---|---|---|---|---|---|---|---|---|
| | A | B | C | D | E | F | G | H | I | J |
| 1 | 商品编码 | 销售总数 | 总销售额 | 畅滞销比率 | 销售状态 | | | 排名 | 商品编码 | 销售额 |
| 2 | kt18001 | 155 | 61845 | 26.42% | 畅销 | | | 1 | | 61845 |
| 3 | cs17035 | 148 | 13172 | 18.02% | 畅销 | | | 2 | | 25176 |
| 4 | kt18102 | 104 | 25176 | 15.16% | 畅销 | | | 3 | | 13172 |
| 5 | cq19032 | 145 | 9425 | 17.11% | 畅销 | | | 4 | | 9425 |
| 6 | cs18135 | 42 | 5178 | 5.34% | 滞销 | | | 5 | | 5488 |
| 7 | cq19135 | 112 | 5488 | 12.94% | 一般 | | | 6 | | 5178 |
| 8 | fy16251 | 13 | 4407 | 2.09% | 滞销 | | | 7 | | 4407 |
| 9 | cq19236 | 23 | 2737 | 2.91% | 滞销 | | | 8 | | 2737 |

图6-1-14　销售额从大到小排序

❖ **知识链接**

### LARGE函数

**语法：** LARGE(array,k)

**参数：** ①array必需，需要确定第 k 个最大值的数组或数据区域；

②k必需，返回值在数组或数据单元格区域中的位置（从大到小排）。

### SMALL函数

**语法：** SMALL(array,k)

**参数：** ①array必需，需要确定第 k 个最小值的数组或数据区域；

②k必需，返回值在数组或数据单元格区域中的位置（从小到大排）。

❖**STEP 3** 运用INDEX嵌套MATCH函数，根据销售额大小匹配出相应的商品编码。选择I2单元格，在编辑栏中输入公式"=INDEX($A$2:$A$9,MATCH(J2,$C$2:$C$9,0))"，匹配销售额对应的商品变化，然后使用填充柄将公式复制到其他单元格中，如图6-1-15所示。

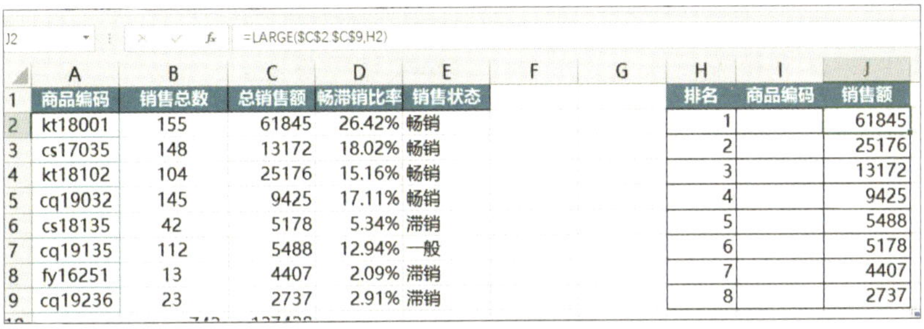

图6-1-15　匹配商品编码

❖ **知识链接**

### INDEX函数

**语法：** INDEX(array,row_num,column_num)

**参数：** ①array是一个单元格区域或数组常量。

②row_num用于选择要从中返回值的数组中的行。如果省略row_num，则需要使用column_num。

③column_num用于选择要从中返回值的数组中的列。如果省略column_num，则需要使用 row_num。

**注意：** ①如果数组中只包含一行或一列，则可以不使用相应的row_num或column_num参数。

②如果数组中包含多个行和列，但只使用了 row_num 或column_num，INDEX 将返回数组中整行或整列的数组。

❖ **知识链接**

### MATCH函数

**语法：** MATCH(lookup_value, lookup_array, match_type)

**参数：** ①lookup_value:需要在数据表(lookup_array)中查找的值。可以为数值(数字、文本或逻辑值)或对数字、文本或逻辑值的单元格引用。

②lookup_array:可能包含有所要查找数值的连续的单元格区域，区域必须是某一行或某一列，即必须为一维数据，引用的查找区域是一维数组。

③match_type:表示查询的指定方式，用数字–1、0或者1表示，match_type省略相当于match_type为1的情况。

## ➤ 任务实施

• 第一步：列举要完成"该品牌地板1月份销售数据统计与分析"的分析内容。

分析内容1：完善数据表，通过数据加工增加关键指标字段，并计算字段数值；

分析内容2：分别分析"多层复合地板、踢脚线、强化地板、实木地板"4种产品的畅滞销情况；

分析内容3：根据销售额大小，对各省份业绩进行排名。

• 第二步：按要求完成3个任务，并截图展示任务实施结果。

分析内容1：


分析内容2：


分析内容3：


## ➤ 任务总结

• 本任务中分析的主要指标：＿＿＿＿＿＿＿＿＿＿＿＿＿＿＿＿＿＿＿＿
＿＿＿＿＿＿＿＿＿＿＿＿＿＿＿＿＿＿＿＿＿＿＿＿＿＿＿＿＿＿＿＿＿＿＿＿

• 本任务中运用到的函数：＿＿＿＿＿＿＿＿＿＿＿＿＿＿＿＿＿＿＿＿＿＿
＿＿＿＿＿＿＿＿＿＿＿＿＿＿＿＿＿＿＿＿＿＿＿＿＿＿＿＿＿＿＿＿＿＿＿＿

• 本任务中的难点：＿＿＿＿＿＿＿＿＿＿＿＿＿＿＿＿＿＿＿＿＿＿＿＿＿＿
＿＿＿＿＿＿＿＿＿＿＿＿＿＿＿＿＿＿＿＿＿＿＿＿＿＿＿＿＿＿＿＿＿＿＿＿

• 完成本任务过程中的收获：＿＿＿＿＿＿＿＿＿＿＿＿＿＿＿＿＿＿＿＿＿＿
＿＿＿＿＿＿＿＿＿＿＿＿＿＿＿＿＿＿＿＿＿＿＿＿＿＿＿＿＿＿＿＿＿＿＿＿

• 其他：＿＿＿＿＿＿＿＿＿＿＿＿＿＿＿＿＿＿＿＿＿＿＿＿＿＿＿＿＿＿＿＿
＿＿＿＿＿＿＿＿＿＿＿＿＿＿＿＿＿＿＿＿＿＿＿＿＿＿＿＿＿＿＿＿＿＿＿＿

# 任务2  商品盈利情况统计与分析

> ## 任务目标

计算不同商品总毛利、平均毛利率，并分析两者的关系。分析不同商品销售收入与销售毛利是否存在线性相关性。根据不同商品的销售成本、毛利状态，制定商品分配方案。

> ## 任务要求

①计算多层复合、强化地板、实木、脚线几种产品的总毛利、平均毛利率；

②分析多层复合、强化地板、实木、脚线几种产品的销售总额与销售毛利的关系；

③分析多层复合、强化地板、实木、脚线等产品的销售毛利与毛利率的线性关系；

④根据多层复合、强化地板、实木、脚线等产品的销售成本、销售毛利制定产品分配方案。

> ## 知识准备

### 6.2.1  不同商品利润率分析

商品利润的多少在一定程度上能够反映企业盈利情况，由于受其他因素的影响，利润高的商品，利润率不一定高，基于此，盈利能力可以对利润、利润率两个指标进行综合分析。

❖**STEP 1** 打开"素材文件/项目6/销售数据分析表.xlsx/店铺月销售报表工作表"，添加"毛利率"三个字段，如图6-2-1所示。

| 日期 | 商品编码 | 商品名称 | 销售单价 | 单位成本 | 数量 | 销售成本 | 销售总额 | 销售毛利 | 毛利率 |
|------|---------|---------|---------|---------|------|---------|---------|---------|-------|
| 2022/4/1 | kt18001 | 阔腿裤 | 399.00 | 298.00 | 12 | 3576.00 | 4788.00 | 1212.00 | |
| 2022/4/1 | cs17035 | 女士衬衫 | 89.00 | 61.00 | 9 | 549.00 | 801.00 | 252.00 | |
| 2022/4/2 | kt18102 | 阔腿裤 | 239.00 | 157.00 | 15 | 2355.00 | 3585.00 | 1230.00 | |
| 2022/4/2 | cq19032 | 长裙 | 65.00 | 29.00 | 13 | 377.00 | 845.00 | 468.00 | |
| 2022/4/2 | cs17035 | 女士衬衫 | 89.00 | 61.00 | 12 | 732.00 | 1068.00 | 336.00 | |
| 2022/4/3 | cs18135 | 女士衬衫 | 119.00 | 78.00 | 8 | 624.00 | 952.00 | 328.00 | |
| 2022/4/3 | kt18001 | 阔腿裤 | 399.00 | 298.00 | 10 | 2980.00 | 3990.00 | 1010.00 | |
| 2022/4/4 | cs17035 | 女士衬衫 | 89.00 | 61.00 | 12 | 732.00 | 1068.00 | 336.00 | |
| 2022/4/5 | cq19135 | 长裙 | 49.00 | 21.00 | 6 | 126.00 | 294.00 | 168.00 | |
| 2022/4/5 | kt18001 | 阔腿裤 | 399.00 | 298.00 | 8 | 2384.00 | 3192.00 | 808.00 | |
| 2022/4/5 | cs17035 | 女士衬衫 | 89.00 | 61.00 | 10 | 610.00 | 890.00 | 280.00 | |
| 2022/4/5 | kt18102 | 阔腿裤 | 239.00 | 157.00 | 12 | 1884.00 | 2868.00 | 984.00 | |

图6-2-1  增加"毛利率"字段

❖**STEP 2** 根据毛利率的内涵，计算各商品毛利率。选择J2单元格，在编辑栏中输入公式"=I2/H2"，并按回车键确认，计算出毛利率，然后使用填充柄将公式复制到其他单元格中，如图6-2-2所示。

| 日期 | 商品编码 | 商品名称 | 销售单价 | 单位成本 | 数量 | 销售成本 | 销售总额 | 销售毛利 | 毛利率 |
|---|---|---|---|---|---|---|---|---|---|
| 2022/4/1 | kt18001 | 阔腿裤 | 399.00 | 298.00 | 12 | 3576.00 | 4788.00 | 1212.00 | =I2/H2 |
| 2022/4/1 | cs17035 | 女士衬衫 | 89.00 | 61.00 | 9 | 549.00 | 801.00 | 252.00 | 31.46% |
| 2022/4/2 | kt18102 | 阔腿裤 | 239.00 | 157.00 | 15 | 2355.00 | 3585.00 | 1230.00 | 34.31% |
| 2022/4/2 | cq19032 | 长裙 | 65.00 | 29.00 | 13 | 377.00 | 845.00 | 468.00 | 55.38% |
| 2022/4/2 | cs17035 | 女士衬衫 | 89.00 | 61.00 | 12 | 732.00 | 1068.00 | 336.00 | 31.46% |
| 2022/4/3 | cs18135 | 女士衬衫 | 119.00 | 78.00 | 8 | 624.00 | 952.00 | 328.00 | 34.45% |
| 2022/4/3 | kt18001 | 阔腿裤 | 399.00 | 298.00 | 10 | 2980.00 | 3990.00 | 1010.00 | 25.31% |
| 2022/4/4 | cs17035 | 女士衬衫 | 89.00 | 61.00 | 12 | 732.00 | 1068.00 | 336.00 | 31.46% |
| 2022/4/5 | cq19135 | 长裙 | 49.00 | 21.00 | 6 | 126.00 | 294.00 | 168.00 | 57.14% |
| 2022/4/5 | kt18001 | 阔腿裤 | 399.00 | 298.00 | 8 | 2384.00 | 3192.00 | 808.00 | 25.31% |
| 2022/4/5 | cs17035 | 女士衬衫 | 89.00 | 61.00 | 10 | 610.00 | 890.00 | 280.00 | 31.46% |

图6-2-2　计算"毛利率"数据

❖**STEP 3** 打开"店铺月销售报表工作表"，选择任意单元格，按【Ctrl+A】快捷键，全选表格数据，在"插入"选项卡的"表格"选项组中，单击"数据透视表"按钮，过程如图6-2-3所示，弹出"来自表格或区域的数据透视表"对话框，如图6-2-4。

图6-2-3　插入数据透视表　　　　图6-2-4　数据透视表对话框

❖**STEP 4** 选择数据透视表位置，勾选"现有工作表"按钮，鼠标选择"不同商品盈利情况分析"工作表中的B2单元格，然后按【Enter】键，点击"确定"按钮。建立数据透视表框架，结果如图6-2-5、图6-2-6所示。

❖**STEP 5** 在"数据透视表字段"窗格中，勾选"商品编码""销售毛利""毛利率"三个字段，初建数据透视表，结果如图6-2-7所示。

❖**STEP 6** 选择"毛利率"下任意单元格数据，单击右键，弹出的快捷菜单中选择"值字段设置"，值字段汇总方式改为"平均值"，单击"确定"按钮，过程如图6-2-8所示。

❖**STEP 7** 选择"毛利率"下所有单元格数据，单击右键，弹出的快捷菜单中选择"设置单元格格式"，数字类型改为"百分比"，单击"确定"按钮，结果如图6-2-9

所示。

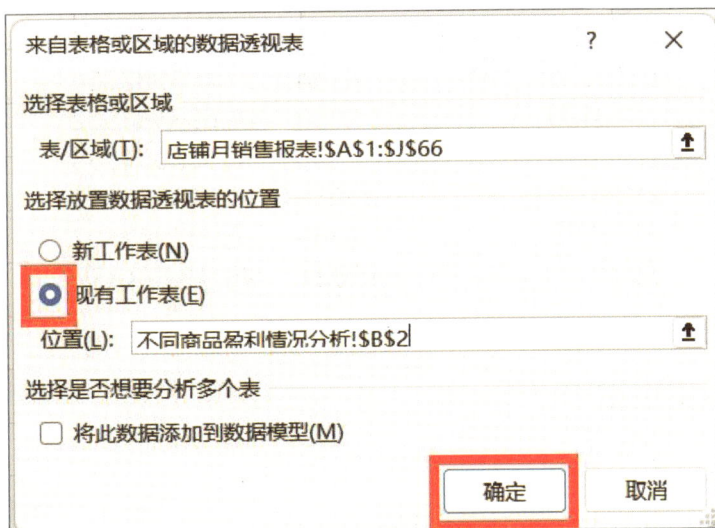

图6-2-5　确定数据透视表位置

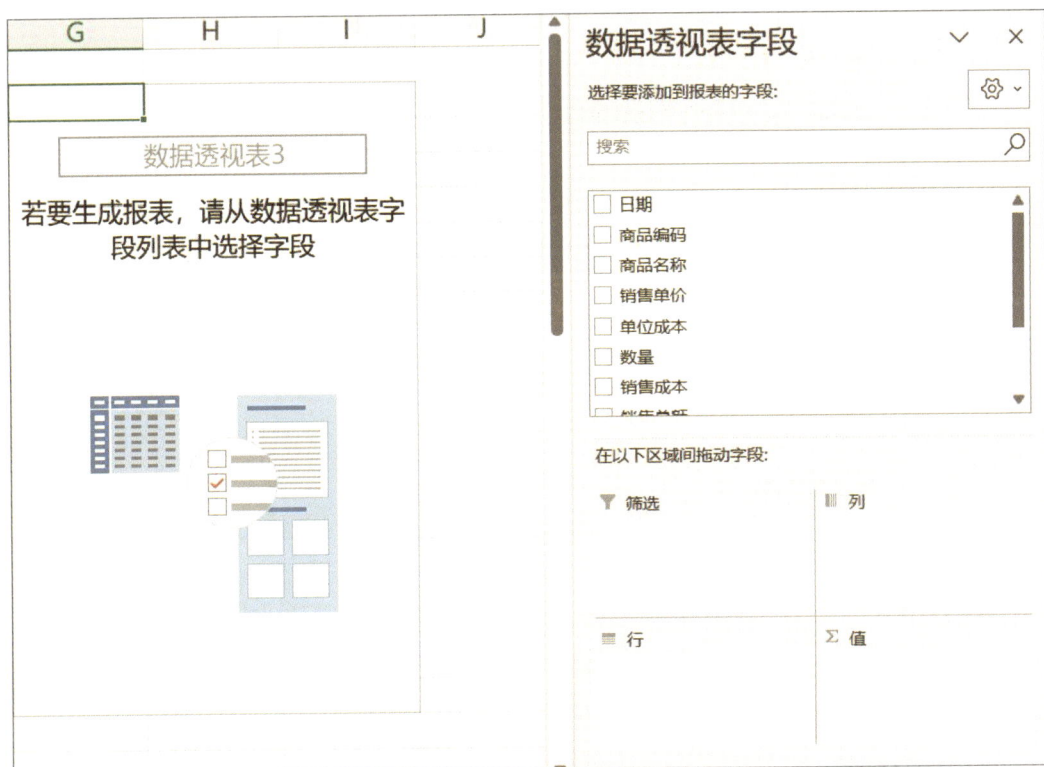

图6-2-6　数据透视表框架

| 行标签 | 求和项:销售毛利 | 求和项:毛利率 |
|---|---|---|
| cq19032 | 5220 | 6.092307692 |
| cq19135 | 3136 | 5.714285714 |
| cq19236 | 943 | 0.68907563 |
| cs17035 | 4144 | 4.08988764 |
| cs18135 | 1758 | 1.693587502 |
| fy16251 | 1599 | 0.362831858 |
| kt18001 | 15655 | 3.543859649 |
| kt18102 | 8566 | 2.997902707 |
| 总计 | 41021 | 25.18373839 |

图6-2-7　销售毛利、毛利率数据透视表

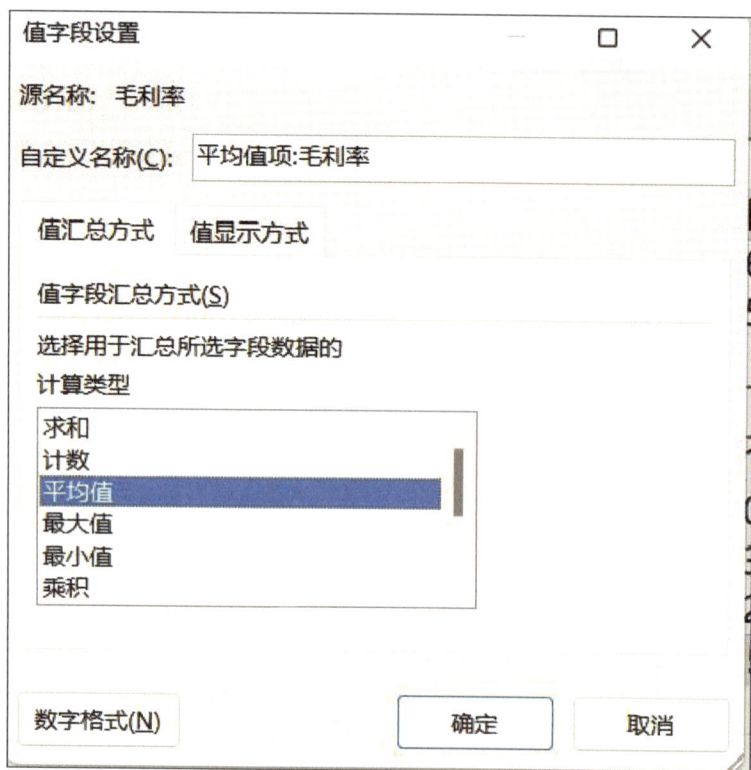

图 6-2-8　改变毛利率计算类型

❖**STEP 8** 选中创立的数据透视表，将销售毛利、平均毛利率数据进行可视化处理，成果用双坐标图展示，具体双坐标图的制作过程可参照本教材"项目6商务数据可视化/6.2创建复杂数据图/双坐标图"，可视化结果如图6-2-10所示。

由图可以看出，商品的毛利与毛利率之间并没有一定的相关性，销售毛利低的产品，其毛利率却很高，反之销售毛利高的产品，其毛利率反而不高。商家在进行产品优化组合时，参考依据不能太片面，应综合考虑，再做定夺。

| 行标签 | 求和项:销售毛利 | 平均值项:毛利率 |
|---|---|---|
| cq19032 | 5220 | 55.38% |
| cq19135 | 3136 | 57.14% |
| cq19236 | 943 | 34.45% |
| cs17035 | 4144 | 31.46% |
| cs18135 | 1758 | 33.87% |
| fy16251 | 1599 | 36.28% |
| kt18001 | 15655 | 25.31% |
| kt18102 | 8566 | 33.31% |
| 总计 | 41021 | 38.74% |

图6-2-9　更改毛利率数字类型

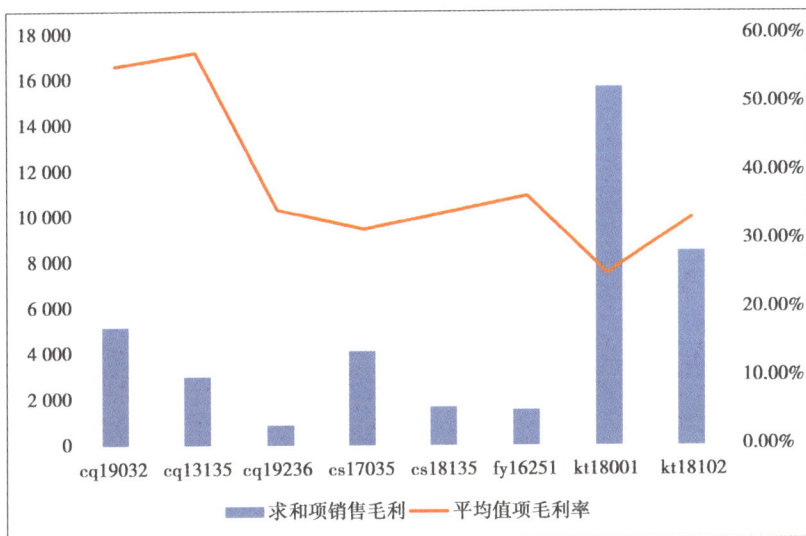

图6-2-10　销售毛利、毛利率可视化图

## 6.2.2　不同商品收入与毛利对比分析

由于受销售成本的影响，商品销售收入高，不代表商品盈利能力强，所以有必要结合利润综合分析商品的盈利状况。下面将介绍如何分析店铺中的畅销与滞销商品，具体可参照如下案例。

❖**STEP 1** 创建数据透视表。打开"素材文件/项目6/销售数据分析表.xlsx/店铺月销售报表工作表"，参照上一节数据透视表操作步骤，在"不同商品盈利能力"工作表中，创建不同商品"销售总额"与"销售毛利"的数据透视表，创建结果如图6-2-11所示。

❖**STEP 2** 选中表格中任意单元格，单击"插入"选项卡，再单击"图表"选项组的"推荐的图表"按钮，弹出"插入图表"对话框，过程如图6-2-12所示，结果如图6-2-13所示。

| 商品编码 ▼ | 求和项:销售总额 | 求和项:销售毛利 |
|---|---|---|
| cq19032 | 9425 | 5220 |
| cq19135 | 5488 | 3136 |
| cq19236 | 2737 | 943 |
| cs17035 | 13172 | 4144 |
| cs18135 | 5178 | 1758 |
| fy16251 | 4407 | 1599 |
| kt18001 | 61845 | 15655 |
| kt18102 | 25176 | 8566 |
| 总计 | 127428 | 41021 |

图 6-2-11　销售总额与销售毛利汇总表

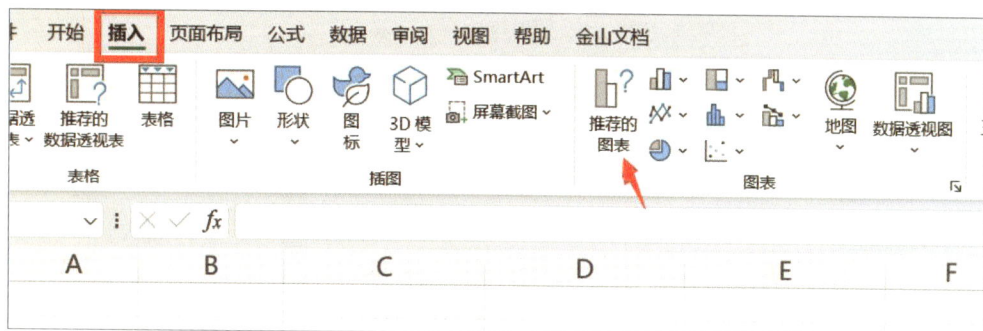

图 6-2-12　插入图表

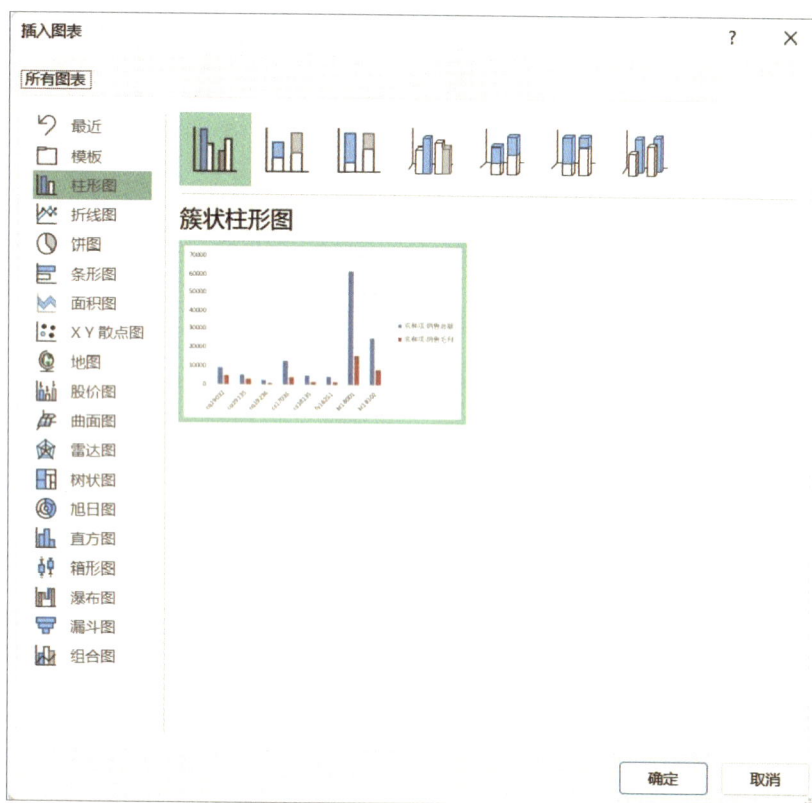

图 6-2-13　插入图表对话框

❖**STEP 3** 选择"组合图",并更改销售总额图表类型为"折线图",单击"确定"按钮,绘成"双线组合图",过程如图6-2-14所示,结果如图6-2-15所示。

❖**STEP 4** 选中图中"图例",单击右键,通过"设置图例格式"将图例放置在图表底部;选择图中"求和项:销售毛利"折线,单击右键,通过"设置数据系列格式",更改短划线类型为"方点",结果如图6-2-16所示。

图 6-2-14  更改销售总额图表类型

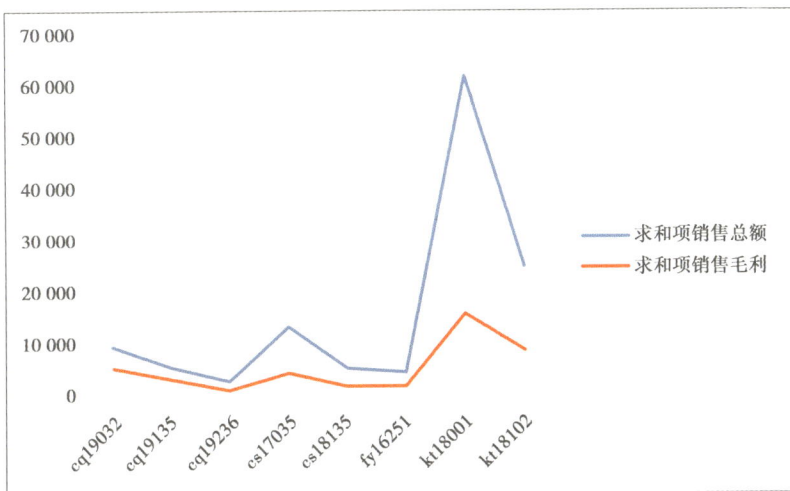

图 6-2-15  双线组合图

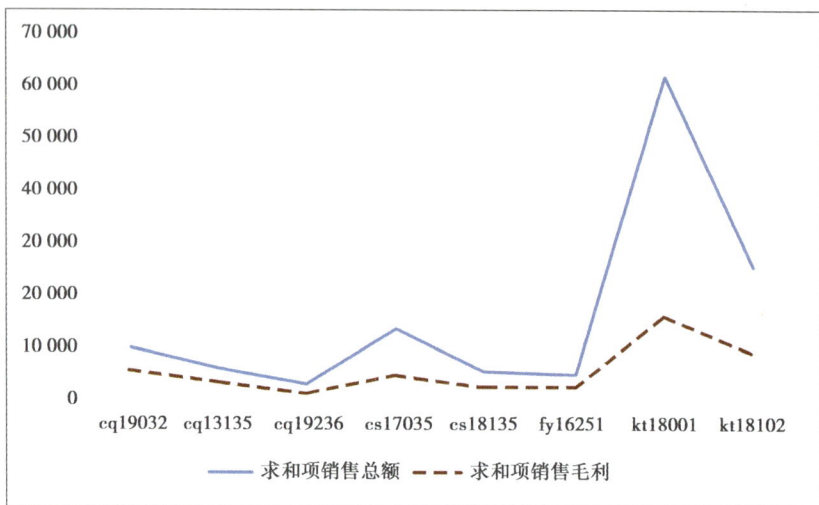

图6-2-16　更改图例位置、更改折线类型

从图6-2-16的销售收入与毛利对比分析折线图中可以看出，销售收入与毛利有一定的关系，销售收入越高，毛利越高，要获得高利润，必须提高销售收入。

### 6.2.3　不同商品分配方案分析

为了实现有限资源的最佳分配，商家可以通过获利目标对各类商品进行科学分配，以获得更大的利润，下面将介绍如何确定不同商品最优分配方案。具体操作可参照如下案例。

❖**STEP 1** 打开"素材文件/项目6/销售数据分析表.xlsx/商品分配方案工作表"，右键单击"文件"选项卡，选择"自定义功能区"命令，如图6-2-17所示。

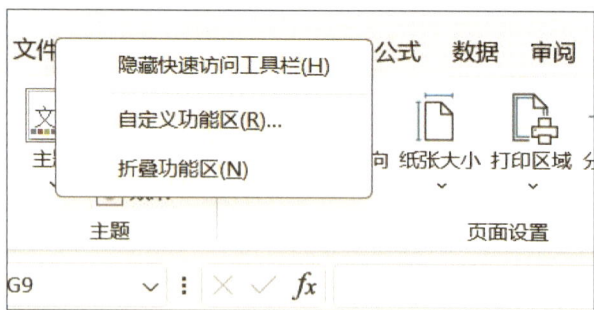

图6-2-17　选择"自定义功能区"

❖**STEP 2** 在弹出的"Excel选项"对话框中，选择"加载项"选项，单击下方"转到..."按钮，如图6-2-18所示。

❖**STEP 3** 弹出"加载宏"对话框，选中"规划求解加载项"复选框，然后单击"确定"按钮，如图6-2-19所示。

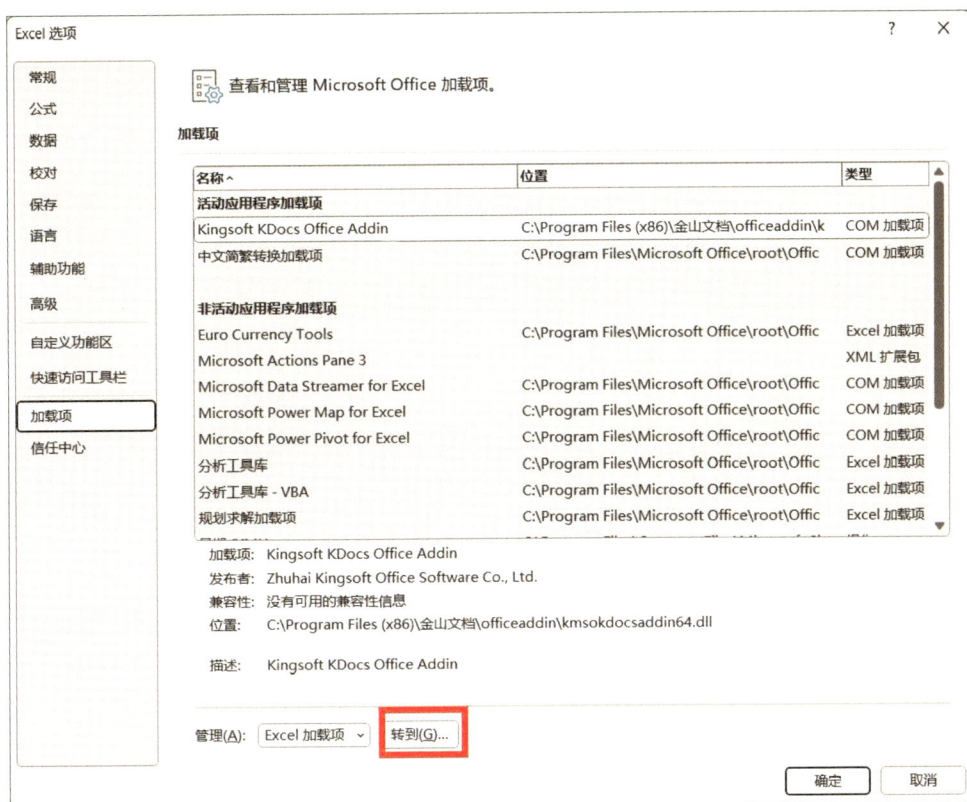

图6-2-18　Excel选项界面

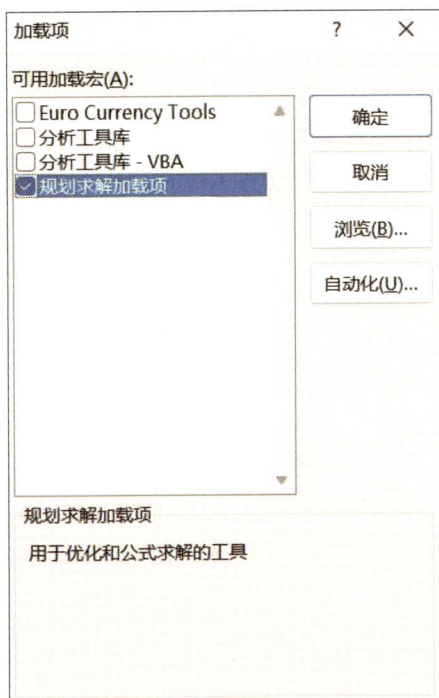

图6-2-19　选中规划求解复选框

❖**STEP 4** 在C13单元格中输入公式"=SUMPRODUCT(E4:E7,F4:F7)"，按【Enter】键，计算商品总收益，如图6-2-20所示。

| 商品名称 | 商品成本 | 平均售出时间（天） | 商品毛利 | 商品分配数量 |
|---|---|---|---|---|
| 阔腿裤 | 248 | 2 | 94 | |
| 女士衬衫 | 67 | 0.8 | 32 | |
| 长裙 | 30 | 1.2 | 33 | |
| 女士风衣 | 216 | 2.7 | 123 | |

| 总成本 | 15000.00 | 实际投入成本 | |
|---|---|---|---|
| 总时间（天） | 150 | 实际销售时间 | |
| 总收益 | =SUMPRODUCT(E4:E7,F4:F7) | | |

图 6-2-20　计算商品总收益

❖**STEP 5** 在E11单元格中输入公式"=SUMPRODUCT(C4:C7,F4:F7)"，按【Enter】键，计算商品实际投入成本，如图6-2-21所示。

| 商品名称 | 商品成本 | 平均售出时间（天） | 商品毛利 | 商品分配数量 |
|---|---|---|---|---|
| 阔腿裤 | 248 | 2 | 94 | |
| 女士衬衫 | 67 | 0.8 | 32 | |
| 长裙 | 30 | 1.2 | 33 | |
| 女士风衣 | 216 | 2.7 | 123 | |

| 总成本 | 15000.00 | 实=SUMPRODUCT(C4:C7,F4:F7) | |
|---|---|---|---|
| 总时间（天） | 150 | 实际 | |
| 总收益 | | 0.00 | |

图 6-2-21　计算商品实际投入成本

❖**STEP 6** 在E12单元格中输入公式"=SUMPRODUCT(D4:D7,F4:F7)"，按【Enter】键，计算商品实际销售时间，如图6-2-22所示。

图 6-2-22  计算商品实际销售时间

❖ **知识链接**

### SUMPRODUCT函数

**语法**：SUMPRODUCT(array1, [array2], [array3], ...)

**参数**：①array1必需。其相应元素需要进行相乘并求和的第一个数组参数。

②array2，array3，...可选。2到255个数组参数，其相应元素需要进行相乘并求和。

❖**STEP 7** 选择"数据"选项卡，在"分析"组中单击"规划求解"按钮，弹出"规划求解参数"对话框，设置"设置目标"参数为C13单元格，选中"最大值"按钮，过程如图6-2-23、图6-2-24所示。

❖**STEP 8** 在"通过更改可变单元格"选项中，设置可变单元格为$F$4:$F$7区域，如图6-2-25所示。

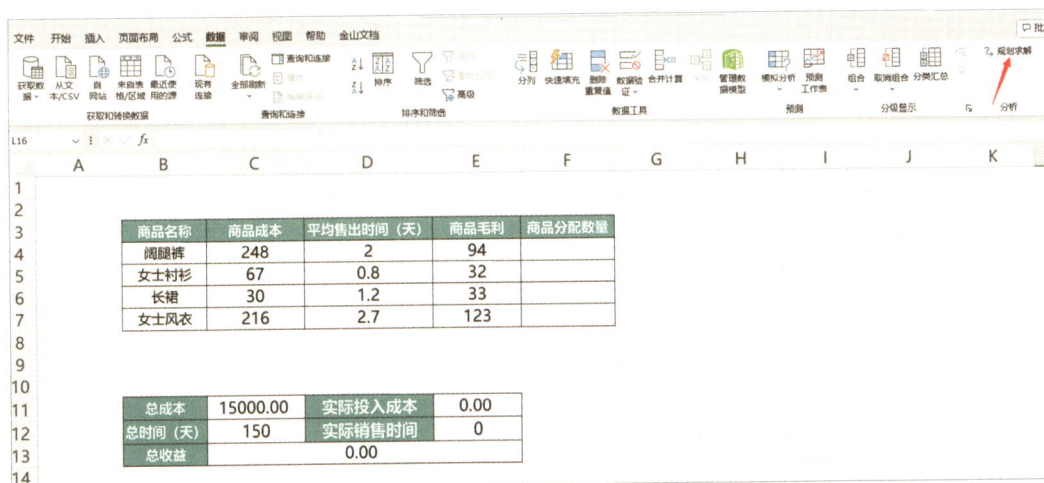

图 6-2-23  单击"规划求解"按钮

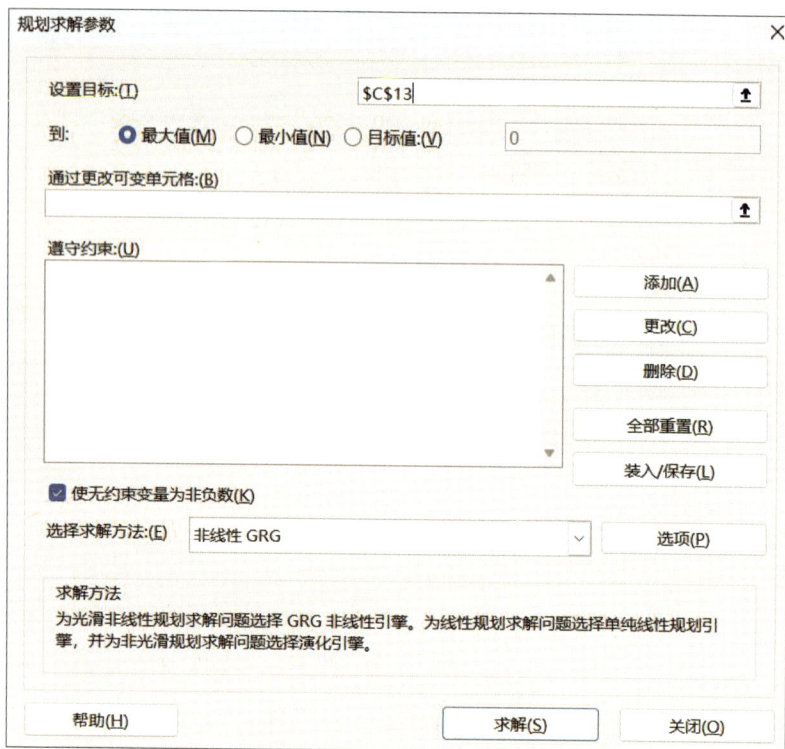

图 6-2-24　设置规划求解目标

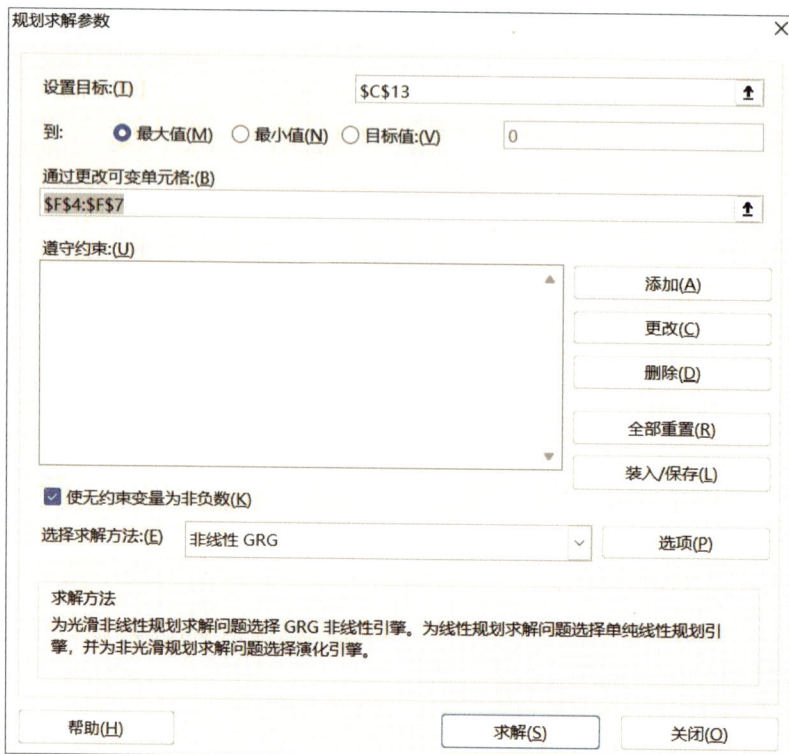

图6-2-25　设置可变单元格

❖**STEP 9** 在"遵守约束"选项中，单击"添加"按钮，弹出"添加约束"对话框，设置"单元格引用"为E11单元格，"运算符号"为"<="，约束为C11单元格，单击"添加"按钮；如图6-2-26所示。

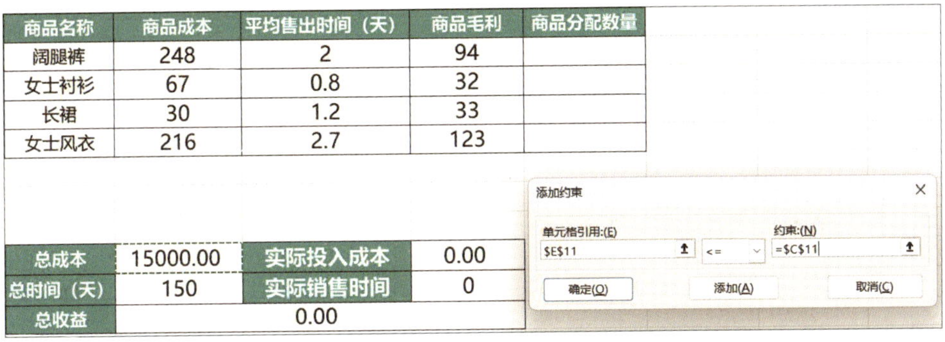

| 商品名称 | 商品成本 | 平均售出时间（天） | 商品毛利 | 商品分配数量 |
|---|---|---|---|---|
| 阔腿裤 | 248 | 2 | 94 | |
| 女士衬衫 | 67 | 0.8 | 32 | |
| 长裙 | 30 | 1.2 | 33 | |
| 女士风衣 | 216 | 2.7 | 123 | |

| 总成本 | 15000.00 | 实际投入成本 | 0.00 |
|---|---|---|---|
| 总时间（天） | 150 | 实际销售时间 | 0 |
| 总收益 | | 0.00 | |

**添加约束**

单元格引用(E): $E11　<=　约束:(N) =$C11

确定(O)　添加(A)　取消(C)

图 6-2-26　添加约束条件1

❖**STEP 10** 参照上一操作步骤，添加约束条件"E12<=C12"；添加约束条件"F4:F7>=1"；添加约束条件"F4:F7为int整数"，然后单击"确定"按钮，结果如图6-2-27所示。

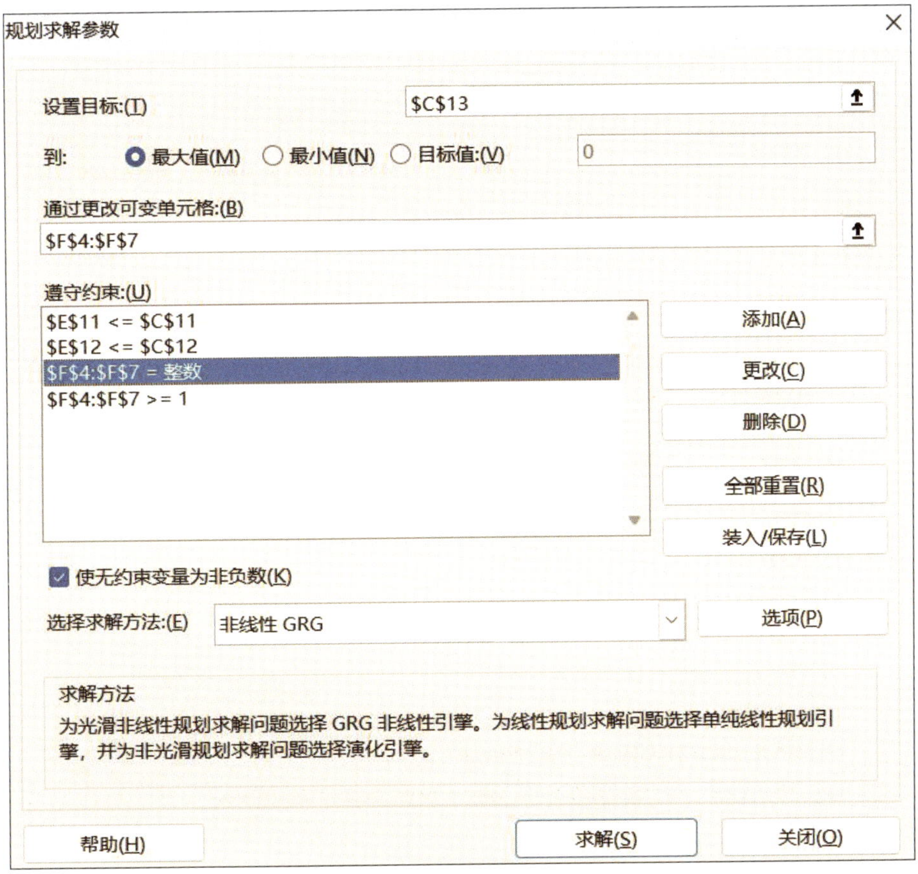

**规划求解参数**

设置目标:(T)　$C$13

到:　●最大值(M)　○最小值(N)　○目标值:(V)　0

通过更改可变单元格:(B)
$F$4:$F$7

遵守约束:(U)
$E$11 <= $C$11
$E$12 <= $C$12
$F$4:$F$7 = 整数
$F$4:$F$7 >= 1

添加(A)　更改(C)　删除(D)　全部重置(R)　装入/保存(L)

☑ 使无约束变量为非负数(K)

选择求解方法:(E)　非线性 GRG　　选项(P)

求解方法
为光滑非线性规划求解问题选择 GRG 非线性引擎。为线性规划求解问题选择单纯线性规划引擎，并为非光滑规划求解问题选择演化引擎。

帮助(H)　　求解(S)　　关闭(O)

图6-2-27　添加约束条件2

❖**STEP 11** 选中"使无约束变量为非负数"复选框，在"选择求解方法"下拉列表框中选择"非线性GRG"选项，然后单击"求解"按钮，如图6-2-28所示。

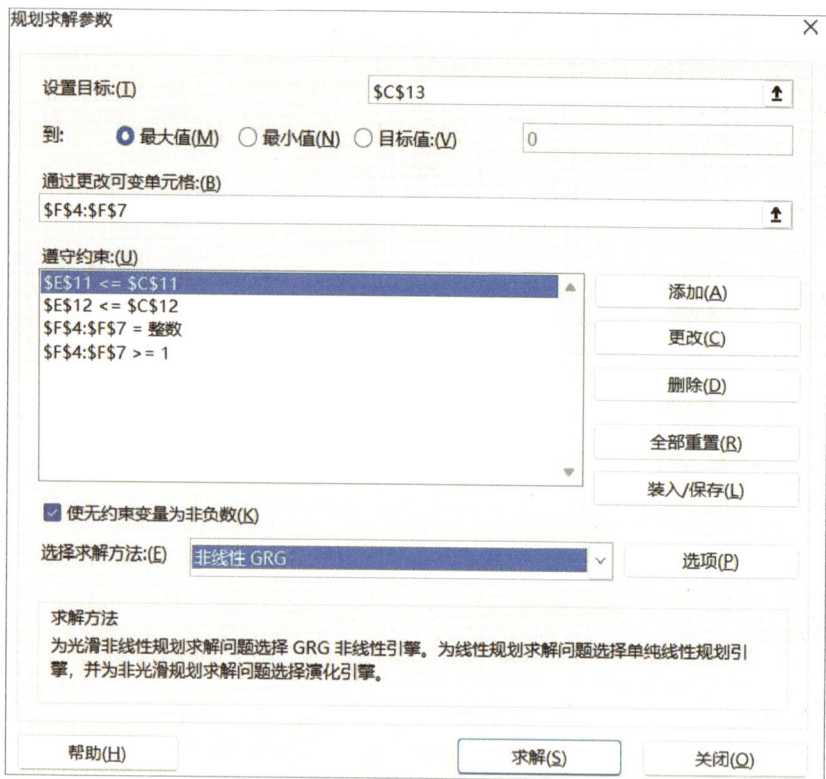

图6-2-28　选择求解方法

❖**STEP 12** 弹出"规划求解结果"对话框，在对话框中选中"保留规划求解的解"单选按钮，然后单击"确定"按钮，在F4:F7单元格区域查看结果，结果如图6-2-29所示。

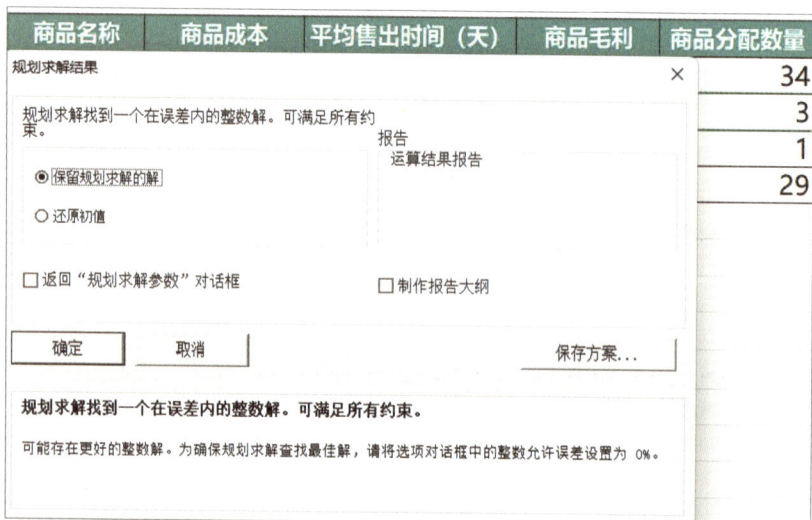

图6-2-29　查看规划求解结果

## ➤ 任务实施

• 第一步：列举要完成"该品牌地板1月份多层复合、脚线、强化地板、实木几种商品的盈利情况"的分析内容。

分析内容1：计算几种产品的毛利率；

分析内容2：分别分析4种产品的销售总额与销售毛利的关系；

分析内容3：分别分析4种产品的销售毛利与毛利率的关系；

分析内容4：根据4种产品的销售成本、销售毛利制订产品分配方案。

• 第二步：按要求完成4个任务，并截图展示任务实施结果。

分析内容1：

分析内容2：

分析内容3：

分析内容4：

## ➤ 任务总结

- 本任务中线性分析中涉及的关键指标是：_____

  _____

  _____

- 产品分配方案的关键步骤是：_____

  _____

  _____

- 本任务中的难点：_____

  _____

  _____

- 完成本任务过程中的收获：_____

  _____

  _____

- 其他：_____

  _____

  _____

# 任务3　商品退货与退款情况统计与分析

对于商家来说，发生退货、退款现象不仅增加了销售成本，而且会直接造成收益的减损。通过对商品退货、退款情况进行统计与分析，找到问题所在，及时调整商品管理策略，减少退货、退款数量，提高商家的收益率。

## ➤ 任务目标

计算不同商品退货退款金额，并比较分析不同商品的退款率。分析退货、退款产生的原因。

## ➤ 任务要求

①计算多层复合、强化地板、实木、脚线几种产品退款金额；

②对比分析多层复合、强化地板、实木、脚线几种产品的退款金额；

③将多层复合、强化地板、实木、脚线等产品做退款率对比分析；

④分析商品出现退款、退款的原因。

## ➤ 知识准备

### 6.3.1　不同商品退货、退款金额统计分析

商品退款金额的多少、退款率的高低都将影响商家的总收益，也从侧面反映消费者对商品的评价状况，所以有必要掌握不同商品的退货、退款金额情况。具体操作可参照以下案例。

❖**STEP 1** 打开"素材文件/项目6/商品退款分析表.xlsx/退款清单工作表"，添加"退款率"字段，如图6-3-1所示。

❖**STEP 2** 根据退款率的内涵，计算各商品退款率。选择G2单元格，在编辑栏中输入公式"=F2/C2"，并按回车键确认，计算出退款率，然后使用填充柄将公式复制到其他单元格中，如图6-3-2所示。

❖**STEP 3** 创建数据透视表。选择表格中任意单元格，单击"插入"选项卡，在"表格"选项组中，单击"插入数据透视表"按钮。选择数据透视表位置J4单元格，然后按【Enter】键，点击"确定"按钮，结果如图6-3-3所示。

❖**STEP 4** 在"数据透视表字段"窗格中，勾选"商品名称""退款金额""退款率"三个字段，初建数据透视表，结果如图6-3-4所示。

❖**STEP 5** 选择"退款率"下任意单元格数据，单击右键，弹出的快捷菜单中选

择"值字段设置",值字段汇总方式改为"平均值",单击"确定"按钮,过程如图6-3-5所示。

| 日期 | 商品名称 | 付款金额 | 退款类型 | 退款原因 | 退款金额 | 退款率 |
|---|---|---|---|---|---|---|
| 2022/01/11 | 小香风外套 | 209.00 | 全额退款 | 7天无理由退换 | 209.00 | |
| 2022/01/11 | 春秋款套装 | 328.00 | 部分退款 | 质量问题 | 20.00 | |
| 2022/03/01 | 宽松T恤 | 99.00 | 全额退款 | 配送超时 | 99.00 | |
| 2022/03/01 | 碎花连衣裙 | 189.00 | 全额退款 | 7天无理由退换 | 189.00 | |
| 2022/03/02 | 小香风外套 | 209.00 | 全额退款 | 商品破损 | 45.00 | |
| 2022/02/02 | 春秋款套装 | 328.00 | 全额退款 | 质量问题 | 328.00 | |
| 2022/05/02 | 宽松T恤 | 99.00 | 全额退款 | 7天无理由退换 | 99.00 | |
| 2022/08/03 | 小香风外套 | 209.00 | 部分退款 | 退运费 | 10.00 | |
| 2022/06/03 | 宽松T恤 | 99.00 | 全额退款 | 商品漏发 | 20.00 | |
| 2022/03/03 | 碎花连衣裙 | 189.00 | 全额退款 | 7天无理由退换 | 189.00 | |
| 2022/06/06 | 宽松T恤 | 99.00 | 部分退款 | 质量问题 | 15.00 | |
| 2022/07/08 | 碎花连衣裙 | 189.00 | 全额退款 | 商品漏发 | 25.00 | |
| 2022/08/11 | 宽松T恤 | 99.00 | 部分退款 | 退运费 | 10.00 | |
| 2022/05/12 | 春秋款套装 | 328.00 | 全额退款 | 商品漏发 | 40.00 | |
| 2022/07/13 | 春秋款套装 | 328.00 | 全额退款 | 商品破损 | 328.00 | |
| 2022/08/15 | 宽松T恤 | 99.00 | 全额退款 | 质量问题 | 35.00 | |
| 2022/09/15 | 碎花连衣裙 | 189.00 | 全额退款 | 7天无理由退换 | 189.00 | |
| 2022/09/17 | 春秋款套装 | 328.00 | 部分退款 | 质量问题 | 10.00 | |
| 2022/11/20 | 宽松T恤 | 99.00 | 全额退款 | 质量问题 | 25.00 | |

图6-3-1  添加"退款率"字段

| 日期 | 商品名称 | 付款金额 | 退款类型 | 退款原因 | 退款金额 | 退款率 |
|---|---|---|---|---|---|---|
| 2022/01/11 | 小香风外套 | 209.00 | 全额退款 | 7天无理由退换 | 209.00 | 100% |
| 2022/01/11 | 春秋款套装 | 328.00 | 部分退款 | 质量问题 | 20.00 | 6% |
| 2022/03/01 | 宽松T恤 | 99.00 | 全额退款 | 配送超时 | 99.00 | 100% |
| 2022/03/01 | 碎花连衣裙 | 189.00 | 全额退款 | 7天无理由退换 | 189.00 | 100% |
| 2022/03/02 | 小香风外套 | 209.00 | 全额退款 | 商品破损 | 45.00 | 22% |
| 2022/02/02 | 春秋款套装 | 328.00 | 全额退款 | 质量问题 | 328.00 | 100% |
| 2022/05/02 | 宽松T恤 | 99.00 | 全额退款 | 7天无理由退换 | 99.00 | 100% |
| 2022/08/03 | 小香风外套 | 209.00 | 部分退款 | 退运费 | 10.00 | 5% |
| 2022/06/03 | 宽松T恤 | 99.00 | 全额退款 | 商品漏发 | 20.00 | 20% |
| 2022/03/03 | 碎花连衣裙 | 189.00 | 全额退款 | 7天无理由退换 | 189.00 | 100% |
| 2022/06/06 | 宽松T恤 | 99.00 | 部分退款 | 质量问题 | 15.00 | 15% |
| 2022/07/08 | 碎花连衣裙 | 189.00 | 全额退款 | 商品漏发 | 25.00 | 13% |
| 2022/08/11 | 宽松T恤 | 99.00 | 部分退款 | 退运费 | 10.00 | 10% |
| 2022/05/12 | 春秋款套装 | 328.00 | 全额退款 | 商品漏发 | 40.00 | 12% |
| 2022/07/13 | 春秋款套装 | 328.00 | 全额退款 | 商品破损 | 328.00 | 100% |
| 2022/08/15 | 宽松T恤 | 99.00 | 全额退款 | 质量问题 | 35.00 | 35% |
| 2022/09/15 | 碎花连衣裙 | 189.00 | 全额退款 | 7天无理由退换 | 189.00 | 100% |
| 2022/09/17 | 春秋款套装 | 328.00 | 部分退款 | 质量问题 | 10.00 | 3% |
| 2022/11/20 | 宽松T恤 | 99.00 | 全额退款 | 质量问题 | 25.00 | 25% |
| 2022/11/22 | 宽松T恤 | 99.00 | 全额退款 | 商品破损 | 15.00 | 15% |
| 2022/10/24 | 春秋款套装 | 328.00 | 全额退款 | 发错商品 | 328.00 | 100% |

图6-3-2  计算退款率

❖**STEP 6** 选择"退款率"下所有单元格数据,单击右键,弹出的快捷菜单中选择"设置单元格格式",数字类型改为"百分比",单击"确定"按钮,结果如图6-3-6所示。

通过上表分析结果,可以看出春秋款套装、碎花连衣裙的退款金额和退款率都比较高,应该引起商家的注意,尽快查找原因,改变现状。

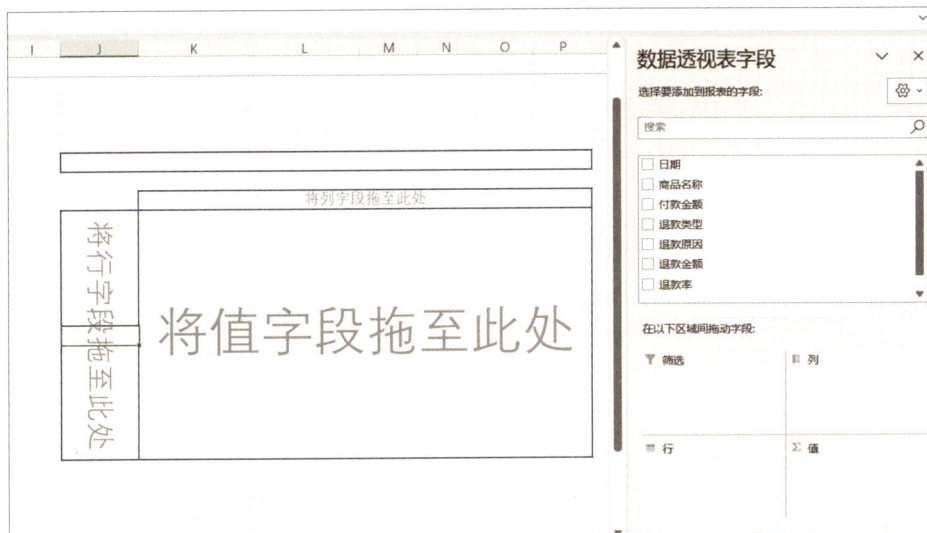

图 6-3-3　创建数据透视表

| 商品名称 | 数据 | |
|---|---|---|
| | 求和项:退款金额 | 求和项:退款率 |
| 春秋款套装 | 1422 | 4.335365854 |
| 宽松T恤 | 437 | 4.414141414 |
| 碎花连衣裙 | 781 | 4.132275132 |
| 小香风外套 | 264 | 1.263157895 |
| 总计 | 2904 | 14.14494029 |

图6-3-4　初建数据透视表

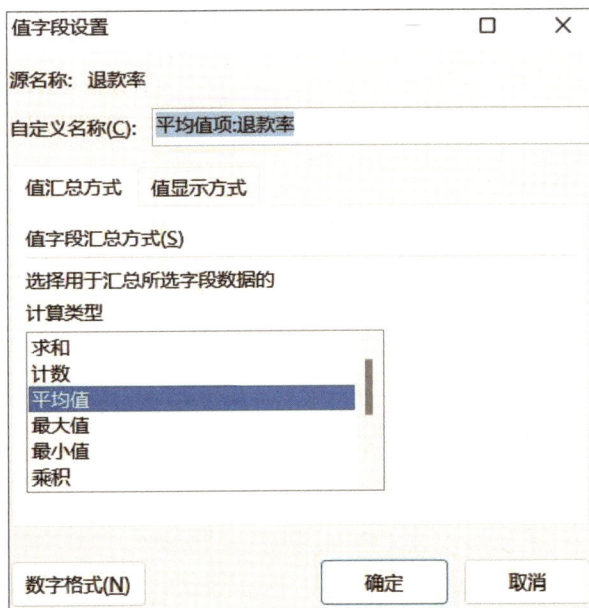

图 6-3-5　改变退款率计算类型

| 将报表筛选字段拖至此处 | | |
|---|---|---|
| | 数据 | |
| 商品名称 | 求和项:退款金额 | 平均值项:退款率 |
| 春秋款套装 | 1422 | 54.19% |
| 宽松T恤 | 437 | 44.14% |
| 碎花连衣裙 | 781 | 82.65% |
| 小香风外套 | 264 | 42.11% |
| 总计 | 2904 | 54.40% |

图6-3-6　更改退款率数字类型

## 6.3.2　不同商品退货、退款原因统计分析

因商品出现退货退款的现象，轻则影响商家收益，重则可能会导致商品市场评价不好不高而应该引起商家重视，所以有必要对退货退款原因进行深入分析，具体操作可参照以下案例。

❖**STEP 1** 打开“素材文件/项目6/商品退款分析表.xlsx/退款清单工作表”，选择E2:E27单元格区域，点右键选择“复制”，或者按【Ctrl+C】快捷键复制选中数据，如图6-3-7所示。

| 日期 | 商品名称 | 付款金额 | 退款类型 | 退款原因 | 退款金额 | 退款率 |
|---|---|---|---|---|---|---|
| 2022/01/11 | 小香风外套 | 209.00 | 全额退款 | 7天无理由退换 | 209.00 | 100% |
| 2022/01/11 | 春秋款套装 | 328.00 | 部分退款 | 质量问题 | 20.00 | 6% |
| 2022/03/01 | 宽松T恤 | 99.00 | 全额退款 | 配送超时 | 99.00 | 100% |
| 2022/03/01 | 碎花连衣裙 | 189.00 | 全额退款 | 7天无理由退换 | 189.00 | 100% |
| 2022/03/02 | 小香风外套 | 209.00 | 全额退款 | 商品破损 | 45.00 | 22% |
| 2022/02/02 | 春秋款套装 | 328.00 | 全额退款 | 质量问题 | 328.00 | 100% |
| 2022/05/02 | 宽松T恤 | 99.00 | 全额退款 | 7天无理由退换 | 99.00 | 100% |
| 2022/08/03 | 小香风外套 | 209.00 | 部分退款 | 退运费 | 10.00 | 5% |
| 2022/06/03 | 宽松T恤 | 99.00 | 全额退款 | 商品漏发 | 20.00 | 20% |
| 2022/03/03 | 碎花连衣裙 | 189.00 | 全额退款 | 7天无理由退换 | 189.00 | 100% |
| 2022/06/06 | 宽松T恤 | 99.00 | 部分退款 | 质量问题 | 15.00 | 15% |
| 2022/07/08 | 碎花连衣裙 | 189.00 | 全额退款 | 商品漏发 | 25.00 | 13% |
| 2022/08/11 | 宽松T恤 | 99.00 | 部分退款 | 退运费 | 10.00 | 10% |
| 2022/05/12 | 春秋款套装 | 328.00 | 全额退款 | 商品漏发 | 40.00 | 12% |
| 2022/07/13 | 春秋款套装 | 328.00 | 全额退款 | 商品破损 | 328.00 | 100% |
| 2022/08/15 | 宽松T恤 | 99.00 | 全额退款 | 质量问题 | 35.00 | 35% |
| 2022/09/15 | 碎花连衣裙 | 189.00 | 全额退款 | 7天无理由退换 | 189.00 | 100% |
| 2022/09/17 | 春秋款套装 | 328.00 | 部分退款 | 质量问题 | 10.00 | 3% |
| 2022/11/20 | 宽松T恤 | 99.00 | 全额退款 | 质量问题 | 25.00 | 25% |
| 2022/11/22 | 宽松T恤 | 99.00 | 全额退款 | 商品破损 | 15.00 | 15% |
| 2022/10/24 | 春秋款套装 | 328.00 | 全额退款 | 发错商品 | 328.00 | 100% |
| 2022/11/26 | 碎花连衣裙 | 189.00 | 全额退款 | 7天无理由退换 | 189.00 | 100% |
| 2022/12/27 | 宽松T恤 | 99.00 | 全额退款 | 质量问题 | 20.00 | 20% |
| 2022/10/28 | 春秋款套装 | 328.00 | 全额退款 | 商品漏发 | 40.00 | 12% |

图6-3-7　复制数据

❖**STEP 2** 选择J15单元格，按【Enter】键粘贴数据。打开“数据”选项卡，单击“数据工具”组中的“删除重复项”按钮，删除新粘贴数据中的重复数据，结果如图6-3-8所示。

| 退款原因 | 退款次数 |
|---|---|
| 7天无理由退换 | |
| 退运费 | |
| 商品漏发 | |
| 质量问题 | |
| 商品破损 | |
| 发错商品 | |
| 配送超时 | |

图6-3-8　删除重复数据结果

❖**STEP 3** 选中K15单元格，在编辑栏中输入公式"=COUNTIF($E$2:$E$27,J15)"，并按回车键确认，计算出退款次数，然后使用填充柄将公式复制到其他单元格中，结果如图6-3-9所示。

| | K15 | | × ✓ fx | =COUNTIF($E$2:$E$27,J15) | | | | |
|---|---|---|---|---|---|---|---|---|
| | D | E | F | G | H | I | J | K |
| 1 | 退款类型 | 退款原因 | 退款金额 | 退款率 | | | | |
| 14 | 部分退款 | 退运费 | 10.00 | 10% | | | 退款原因 | 退款次数 |
| 15 | 全额退款 | 商品漏发 | 40.00 | 12% | | | 7天无理由退换 | 7 |
| 16 | 全额退款 | 商品破损 | 328.00 | 100% | | | 退运费 | 2 |
| 17 | 全额退款 | 质量问题 | 35.00 | 35% | | | 商品漏发 | 4 |
| 18 | 全额退款 | 7天无理由退换 | 189.00 | 100% | | | 质量问题 | 7 |
| 19 | 部分退款 | 质量问题 | 10.00 | 3% | | | 商品破损 | 3 |
| 20 | 全额退款 | 质量问题 | 25.00 | 25% | | | 发错商品 | 1 |
| 21 | 全额退款 | 商品破损 | 15.00 | 15% | | | 配送超时 | 2 |
| 22 | 全额退款 | 发错商品 | 328.00 | 100% | | | | |
| 23 | 全额退款 | 7天无理由退换 | 189.00 | 100% | | | | |
| 24 | 全额退款 | 质量问题 | 20.00 | 20% | | | | |
| 25 | 全额退款 | 商品漏发 | 40.00 | 12% | | | | |
| 26 | 全额退款 | 配送超时 | 99.00 | 100% | | | | |
| 27 | 全额退款 | 7天无理由退换 | 328.00 | 100% | | | | |
| 28 | | | | | | | | |

图6-3-9　计算退款次数

❖**STEP 4** 选中J14:K21区域内任意单元格，点击"插入"选项卡，再单击"图表"选项组，插入饼状图，如图6-3-10所示。

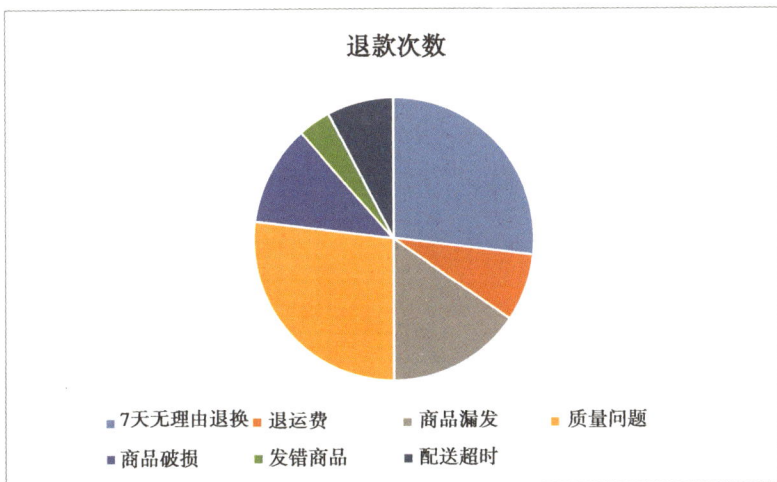

图6-3-10　插入饼状图

## COUNTIF函数

**语法**：COUNTIF（range，criteria）

**参数**：①range 要计算其中非空单元格数目的区域；

②criteria 以数字、表达式或文本形式定义的条件。

❖**STEP 5** 添加数据标签。选中饼状图，单击右键，在弹出的快捷菜单中选择"添加数据标签"，然后通过设置"数据表格格式"，将"类别名称""百分比"均添加到图中，结果如图6-3-11所示。

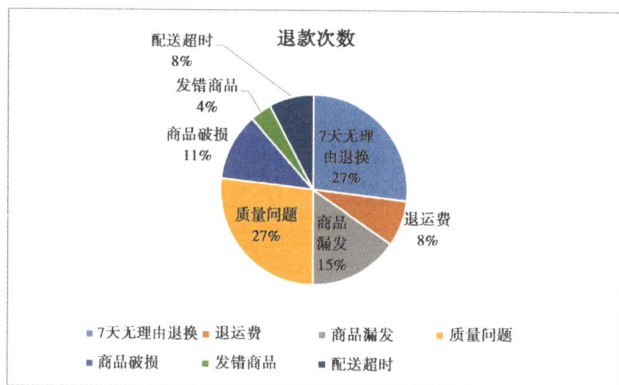

图6-3-11　添加数据标签

❖**STEP 6** 调整图例位置。选中饼状图中的图例，单击右键，在弹出的快捷菜单中选择"设置图例格式"，在弹出的右侧窗格中，勾选图例位置"靠左"按钮，效果如图6-3-12所示。

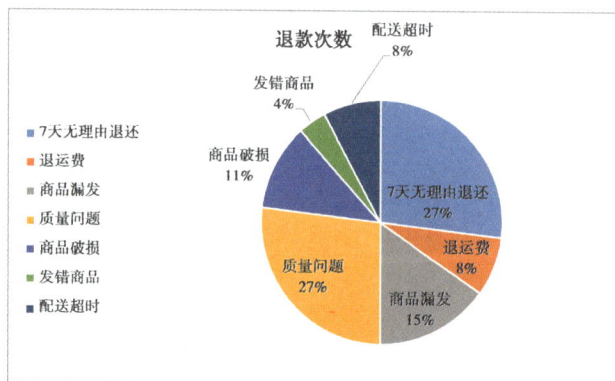

图6-3-12　调整图例位置

通过上图，可以看出在退货次数中"质量问题""7天无理由"原因产生的退货占比重最多，应引起商家重视，注意提高商品品质。

## ➤ 任务实施

• 第一步：列举要完成"该品牌地板1月份多层复合、脚线、强化地板、实木几种商品的盈利情况"的分析内容。

分析内容1：计算多层复合、强化地板、实木、脚线几种产品退款金额；

分析内容2：对比分析多层复合、强化地板、实木、脚线几种产品的退款金额；

分析内容3：将多层复合、强化地板、实木、脚线等产品做退款率对比分析；

分析内容4：分析商品出现退款、退款的原因。

• 第二步：按要求完成4个任务，并截图展示任务实施结果。

分析内容1：

分析内容2：

分析内容3：

分析内容4：

## ➢ 任务总结

- 本任务中如何计算退款率：

- 本任务中运用到的函数：

- 本任务中的难点：

- 完成本任务过程中的收获：

- 其他：

# 项目7　销售费用分析

## 项目描述

销售费用是企业销售商品和材料、提供劳务过程中发生的各项费用。销售费用投入得当可以促进商品的销售，提高商品的销售利润，但若投入不够或过多，可能会影响商品的销售情况，进而影响商家的收入及利润。通过分析商品收入、利润与销售费用的相关性、商品销售费用的具体支出等情况，可以对销售费用的投入做评估与调整。

根据"某服装店销售费用统计表"中数据，分析该服装店商品销售费用的投入与分配现状。

## 知识图谱

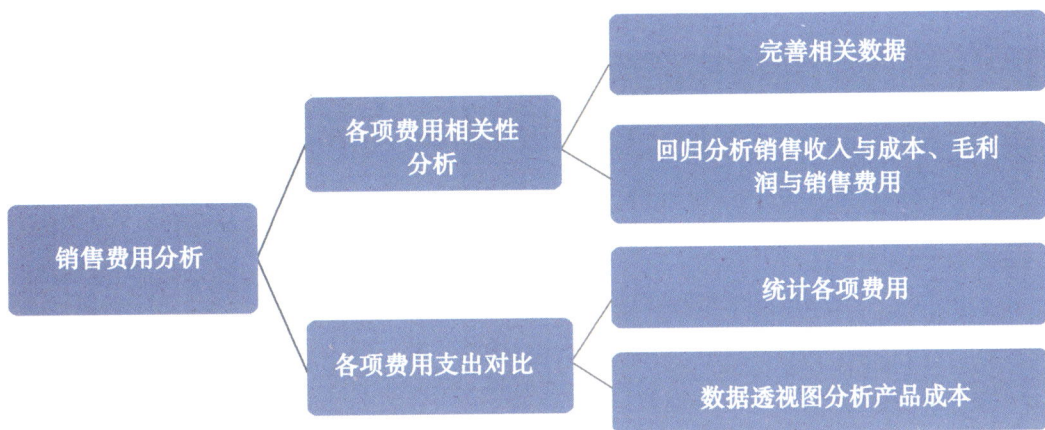

## 学习目标

**·知识目标**

①学会计算销售费用的相关指标；

②学会对不同指标进行相关性分析。

**·技能目标**

①能熟练列举分析销售费用时的常用指标；

②能对不同指标进行相关性分析；

③能运用相关性分析结果分析提出运营策略。

**·素质目标**

①培养思考问题的宏观性、系统性思维；

②提升对数据分析结果的敏感性。

## 微课视频

完善各项
数据

回归分析销售
收入与成本、
毛利润与销售
费用

# 任务1　各项费用相关性分析

## ➤ 任务目标
分析商品销售成本、销售费用等投入指标与销售额、利润等营收指标的关系。

## ➤ 任务要求
①分别计算短款连帽卫衣、中长款连帽卫衣、宽松T恤两件装、套装、裤子几种产品的毛利润、销售成本率、销售费用率、毛利率；

②根据任务①中的数据，分析商品的销售成本与销售额、销售费用与毛利润之间的线性关系；

③可视化呈现毛利润与销售费用之间的关系。

## ➤ 知识准备

### 7.1.1　完善相关数据

❖**STEP 1** 打开"素材文件/项目7/销售费用分析表.xlsx"，完善表格中数据。根据已有数据及"毛利润""销售成本率""销售费用率""毛利率"4个字段的内涵，分别计算出4个字段对应的数据。选中F4单元格，在编辑栏中输入函数"=B4−C4−D4"，并按回车键确认，计算出销售成本，然后使用填充柄将公式复制到其他单元格中，结果如图7-1-1所示。

| F4 | | fx | =B4-C4-D4 | | | | | | |

| | A | B | C | D | E | F | G | H | I | J |
|---|---|---|---|---|---|---|---|---|---|---|
| | | | | 某女士包包店2023年上半年销售费用统计 | | | | | | |
| | | | | | | | | | | 单位：元 |
| | 月份 | 销售收入 | 销售成本 | 销售费用 | 销售税金 | 毛利润 | 销售成本率 | 销售费用率 | 销售税金率 | 毛利率 |
| | 单肩包 | 13564.35 | 4563.25 | 456.32 | 178.22 | 8544.78 | | | | |
| | 手拎包 | 14563.21 | 5825.28 | 4025.36 | 285.63 | 4712.57 | | | | |
| | 斜挎包 | 10246.87 | 3568.47 | 286.32 | 142.84 | 6392.08 | | | | |
| | 双肩包 | 15563.47 | 2654.36 | 521.35 | 302.65 | 12387.76 | | | | |
| | 旅行包 | 16685.47 | 4563.21 | 652.47 | 334.27 | 11469.79 | | | | |
| | 晚装包 | 13685.21 | 3562.31 | 263.98 | 184.26 | 9858.92 | | | | |

图7-1-1　计算毛利润

❖**STEP 2** 同上步，选中G4单元格，在编辑栏中输入函数"=C4/B4"，并按回车键确认，计算出销售成本率，然后使用填充柄将公式复制到其他单元格中；选中H4单元格，在编辑栏中输入函数"=D4/B4"，并按回车键确认，计算出销售费用率，然后使用填充柄将公式复制到其他单元格中；选中I4单元格，在编辑栏中输入函数"=E4/

B4"，并按回车键确认，计算出销售税金率，然后使用填充柄将公式复制到其他单元格中；选中J4单元格，在编辑栏中输入函数"=F4/B4"，并按回车键确认，计算出毛利率，然后使用填充柄将公式复制到其他单元格中，结果如图7-1-2所示。

| | A | B | C | D | E | F | G | H | I | J |
|---|---|---|---|---|---|---|---|---|---|---|
| J4 | | | fx | =F4/B4 | | | | | | |
| | 月份 | 销售收入 | 销售成本 | 销售费用 | 销售税金 | 毛利润 | 销售成本率 | 销售费用率 | 销售税金率 | 毛利率 |
| | | | | | | | | | 单位：元 | |
| | 单肩包 | 13564.35 | 4563.25 | 456.32 | 178.22 | 8544.78 | 33.64% | 3.36% | 1.31% | 63% |
| | 手拎包 | 14563.21 | 5825.28 | 4025.36 | 285.63 | 4712.57 | 40.00% | 27.64% | 1.96% | 32% |
| | 斜挎包 | 10246.87 | 3568.47 | 286.32 | 142.84 | 6392.08 | 34.82% | 2.79% | 1.39% | 62% |
| | 双肩包 | 15563.47 | 2654.36 | 521.35 | 302.65 | 12387.76 | 17.06% | 3.35% | 1.94% | 80% |
| | 旅行包 | 16685.47 | 4563.21 | 652.47 | 334.27 | 11469.79 | 27.35% | 3.91% | 2.00% | 69% |
| | 晚装包 | 13685.21 | 3562.31 | 263.98 | 184.26 | 9858.92 | 26.03% | 1.93% | 1.35% | 72% |

图7-1-2　各项数据计算结果

### 7.1.2　回归分析销售收入与成本、毛利润与销售费用

商品销售收入与商品利润是商家非常关注的两个指标，收入的多与少，利润的高与低，受各种因素影响，其中有些成本类指标，如销售成本、销售费用等对商品收入与利润影响较大，有必要找到它们之间的关联性，为调整成本投入决策提供参考依据。具体操作过程可参照如下案例。

❖**STEP 1** 打开"素材文件/项目7/销售费用分析表.xlsx"，选择A12单元格，输入文本"销售收入与销售成本相关性分析"，按【Enter】键；选择A13单元格，输入文本"回归函数参数"，按【Enter】键；选择A15单元格，输入文本"回归函数"，按【Enter】键，如图7-1-3所示。

| | A | B | C | D | E | F | G | H | I | J |
|---|---|---|---|---|---|---|---|---|---|---|
| 1 | | | | 某女士包包店2023年上半年销售费用统计 | | | | | | |
| 2 | | | | | | | | | 单位：元 | |
| 3 | 产品 | 销售收入 | 销售成本 | 销售费用 | 销售税金 | 毛利润 | 销售成本率 | 销售费用率 | 销售税金率 | 毛利率 |
| 4 | 单肩包 | 13564.35 | 4563.25 | 456.32 | 178.22 | 8544.78 | 33.64% | 3.36% | 1.31% | 63% |
| 5 | 手拎包 | 14563.21 | 5825.28 | 4025.36 | 285.63 | 4712.57 | 40.00% | 27.64% | 1.96% | 32% |
| 6 | 斜挎包 | 10246.87 | 3568.47 | 286.32 | 142.84 | 6392.08 | 34.82% | 2.79% | 1.39% | 62% |
| 7 | 双肩包 | 15563.47 | 2654.36 | 521.35 | 302.65 | 12387.76 | 17.06% | 3.35% | 1.94% | 80% |
| 8 | 旅行包 | 16685.47 | 4563.21 | 652.47 | 334.27 | 11469.79 | 27.35% | 3.91% | 2.00% | 69% |
| 9 | 晚装包 | 13685.21 | 3562.31 | 263.98 | 184.26 | 9858.92 | 26.03% | 1.93% | 1.35% | 72% |
| 10 | | | | | | | | | | |
| 11 | | | | | | | | | | |
| 12 | 销售收入与销售成本相关性分析 | | | | | | | | | |
| 13 | 函数参数 | | | | | | | | | |
| 14 | | | | | | | | | | |
| 15 | 回归函数 | | | | | | | | | |
| 16 | | | | | | | | | | |

图7-1-3　输入文本结果

❖**STEP 2** 求取销售收入与销售成本回归参数。选择B13:C13单元格，在编辑栏中输入公式"=LINEST(B4:B9,C4:C9)"，如图7-1-4所示。

| | | | | | | | | | |
|---|---|---|---|---|---|---|---|---|---|
| IF | ▾ | × ✓ *fx* | =LINEST(B4:B9,C4:C9) | | | | | | |
| A | B | C | D | E | F | G | H | I | J |

| | | | | | | | | | |
|---|---|---|---|---|---|---|---|---|---|
| 某女士包包店2023年上半年销售费用统计 | | | | | | | | | |
| | | | | | | | | 单位：元 | |
| 月份 | 销售收入 | 销售成本 | 销售费用 | 销售税金 | 毛利润 | 销售成本率 | 销售费用率 | 销售税金率 | 毛利率 |
| 单肩包 | 13564.35 | 4563.25 | 456.32 | 178.22 | 8544.78 | 33.64% | 3.36% | 1.31% | 63% |
| 手拎包 | 14563.21 | 5825.28 | 4025.36 | 285.63 | 4712.57 | 40.00% | 27.64% | 1.96% | 32% |
| 斜挎包 | 10246.87 | 3568.47 | 286.32 | 142.84 | 6392.08 | 34.82% | 2.79% | 1.39% | 62% |
| 双肩包 | 15563.47 | 2654.36 | 521.35 | 302.65 | 12387.76 | 17.06% | 3.35% | 1.94% | 80% |
| 旅行包 | 16685.47 | 4563.21 | 652.47 | 334.27 | 11469.79 | 27.35% | 3.91% | 2.00% | 69% |
| 晚装包 | 13685.21 | 3562.31 | 263.98 | 184.26 | 9858.92 | 26.03% | 1.93% | 1.35% | 72% |
| | | | | | | | | | |
| 销售收入与销售成本相关性分析 | | | | | | | | | |
| 函数参数 | =LINEST( B4:B9 , C4:C9 ) | | | | | | | | |

图7-1-4　输入公式

## ❖ 知识链接

### LINEST函数

**语法**：LINEST(known_y's,known_x's,const,stats)

**参数**：①known_y's是关系表达式y=mx+b中已知的y值集合。

②known_x's是关系表达式y=mx+b中已知的可选x值集合。

③const为一逻辑值，用于指定是否将常量b强制设为0。

④stats为一逻辑值，指定是否返回附加回归统计值。

❖**STEP 3** 按【Ctrl+Shift+Enter】组合键，得到销售收入与销售成本存在的线性关系下的直线表达式的斜率和截距两个参数，结果如图7-1-5所示。

| | | | | | | | | | |
|---|---|---|---|---|---|---|---|---|---|
| B13 | ▾ | ⊕ *fx* | {=LINEST(B4:B9,C4:C9)} | | | | | | |
| A | B | C | D | E | F | G | H | I | J |

| | | | | | | | | | |
|---|---|---|---|---|---|---|---|---|---|
| 某女士包包店2023年上半年销售费用统计 | | | | | | | | | |
| | | | | | | | | 单位：元 | |
| 月份 | 销售收入 | 销售成本 | 销售费用 | 销售税金 | 毛利润 | 销售成本率 | 销售费用率 | 销售税金率 | 毛利率 |
| 单肩包 | 13564.35 | 4563.25 | 456.32 | 178.22 | 8544.78 | 33.64% | 3.36% | 1.31% | 63% |
| 手拎包 | 14563.21 | 5825.28 | 4025.36 | 285.63 | 4712.57 | 40.00% | 27.64% | 1.96% | 32% |
| 斜挎包 | 10246.87 | 3568.47 | 286.32 | 142.84 | 6392.08 | 34.82% | 2.79% | 1.39% | 62% |
| 双肩包 | 15563.47 | 2654.36 | 521.35 | 302.65 | 12387.76 | 17.06% | 3.35% | 1.94% | 80% |
| 旅行包 | 16685.47 | 4563.21 | 652.47 | 334.27 | 11469.79 | 27.35% | 3.91% | 2.00% | 69% |
| 晚装包 | 13685.21 | 3562.31 | 263.98 | 184.26 | 9858.92 | 26.03% | 1.93% | 1.35% | 72% |
| | | | | | | | | | |
| 销售收入与销售成本相关性分析 | | | | | | | | | |
| 函数参数 | 0.315085048 | 12752.393 | | | | | | | |

图7-1-5　回归参数结果

❖**STEP 4** 运用链接函数CONCATENATE构建回归函数。选择B15单元格，在编辑栏中输入函数 "CONCATENATE("Y=",B13,"X+",C13)" ，按【Enter】键，得出销售收入与销售成本之间的回归函数，其中Y表示销售收入，X表示销售成本，结果如图

7-1-6所示。

图7-1-6　回归函数

❖ **知识链接**

## CONCATENATE函数

**语法**：CONCATENATE(text1, [text2], ...)

**参数**：①text1必须连接的第一个文本项。

②text2, ...可选。其他文本项，最多为255项。项与项之间必须用逗号隔开。

❖**STEP 5** 分别在A17、B17单元格输入文本"相关系数""相关情况"，然后选择A17单元格，在编辑栏中输入公式"=CORREL(B4:B9,C4:C9)"，按【Enter】键，得到销售收入与销售成本相关系数，结果如图7-1-7所示。

图7-1-7　求取相关系数

❖**STEP 6** 根据相关性标准判断销售收入与销售成本之间的相关性情况。选择B17单元格，在编辑栏中输入公式"=IF(ABS(A18)>=0.3,"相关","不相关")"，按【Enter】键，结果如图7-1-8所示。

| B18 | | $fx$ | =IF(ABS(A18)>=0.3,"相关","不相关") | | | | | | |
|---|---|---|---|---|---|---|---|---|---|
| A | B | C | D | E | F | G | H | I | J |
| 某女士包包店2023年上半年销售费用统计 | | | | | | | | | |
| | | | | | | | | | 单位：元 |
| 月份 | 销售收入 | 销售成本 | 销售费用 | 销售税金 | 毛利润 | 销售成本率 | 销售费用率 | 销售税金率 | 毛利率 |
| 单肩包 | 13564.35 | 4563.25 | 456.32 | 178.22 | 8544.78 | 33.64% | 3.36% | 1.31% | 63% |
| 手拎包 | 14563.21 | 5825.28 | 4025.36 | 285.63 | 4712.57 | 40.00% | 27.64% | 1.96% | 32% |
| 斜挎包 | 10246.87 | 3568.47 | 286.32 | 142.84 | 6392.08 | 34.82% | 2.79% | 1.39% | 62% |
| 双肩包 | 15563.47 | 2654.36 | 521.35 | 302.65 | 12387.76 | 17.06% | 3.35% | 1.94% | 80% |
| 旅行包 | 16685.47 | 4563.21 | 652.47 | 334.27 | 11469.79 | 27.35% | 3.91% | 2.00% | 69% |
| 晚装包 | 13685.21 | 3562.31 | 263.98 | 184.26 | 9858.92 | 26.03% | 1.93% | 1.35% | 72% |
| | | | | | | | | | |
| 销售收入与销售成本相关性分析 | | | | | | | | | |
| 函数参数 | 0.315085048 | 12752.393 | | | | | | | |
| | | | | | | | | | |
| 回归函数 | Y=0.315085047584883X+12752.3929546264 | | | | | | | | |
| | | | | | | | | | |
| 相关系数 | 相关情况 | | | | | | | | |
| 0.1573 | 不相关 | | | | | | | | |

图7-1-8　销售收入与销售成本相关性分析

从上述计算结果可以看出销售收入与销售成本之间并不相关，说明销售成本的投入不一定会带来销售收入的增加。

❖**STEP 7** 参照步骤5、步骤6，分析毛利润与销售费用的相关性，结果如图7-1-9所示。

| A | B | C | D | E | F | G | H | I | J |
|---|---|---|---|---|---|---|---|---|---|
| 产品 | 销售收入 | 销售成本 | 销售费用 | 销售税金 | 毛利润 | 销售成本率 | 销售费用率 | 销售税金率 | 毛利率 |
| 单肩包 | 13564.35 | 4563.25 | 456.32 | 178.22 | 8544.78 | 33.64% | 3.36% | 1.31% | 63% |
| 手拎包 | 14563.21 | 5825.28 | 4025.36 | 285.63 | 4712.57 | 40.00% | 27.64% | 1.96% | 32% |
| 斜挎包 | 10246.87 | 3568.47 | 286.32 | 142.84 | 6392.08 | 34.82% | 2.79% | 1.39% | 62% |
| 双肩包 | 15563.47 | 2654.36 | 521.35 | 302.65 | 12387.76 | 17.06% | 3.35% | 1.94% | 80% |
| 旅行包 | 16685.47 | 4563.21 | 652.47 | 334.27 | 11469.79 | 27.35% | 3.91% | 2.00% | 69% |
| 晚装包 | 13685.21 | 3562.31 | 263.98 | 184.26 | 9858.92 | 26.03% | 1.93% | 1.35% | 72% |
| | | | | | | | | | |
| 销售收入与销售成本相关性分析 | | | | | | | | | |
| 函数参数 | 0.315085048 | 12752.393 | | | | | | | |
| | | | | | | | | | |
| 回归函数 | Y=0.315085047584883X+12752.3929546264 | | | | | | | | |
| | | | | | | | | | |
| 相关系数 | 相关情况 | | | | | | | | |
| 0.1573 | 不相关 | | | | | | | | |
| | | | | | | | | | |
| 毛利润与销售费用费用 | | | | | | | | | |
| 相关系数 | 相关情况 | | | | | | | | |
| -0.6415 | 相关 | | | | | | | | |

图7-1-9　毛利润与销售费用相关情况分析

❖**STEP 8** 参照教材项目5中的知识点，将毛利润、销售费用数据进行可视化展示，结果如图7-1-10所示。

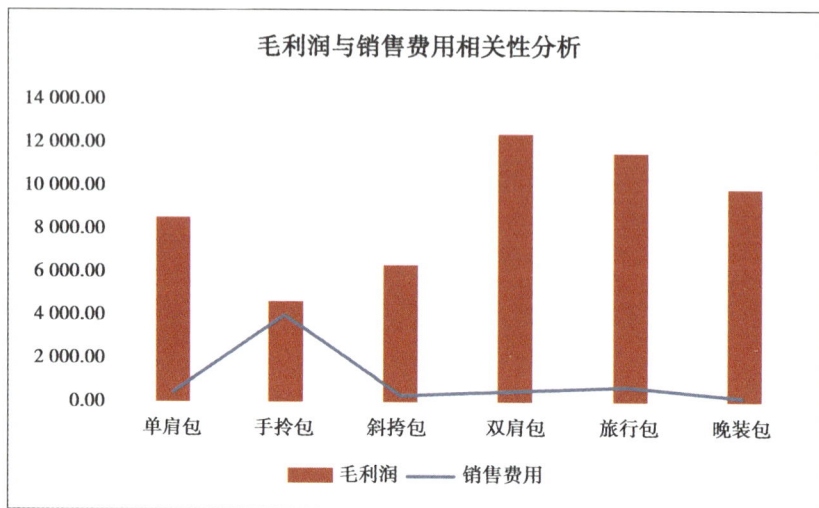

图7-1-10　毛利润与销售费用关系图

通过以上分析数据可以看出，毛利润与销售费用的相关系数为0.6415，其绝对值>0.5，所以按照回归分析的标准，两者之间存在的明显相关性，且为负相关，具体情况可参照图7-1-10。说明销售费用在很大程度上影响了毛利润的数值，侧面反映出销售费用投入的比重可能存在不合理问题。

## ➤ 任务实施

• 第一步：列举"分析该服装店商品销售费用的投入与分配现状"的分析内容。

分析内容1：分别计算短款连帽卫衣、中长款连帽卫衣、宽松T恤两件装、套装、裤子几种产品的毛利润、销售成本率、销售费用率、毛利率；

分析内容2：根据任务①中的数据，分析商品的销售成本与销售额、销售费用与毛利润之间的线性关系；

分析内容3：可视化呈现毛利润与销售费用之间的关系。

• 第二步：按要求完成3个任务，并截图展示任务实施结果。

分析内容1：

分析内容2：

分析内容3：

## ➤ 任务总结

• 本任务中分析的主要指标：_____

_____

• 进行线性回归分析求取的关键指标是：_____

_____

• 本任务中的难点：_____

_____

• 完成本任务过程中的收获：_____

_____

• 其他：_____

_____

_____

# 任务2 各项费用支出对比

## 任务目标

统计出商品的销售费用，并对比分析不同商品的销售费用支出差异。

## 任务要求

①分别计算商品不同类型销售费用的平均值；

②对比分析短款连帽卫衣、中长款连帽卫衣具体的销售费用支出情况；

③对短款连帽卫衣、中长款连帽卫衣、宽松T恤两件装、套装、裤子等商品的推广费用明细进行可视化展示。

## 知识准备

### 7.2.1 统计各项费用

商家要经营好店铺，必须详细了解各项费用的支出情况。具体分析过程可参照如下案例：

❖**STEP 1** 打开"素材文件/项目8/销售费用分析表.xlsx/各项费用明细表工作表"，增加"平均值"字段，选择I3单元格，在编辑栏中输入函数"=AVERAGE(C3:H3)"，并按回车键确认，计算出产品基础成本平均值，然后使用填充柄将公式复制到其他单元格中，如图7-2-1所示。

| I3 | | fx | =AVERAGE(C3:H3) | | | | | |
|---|---|---|---|---|---|---|---|---|
| | A | B | C | D | E | F | G | H | I |
| 1 | | | 各类包包费用明细表 | | | | | | |
| 2 | 费用类型 | 费用名称 | 单肩包 | 手拎包 | 斜挎包 | 双肩包 | 旅行包 | 晚装包 | 平均值 |
| 3 | 产品成本 | 产品基础成本 | 95.00 | 85.00 | 98.00 | 110.00 | 138.00 | 86.00 | 102.00 |
| 4 | 产品成本 | 吊牌 | 0.60 | 0.60 | 0.60 | 0.60 | 0.60 | 0.60 | 0.60 |
| 5 | 产品成本 | 售后卡 | 0.50 | 0.50 | 0.50 | 0.50 | 0.50 | 0.50 | 0.50 |
| 6 | 产品成本 | 小礼品成本 | 5.00 | 5.00 | 2.00 | 5.00 | 2.00 | 2.00 | 3.50 |
| 7 | 产品成本 | 包装辅料成本 | 3.00 | 3.00 | 2.00 | 2.00 | 1.00 | 2.00 | 2.17 |
| 8 | 拍摄和制 | 模拍 | 11.80 | 17.90 | 9.80 | 14.90 | 5.90 | 6.89 | 11.20 |
| 9 | 拍摄和制 | 修图和后期 | 3.54 | 5.37 | 2.94 | 4.47 | 1.77 | 2.14 | 3.37 |
| 10 | 人工成本 | 运营 | 6.28 | 9.74 | 5.36 | 9.74 | 7.68 | 6.34 | 7.52 |
| 11 | 人工成本 | 美工 | 11.02 | 15.48 | 9.98 | 13.41 | 12.69 | 8.89 | 11.91 |
| 12 | 人工成本 | 客服人员 | 5.31 | 8.06 | 4.41 | 6.71 | 2.66 | 3.65 | 5.13 |
| 13 | 人工成本 | 打包人员 | 4.62 | 5.37 | 3.41 | 5.67 | 4.58 | 2.78 | 4.41 |
| 14 | 人工成本 | 员工提成 | 9.58 | 9.36 | 10.25 | 11.18 | 12.35 | 7.89 | 10.10 |
| 15 | 推广费用 | 站内付费推广 | 23.60 | 37.89 | 21.56 | 28.97 | 26.35 | 19.56 | 26.32 |
| 16 | 推广费用 | 赠送 | 2.00 | 5.00 | 2.00 | 5.00 | 2.50 | 3.00 | 3.25 |
| 17 | 推广费用 | 展览费 | 3.00 | 3.00 | 3.00 | 3.50 | 3.00 | 3.00 | 3.42 |
| 18 | 推广费用 | 站外宣传 | 10.62 | 16.11 | 8.82 | 13.41 | 6.50 | 7.69 | 10.53 |
| 19 | 物流成本 | 仓储费用 | 4.00 | 10.00 | 3.00 | 4.00 | 2.00 | 1.50 | 4.08 |
| 20 | 物流成本 | 快递费用 | 8.00 | 8.00 | 8.00 | 8.00 | 8.00 | 8.00 | 8.00 |

图7-2-1 计算各项费用平均值

❖**STEP 2** 选中表格中任意单元格，单击"插入"选项卡，再单击"图表"选项组的"数据透视图"，弹出"创建数据透视图"选项卡，如图7-2-2所示。

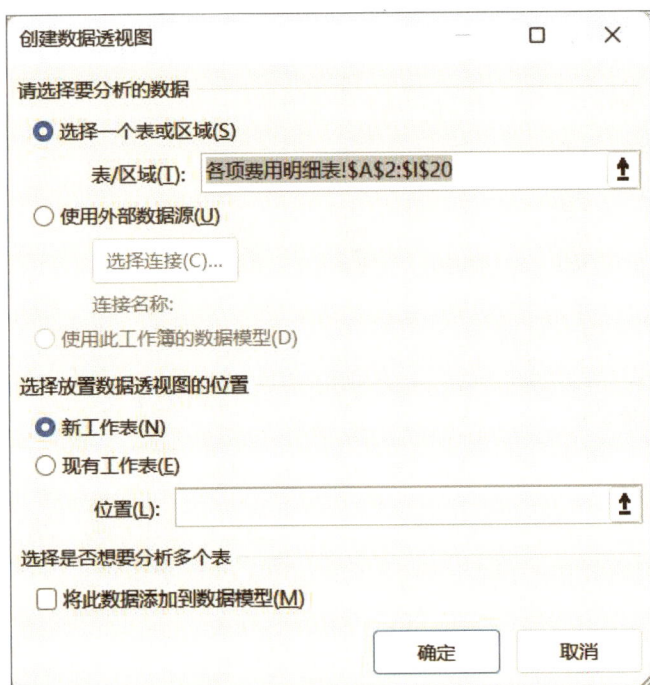

图7-2-2 数据透视图对话框

❖**STEP 3** 选择数据透视图位置，勾选"现有工作表"按钮，鼠标选择K9单元格，然后按【Enter】键，点击"确定"按钮。建立数据透视图框架，结果如图7-2-3所示。

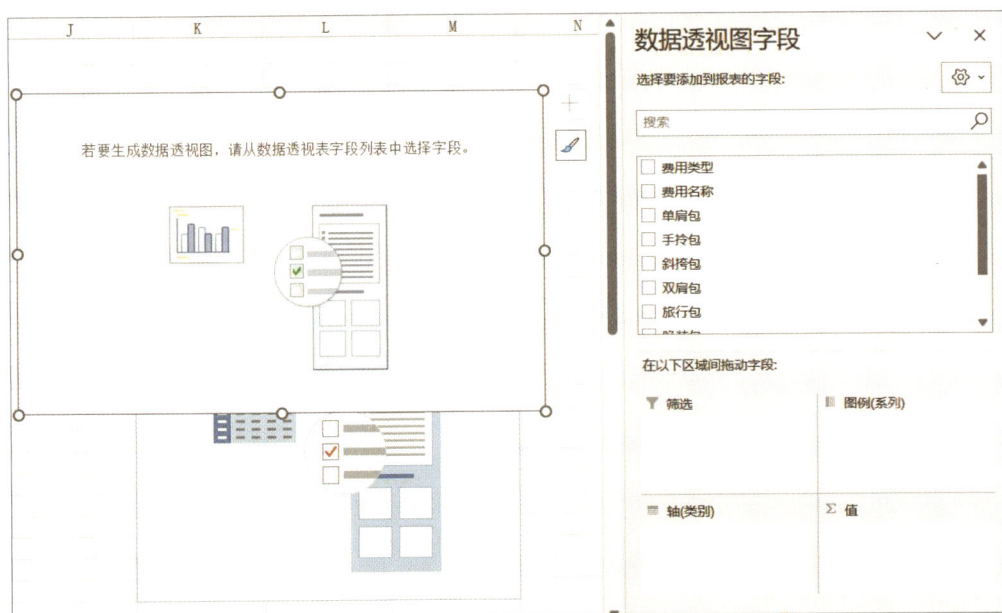

图7-2-3 构建数据透视图框架

❖**STEP 4** 在"数据透视图字段"窗格中，勾选"费用类型""平均值"两个字段，构建费用类型数据透视图，结果如图7-2-4所示。

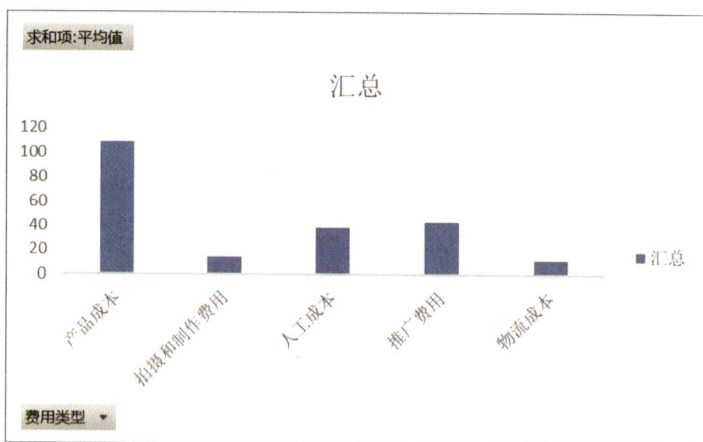

图7-2-4　费用类型透视图

图中可以看出各项费用的分布情况，其中产品成本费用最多，物流成本最低。

❖**STEP 5** 创建数据透视表，统计各项费用。选中表格中任意单元格，单击"插入"选项卡，再单击"表格"选项组的"数据透视表"，弹出"创建数据透视表"选项卡。选择数据透视表位置，勾选"现有工作表"按钮，鼠标选择K20单元格，然后按【Enter】键，点击"确定"按钮。建立数据透视表框架，结果如图7-2-5所示。

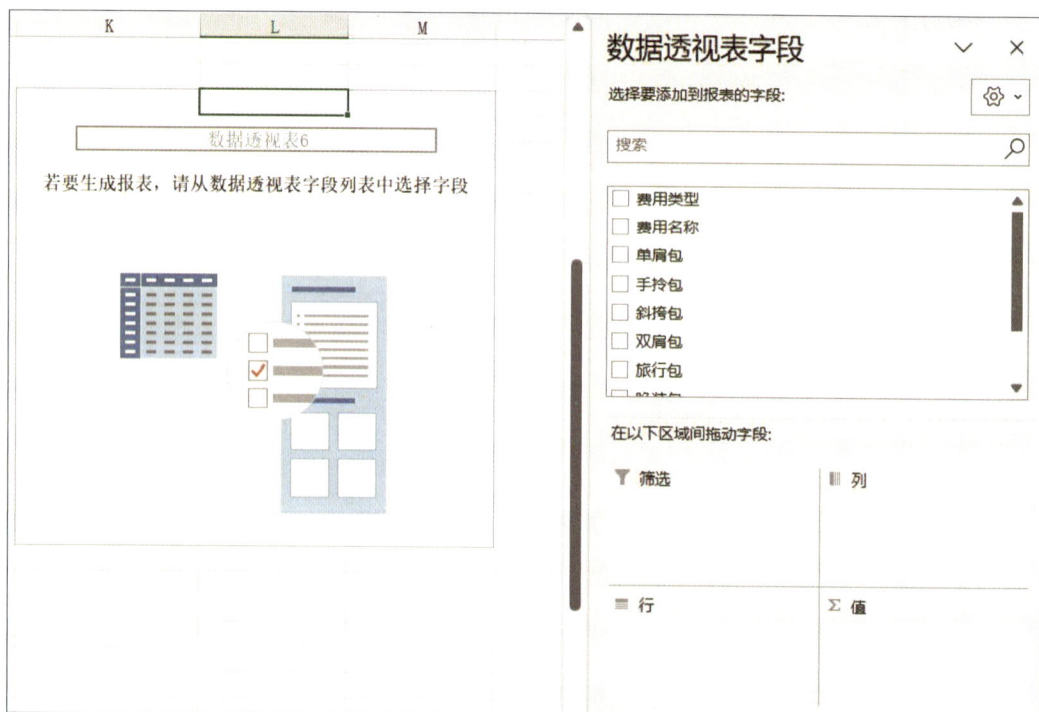

图7-2-5　构建数据透视表框架

❖**STEP 6** 在"数据透视表字段"窗格中，勾选"费用类型""费用名称""单肩包""手拎包""斜挎包"五个字段，构建三种包的费用明细数据透视表，结果如图7-2-6所示。

| 行标签 | 求和项:单肩包 | 求和项:手拎包 | 求和项:斜挎包 |
|---|---|---|---|
| ⊟产品成本 | 104.1 | 94.1 | 103.1 |
| 　包装辅料成本 | 3 | 3 | 2 |
| 　产品基础成本 | 95 | 85 | 98 |
| 　吊牌 | 0.6 | 0.6 | 0.6 |
| 　售后卡 | 0.5 | 0.5 | 0.5 |
| 　小礼品成本 | 5 | 5 | 2 |
| ⊟拍摄和制作费用 | 15.34 | 23.27 | 12.74 |
| 　模拍 | 11.8 | 17.9 | 9.8 |
| 　修图和后期 | 3.54 | 5.37 | 2.94 |
| ⊟人工成本 | 36.81 | 48.005 | 33.41 |
| 　打包人员 | 4.62 | 5.37 | 3.41 |
| 　客服人员 | 5.31 | 8.055 | 4.41 |
| 　美工 | 11.02 | 15.48 | 9.98 |
| 　员工提成 | 9.58 | 9.36 | 10.25 |
| 　运营 | 6.28 | 9.74 | 5.36 |
| ⊟推广费用 | 39.22 | 62 | 37.38 |
| 　赠送 | 2 | 5 | 2 |
| 　展览费 | 3 | 3 | 5 |
| 　站内付费推广 | 23.6 | 37.89 | 21.56 |
| 　站外宣传 | 10.62 | 16.11 | 8.82 |
| ⊟物流成本 | 12 | 18 | 11 |
| 　仓储费用 | 4 | 10 | 3 |
| 　快递费用 | 8 | 8 | 8 |
| 总计 | 207.47 | 245.375 | 197.63 |

图7-2-6　三种包的费用明细数据透视表

## 7.2.2　数据透视图分析产品成本

从7.2.1分析结果可以看出，所有成本中产品成本所占比重最大，推广费用次之，但产品成本往往由生产方决定，而推广费用对于商家而言是可以进行调整的，所以有必要对各商品的推广费用进行细化分析，具体分析过程如下。

❖**STEP 1** 打开"素材文件/项目7/销售费用分析表.xlsx/各项费用明细表工作表"，在工作表中选择任意单元格，在"插入"选项卡的"图表"组中单击"数据透视图"，弹出"数据透视图"对话框，选择放置数据透视图位置栏中勾选"现有工作表"单选按钮，用鼠标选择B25单元格，按【Enter】键，然后单击"确定"按钮，构建数据透视图框架，过程如图7-2-7所示，结果如图7-2-8所示。

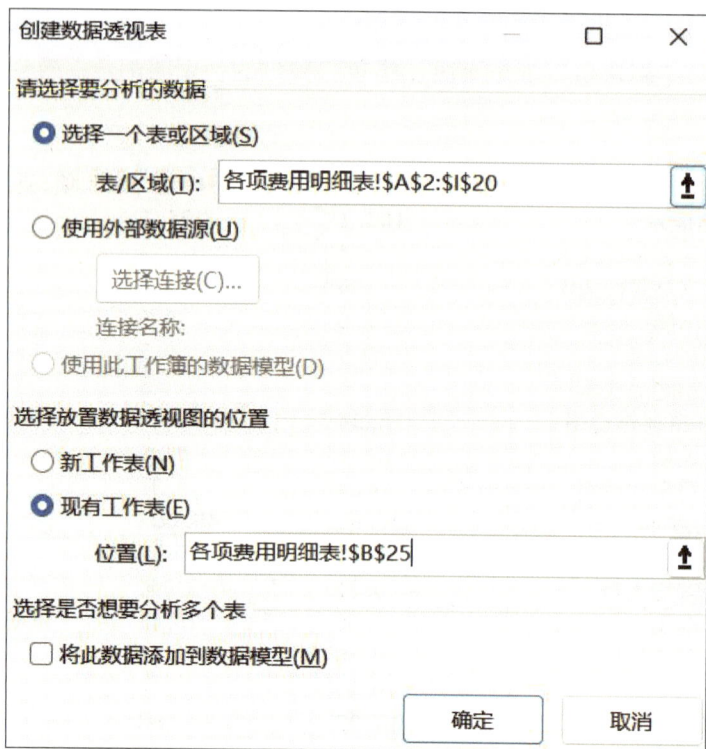

图7-2-7　创建数据透视图

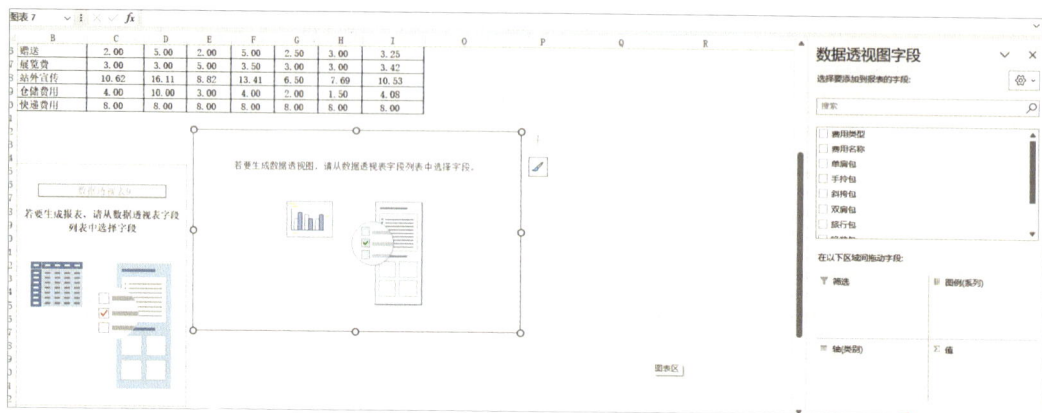

图7-2-8　构建数据透视图框架

❖**STEP 2** 在"数据透视图窗格"中勾选除"平均值"以外的所有字段，此时"费用类型""费用名称"字段自动出现在"轴字段（分类）"列表框，其余带有数值的字段自动到"数值"列表框参与计算，如图7-2-9所示。

❖**STEP 3** 单击"数据透视图分析"选项卡，在"隐藏/显示"组中单击"字段按钮"下拉按钮，在打开的下拉列表中取消选中"显示图例字段按钮"复选框，按照同样的操作方法，继续取消选中"显示值字段按钮"，如图7-2-10所示。

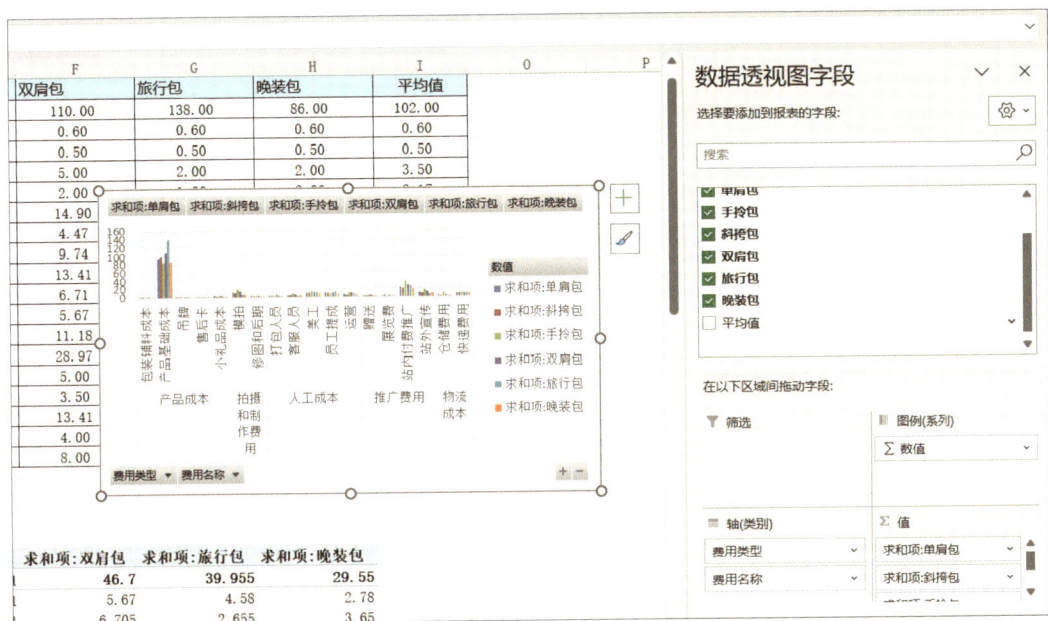

图7-2-9　勾选字段

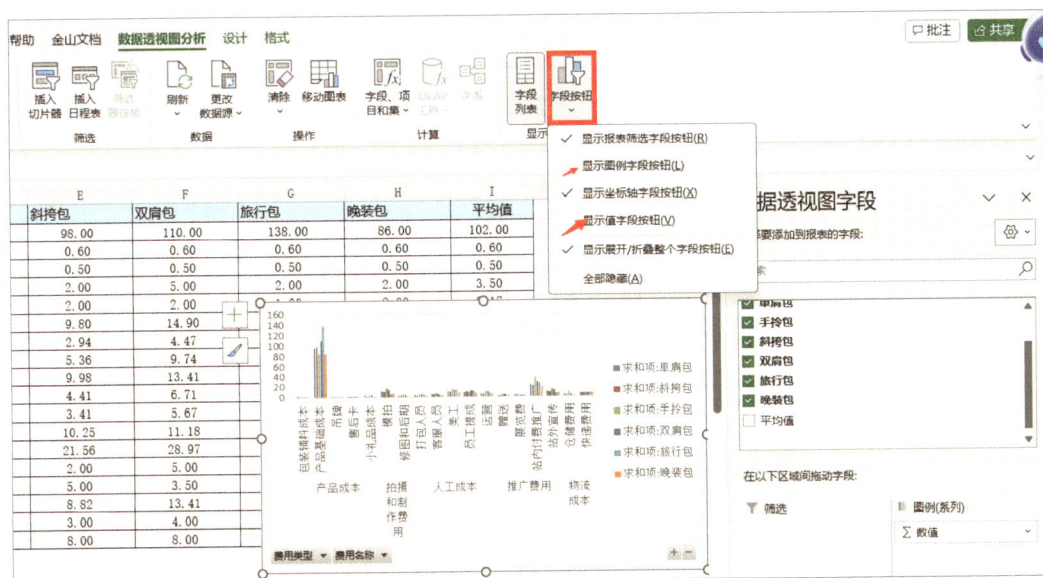

图7-2-10　隐藏字段

❖**STEP 4** 单击数据透视图中的"费用类型"按钮，在打开的列表中取消选中"全选"复选框，然后在列表中勾选"推广费用"复选框，然后单击"确定"按钮，过程如图7-2-11所示，结果如图7-2-12所示。

由图7-2-12可以看出不同产品、不同种类推广费用的具体分布情况，可以根据需要调整相应的支出。

图7-2-11　勾选推广费用复选框

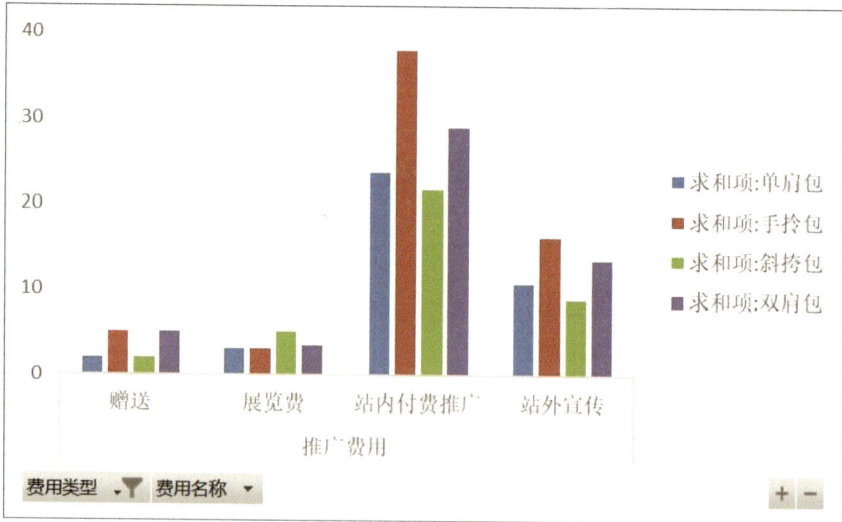

图7-2-12　不同包包推广费用明细图

## ➤ 任务实施

• 第一步：列举本任务完成的内容。

分析内容1：分别计算商品不同类型销售费用的平均值。

分析内容2：对比分析短款连帽卫衣、中长款连帽卫衣具体的销售费用支出情况。

分析内容3：对短款连帽卫衣、中长款连帽卫衣、宽松T恤两件装、套装、裤子等商品的推广费用明细进行可视化展示。

• 第二步：按要求完成3个任务，并截图展示任务实施结果。

## ➤ 任务总结

• 本任务中的难点：_____

_____

_____

• 完成本任务过程中的收获：_____

_____

_____

• 其他：_____

_____

_____

# 项目8　商品库存分析

## 📑 项目描述

　　卖家对于商品库存的分析有助于正确判断销售商品的供给能力，同时也可以判断商品销售的畅销与滞销状况，及时调整商品的进货种类，处理积压的库存商品，补给缺货的商品，保证线上线下商品销售的顺利进行。

　　请根据店铺"商品库存表"相关数据计算库存周转率、存销比、动销率等指标，判断库存商品的结构与供给状况，同时制定库存商品查询表，以便快速查询库存商品的基本信息。

## 📑 知识图谱

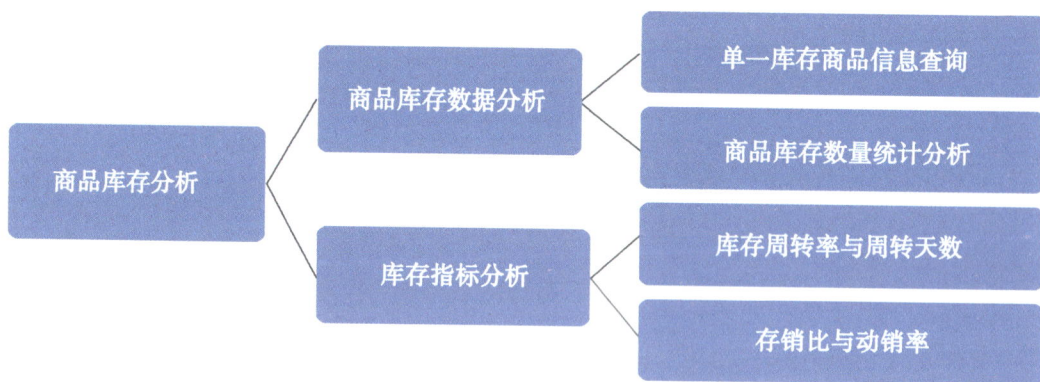

## 📑 学习目标

**• 知识目标**

①掌握单一商品信息查询表的制作方法；

②掌握库存商品数量统计分析的相关方法；

③掌握库存周转率、库存周转天数的概念及计算公式；

④掌握存销比、动销率的概念及计算公式。

**• 技能目标**

①能够进行单一库存商品查询表的制作；

②能够进行库存商品数据的统计分析；

③能够进行库存周转率与库存周转天数的计算；

④能够进行存销比与动销率的计算。

**• 素质目标**

①培养认真、细致的工作素养；

②培养学生发现问题、思考问题、解决问题的逻辑思维；

③培养学生从现象探究问题本质的探索精神。

## 📑 微课视频

单一库存商品
信息查询表的
制作

商品库存数据
统计分析

库存周转率与
库存周转天数

存销比与动
销率

# 任务1　商品库存数据分析

## ➤ 任务目标

对"库存商品表"进行数据整理分析，了解库存商品的结构与数量特征。

## ➤ 任务要求

①根据店铺"库存商品表"数据，制定能够快速查询库存商品信息的单一商品信息查询表；

②根据店铺"库存商品表"数据，进行库存商品不同品类数量统计分析。

## ➤ 知识准备

### 8.1.1　单一库存商品信息查询

❖**STEP 1** 打开素材文件/项目8/单一商品查询表，在表格空白处编制单一商品库存信息查询表的框架，包含"产品名称""采购金额""厂商""保质期""成本单价"等需要查询和显示的库存商品信息，如图8-1-1所示。

| 单一商品库存情况查询 | | | | | | |
|---|---|---|---|---|---|---|
| 产品名称 | 成本单价 | 期初库存数量 | 期末库存数量 | 采购金额 | 厂商 | 保质期 |
|  |  |  |  |  |  |  |

图8-1-1　编制单一库存商品信息查询表框架

❖**STEP 2** 进行数据有效性的设置。选中"产品名称"下面空白单元格A24，点击"数据"选项卡，选择"数据验证"，如图8-1-2所示。在弹出的对话框里面设置验证条件。点击"允许"下拉菜单，选择"序列"，点击"来源"处箭头，选中"A6：A20"区域范围，即选中产品名称一列，如图8-1-3所示。点击A24单元格，产品名称全部已经列在下拉菜单中。

图8-1-2　选择"数据验证"功能

图8-1-3 进行验证条件设置

❖**STEP 3** 进行相关信息的匹配。在A24单元格中任选一种产品名称如"蜜桃汁饮料"，在B24单元格中输入"=VLOOKUP"，依次输入函数的各个部分，如图8-1-4所示。函数语法第一部分中"A24"为查找的值；函数第二部分语法为查找的区域范围"A2：J20"，查找的区域范围首列应为包含"A24"产品名称所在的列数；函数第三部分为匹配的列数。由于B24单元格对应的商品信息为"成本单价"，而"成本单价"位于选中区域的第7列，因此函数语法第三部分为"7"；函数第四部分为精确匹配，即"FALSE"。按Enter键，则单元格"B24"显示结果为"40.5元"。

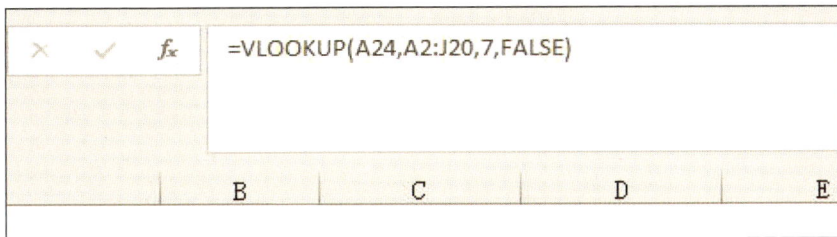

图8-1-4 运用VLOOKUP函数匹配信息

❖**STEP 4** 进行公式复制。选中B24单元格，将公式中的前两部分语法锁定。然后按Enter键，如图8-1-5所示。选中B24单元格向右拖动鼠标，进行公式的初始复制，并依次修改复制的函数中匹配的列数，结果如图8-1-6所示。

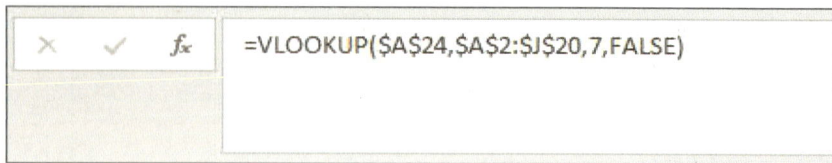

图8-1-5　VLOOKUP函数语法锁定

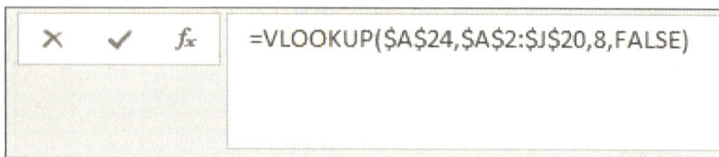

图8-1-6　修改VLOOKUP函数语法中匹配列数

❖**STEP 5** 进行信息查询。点击A24单元格，任选一类产品，当产品名称变化时，表中的信息也进行了相应的变化，单一商品查询表就制作完成了，结果如图8-1-7所示。

| 单一商品库存情况查询 | | | | | | |
|---|---|---|---|---|---|---|
| 产品名称 | 成本单价 | 期初库存数量 | 期末库存数量 | 采购金额 | 厂商 | 保质期 |
| 蜜桃汁饮料 | 40.5 | 300 | 100 | 12150 | 重庆碧桂缘国际贸易有限公司 | 12个月 |

图8-1-7　单一库存商品信息查询表

❖ **知识链接**

### VLOOKUP函数

**语法**：VLOOKUP(lookup_value,table_array,col_index_num,[range_lookup])

**参数**：①lookup_value为需要在数据表第一列中进行查找的值。

②table_array为需要在其中查找数据的数据表。使用对区域或区域名称的引用。

③col_index_num为table_array中查找数据的数据列序号。

④range_lookup为一逻辑值，指明函数VLOOKUP查找时是精确匹配，还是近似匹配。

### 8.1.2　商品库存数量统计分析

❖**STEP 1** 打开"素材文件/项目8/库存数据分析.xlsx/"库存数据，点击"数据"选项卡，选择"分类汇总"功能。在弹出的对话框中分类字段选择"产品名称"，汇总方式选择"求和"，汇总项选择"期末库存数量"，如图8-1-8所示。分类汇总的结果如图8-1-9所示。

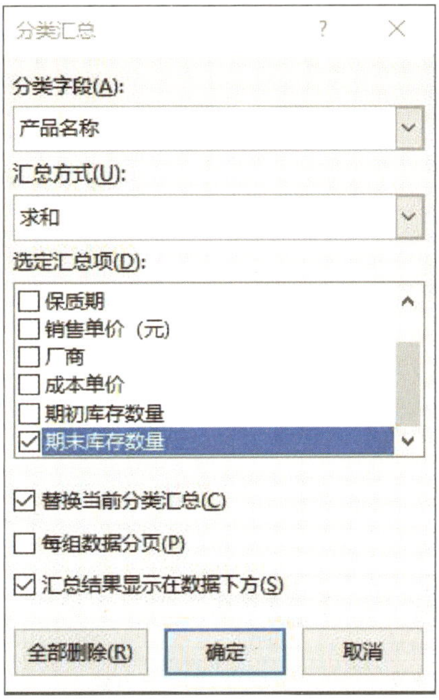

图8-1-8　分类汇总选项设置

| 产品系列 | 产品名称 | 期末库存数量 |
|---|---|---|
| 火锅调料 | 火锅底料（原味） | 180 |
| 火锅调料 | 火锅底料（微辣） | 313 |
| 火锅调料 | 火锅底料（中辣） | 529 |
| **火锅调料 汇总** | | 1022 |
| 腌制品 | 川味香肠 | 62 |
| 腌制品 | 川味腊肉 | 55 |
| **腌制品 汇总** | | 117 |
| 饮料 | 原味苏打系列 | 315 |
| 饮料 | 苹果苏打系列 | 840 |
| 饮料 | 草莓苏打系列 | 370 |
| 饮料 | 芒果苏打系列 | 498 |
| 饮料 | 蜜桃汁饮料 | 173 |
| 饮料 | 山楂汁饮料 | 165 |
| 饮料 | 芒果汁饮料 | 133 |
| **饮料 汇总** | | 2494 |
| 自热火锅 | 麻辣午餐肉小火锅 | 85 |
| 自热火锅 | 麻辣豆干小火锅 | 108 |
| 自热火锅 | 香辣素菜小火锅 | 111 |
| 自热火锅 | 香辣火腿小火锅 | 86 |
| 自热火锅 | 香辣牛肚小火锅 | 94 |
| 自热火锅 | 麻辣牛肉小火锅 | 116 |
| **自热火锅 汇总** | | 600 |
| **总计** | | 4233 |

图8-1-9　分类汇总结果显示

❖**STEP 2** 打开"素材文件/项目8/库存数据分析.xlsx/"库存状态，根据分类汇总的结果统计各个产品系列的期末库存数量，与标准库存量进行比较判断各产品系列的库存状态。在H8单元格中输入IF公式：=IF(G8>F8,"库存充足","库存不足")，按Enter键结束。选中H8单元格，按住鼠标左键向下拖动，进行公式的复制。每种产品系列的库存状态则显示在单元格中，如图8-1-10所示。

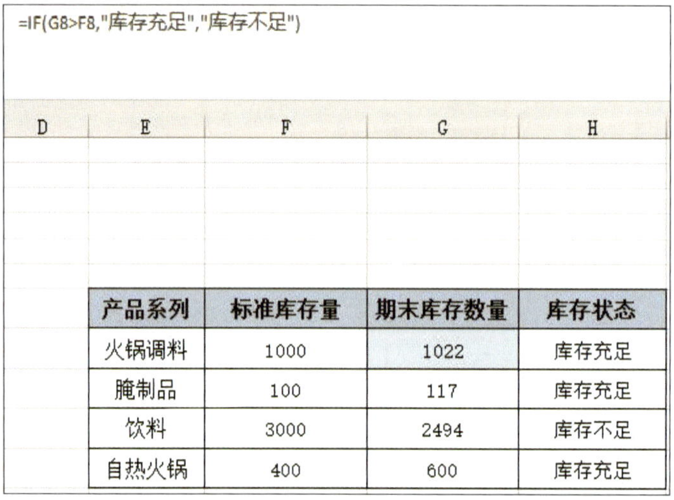

=IF(G8>F8,"库存充足","库存不足")

| 产品系列 | 标准库存量 | 期末库存数量 | 库存状态 |
|---|---|---|---|
| 火锅调料 | 1000 | 1022 | 库存充足 |
| 腌制品 | 100 | 117 | 库存充足 |
| 饮料 | 3000 | 2494 | 库存不足 |
| 自热火锅 | 400 | 600 | 库存充足 |

图8-1-10　运用IF函数进行库存状态判断

❖**STEP 3** 选中E7：G11表格区域，插入柱形图，如图8-1-11所示。从图中可知，饮料产品系列的库存严重不足，要马上进行补货；自热火锅产品系列库存相对充足；火锅调料和腌制品产品系列的库存量接近标准库存量，要注意及时补货。

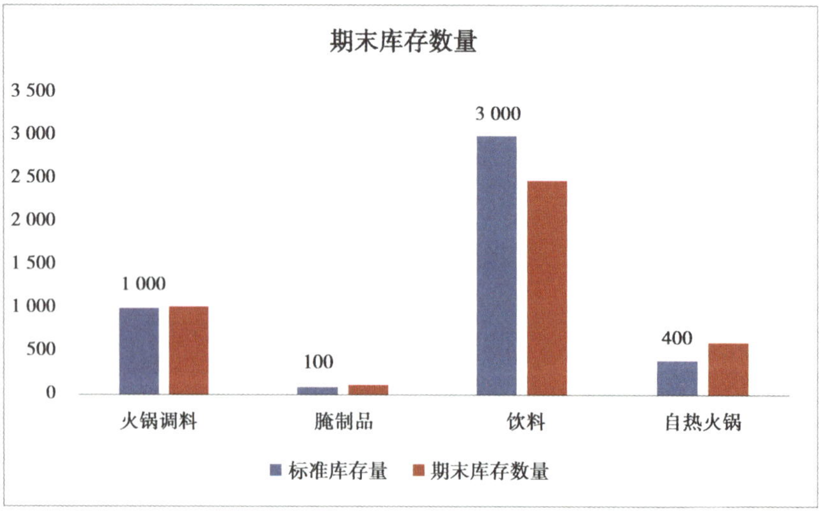

图8-1-11　插入柱形图

## ➤ 任务实施

- 第一步：打开"商品库存表"中进行单一商品信息查询表的制作。

（1）编制单一商品信息表的框架；

（2）进行产品名称有效性设置；

（3）利用VLOOKUP函数进行数据的匹配。

- 第二步：根据"商品库存表"中数据库存商品的统计分析。

（1）进行库存商品品类的分类汇总，计算各库存商品的库存数量；

（2）根据标准库存量数据的对比，分析库存商品的库存状态。

## ➤ 任务总结

- VLOOKUP函数的语法结构：_____

_____

_____

- 单一商品信息表制作的步骤：_____

_____

_____

- 分类汇总的步骤：_____

_____

_____

- 完成本任务过程中的收获：_____

_____

_____

- 其他：_____

_____

_____

# 任务2 库存指标分析

## ➢ 任务目标

根据"库存商品表"进行库存相关指标计算，对库存商品的周转速度进行评价，并对库存商品中畅销品类和滞销品类进行分析，更好的进行库存商品的管理。

## ➢ 任务要求

①根据店铺"库存商品表"数据进行库存周转率、库存周转天数的指标计算；

②根据店铺"库存商品表"数据进行存销比、动销率的指标计算。

## ➢ 知识准备

### 8.2.1 库存周转率与周转天数

#### 1）库存周转率

库存周转率是反映企业库存周转快慢程度的一个指标，指的是库存在一定周期内周转的次数。库存周转率越高，说明存货的周转速度越快，从成本投入到商品销售再到资金回流的周期越短，销售情况越好。

库存周转率是分析库存非常重要的一个指标，库存周转率提高，库存周转加快，库存占用资金减少，企业现金流提高，资金流通速度加快；同时库存持有成本下降，企业利润得到提升，因此投入资金一定的情况下，库存周转率越高，企业的投资回报率越高。同时库存周转率是一个相对系数，可以和外部企业进行横向对比，从而了解自己企业库存周转的合理性。

#### 2）库存周转率计算公式

$$库存周转率＝销货成本/平均存货余额$$

其中，销货成本 = 单件销货成本 × 销售件数。

$$平均存货余额＝（期初存货金额＋期末存货金额）/2$$

其中，期初存货金额为上期账户结转至本期账户的余额，在数额上等于上期期末存货金额。

$$期末存货金额＝期初存货金额＋本期增加发生额－本期减少发生额$$

#### 3）库存周转天数

库存周转天数是企业从取得存货开始，直到消耗、销售为止所经历的天数。

库存周转天数＝周期天数/库存周转率＝（周期天数×平均存货余额）/销货成本

式中，周期天数与平均存货余额、销货成本计算要一致。如果周期天数为一个月30天，则平均存货余额的计算为该月月初和月末存货的平均值，销货成本则为该月销货成本；如果周期天数为一年，一般以360天计，则平均存货余额为年初和年末存货的平均值，销货成本为该年销货总成本。

库存周转率越高，周转天数就越小，说明存货变现速度越快，销售状况越良好。

库存周转率与库存周转天数的计算具体见以下案例。

❖**STEP 1** 打开"素材文件/项目8/库存周转率与周转天数.xlsx"，计算期末库存数量，期末库存数量=期初库存数量+入库数量−出库数量。在H3单元格输入公式"=E3+F3−G3"，并按回车键。选中H3单元格，当光标变为黑十字时向下拖动鼠标进行公式复制，计算出不同商品的期末库存数量，结果如图8-2-1所示。

**某公司1月份库存信息表**

| 产品系列 | 产品名称 | 销售单价（元） | 成本单价 | 期初库存数量 | 入库数量 | 出库数量 | 期末库存数量 |
|---|---|---|---|---|---|---|---|
| 火锅调料 | 火锅底料（原味） | 25 | 16.25 | 200 | 80 | 100 | 180 |
| 火锅调料 | 火锅底料（微辣） | 27.9 | 18.14 | 323 | 50 | 60 | 313 |
| 火锅调料 | 火锅底料（中辣） | 28.9 | 18.79 | 544 | 40 | 55 | 529 |
| 腌制品 | 川味香肠 | 39.9 | 31.92 | 60 | 20 | 18 | 62 |
| 腌制品 | 川味腊肉 | 52.9 | 42.32 | 50 | 20 | 15 | 55 |
| 饮料 | 原味苏打系列 | 35 | 30.50 | 455 | 100 | 240 | 315 |
| 饮料 | 苹果苏打系列 | 36.9 | 32.00 | 1000 | 400 | 560 | 840 |
| 饮料 | 草莓苏打系列 | 37.9 | 33.00 | 500 | 100 | 230 | 370 |
| 饮料 | 芒果苏打系列 | 37.9 | 34.11 | 510 | 89 | 101 | 498 |
| 饮料 | 蜜桃汁饮料 | 45 | 40.50 | 300 | 20 | 147 | 173 |
| 饮料 | 山楂汁饮料 | 45 | 40.50 | 304 | 50 | 189 | 165 |
| 饮料 | 芒果汁饮料 | 46 | 41.40 | 311 | 85 | 263 | 133 |
| 自热火锅 | 麻辣午餐肉小火锅 | 16 | 11.50 | 100 | 30 | 45 | 85 |
| 自热火锅 | 麻辣豆干小火锅 | 15.5 | 11.50 | 123 | 60 | 75 | 108 |
| 自热火锅 | 香辣素菜小火锅 | 16.5 | 12.00 | 100 | 88 | 77 | 111 |
| 自热火锅 | 香辣火腿小火锅 | 17.5 | 13.00 | 111 | 20 | 45 | 86 |
| 自热火锅 | 香辣牛肚小火锅 | 18 | 14.00 | 120 | 30 | 56 | 94 |
| 自热火锅 | 麻辣牛肉小火锅 | 18.5 | 14.00 | 105 | 40 | 29 | 116 |

图8-2-1 计算期末库存数量

❖**STEP 2** 计算平均库存余额，平均库存余额=（期初库存余额+期末库存余额）/2。期初库存余额=期初库存数量×成本单价，期末库存余额=期末库存数量×成本单价，因此，在I3单元格中输入公式"=(E3×D3+H3×D3)/2"，并按回车键。选中I3单元格，当光标变为黑十字时向下拖动鼠标进行公式复制，计算出不同商品的平均库存余额，结果如图8-2-2所示。

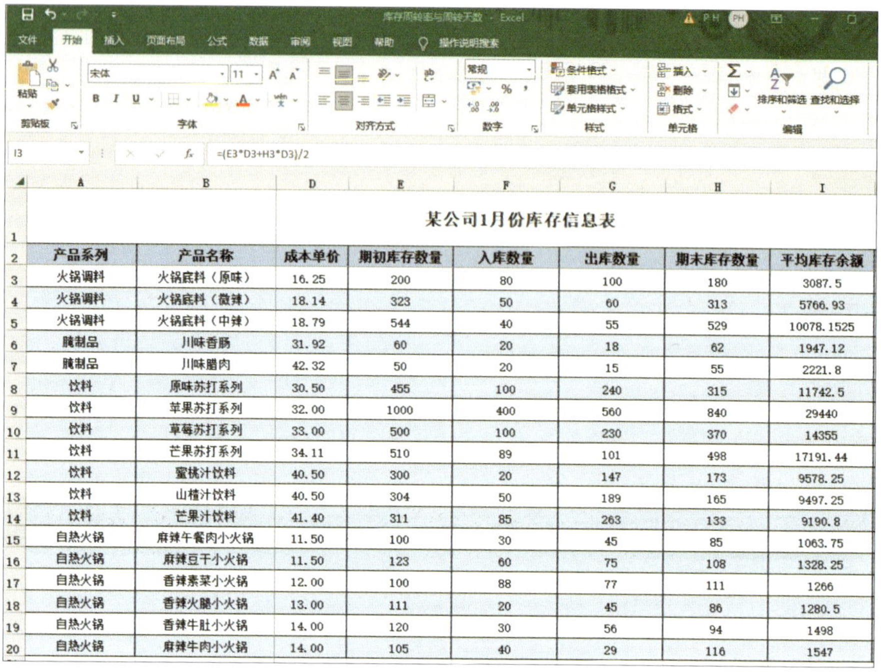

图8-2-2　计算平均库存余额

❖**STEP 3** 计算销货成本，销货成本=销货数量×成本单价。这里的销货数量等于出库数量。在J3单元格中输入公式"=G3×D3"，并按回车键。选中J3单元格，当光标变为黑十字时向下拖动鼠标进行公式复制，计算出不同商品的销货成本，结果如图8-2-3所示。

❖**STEP 4** 计算库存周转率，库存周转率=销货成本/平均库存余额。在K3单元格中输入公式"=J3/I3"，并按回车键。选中K3单元格，当光标变为黑十字时向下拖动鼠标进行公式复制，计算出不同商品的库存周转率，结果如图8-2-4所示。

❖**STEP 5** 计算库存周转天数，库存周转天数=周期天数/库存周转率。在L3单元格中输入公式"=30/K3"，并按回车键。选中L3单元格，当光标变为黑十字时向下拖动鼠标进行公式复制，计算出不同商品的库存周转天数，结果如图8-2-5所示。

## 8.2.2　存销比与动销率

### 1）存销比

存销比（库销比）是指在一个周期内，商品平均库存或本周期期末库存与周期内总销售的比值，是用来反映商品即时库存状况的相对数。而更为精确的法则是使用日均库存和日均销售的数据来计算，从而反映当前的库存销售比例。

存销比=期末库存金额（or数量）/周期内商品销售金额（or数量）

式中的周期可以是周、月、季度等。

存销比过高，库存资金占用过大，存销比过低，则容易备货不足，损失销售机会。

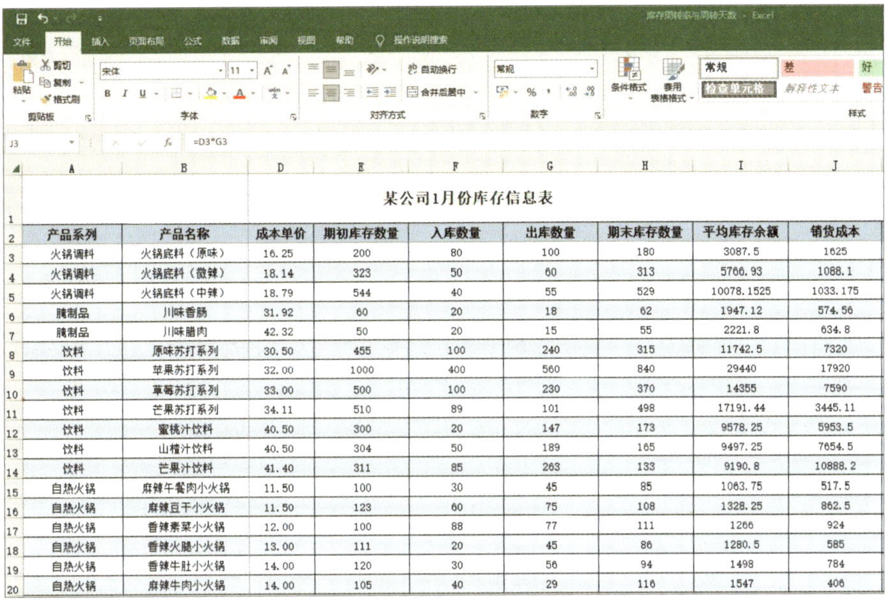

图8-2-3　计算销货成本

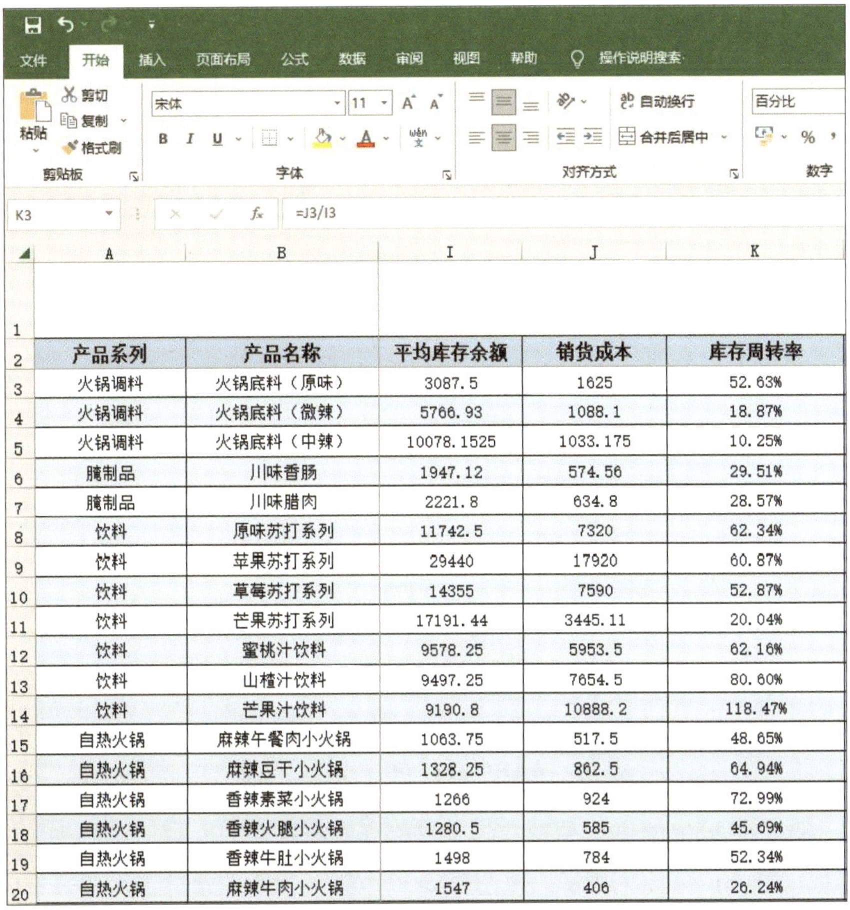

图8-2-4　计算库存周转率

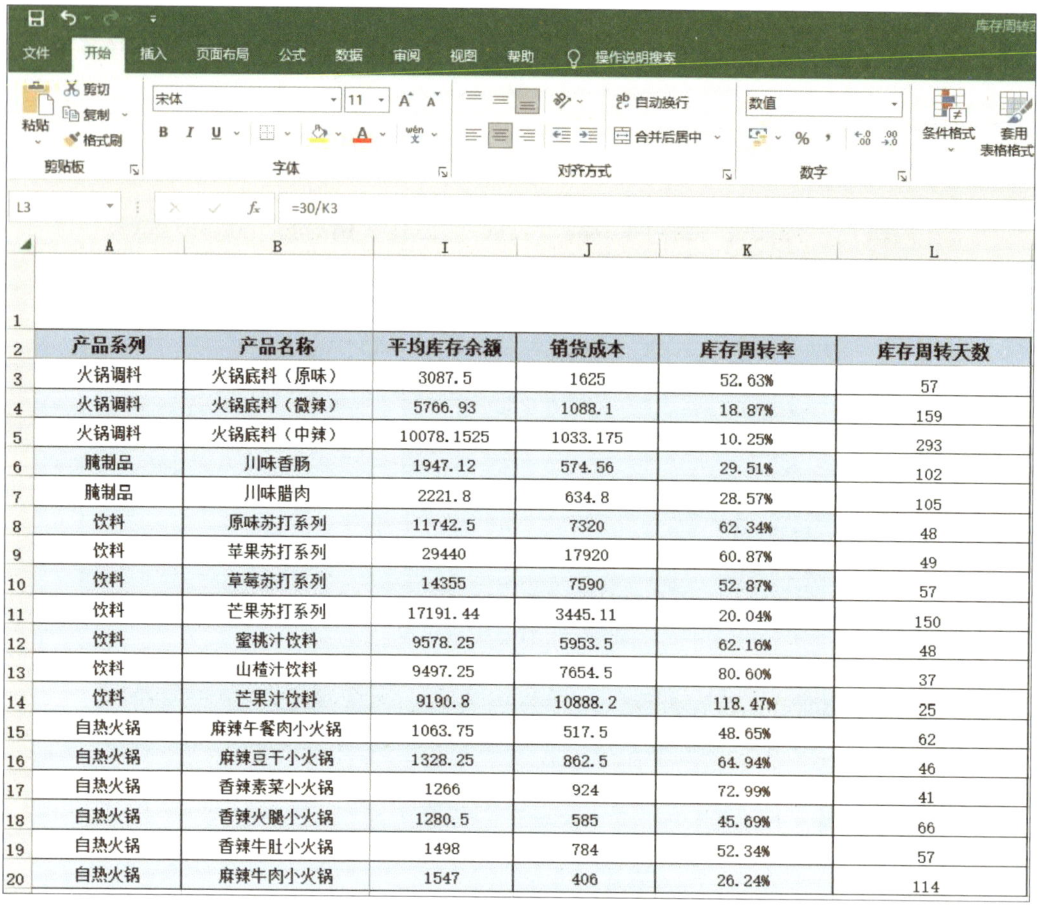


| 产品系列 | 产品名称 | 平均库存余额 | 销货成本 | 库存周转率 | 库存周转天数 |
| --- | --- | --- | --- | --- | --- |
| 火锅调料 | 火锅底料（原味） | 3087.5 | 1625 | 52.63% | 57 |
| 火锅调料 | 火锅底料（微辣） | 5766.93 | 1088.1 | 18.87% | 159 |
| 火锅调料 | 火锅底料（中辣） | 10078.1525 | 1033.175 | 10.25% | 293 |
| 腌制品 | 川味香肠 | 1947.12 | 574.56 | 29.51% | 102 |
| 腌制品 | 川味腊肉 | 2221.8 | 634.8 | 28.57% | 105 |
| 饮料 | 原味苏打系列 | 11742.5 | 7320 | 62.34% | 48 |
| 饮料 | 苹果苏打系列 | 29440 | 17920 | 60.87% | 49 |
| 饮料 | 草莓苏打系列 | 14355 | 7590 | 52.87% | 57 |
| 饮料 | 芒果苏打系列 | 17191.44 | 3445.11 | 20.04% | 150 |
| 饮料 | 蜜桃汁饮料 | 9578.25 | 5953.5 | 62.16% | 48 |
| 饮料 | 山楂汁饮料 | 9497.25 | 7654.5 | 80.60% | 37 |
| 饮料 | 芒果汁饮料 | 9190.8 | 10888.2 | 118.47% | 25 |
| 自热火锅 | 麻辣午餐肉小火锅 | 1063.75 | 517.5 | 48.65% | 62 |
| 自热火锅 | 麻辣豆干小火锅 | 1328.25 | 862.5 | 64.94% | 46 |
| 自热火锅 | 香辣素菜小火锅 | 1266 | 924 | 72.99% | 41 |
| 自热火锅 | 香辣火腿小火锅 | 1280.5 | 585 | 45.69% | 66 |
| 自热火锅 | 香辣牛肚小火锅 | 1498 | 784 | 52.34% | 57 |
| 自热火锅 | 麻辣牛肉小火锅 | 1547 | 406 | 26.24% | 114 |

图8-2-5　计算库存周转天数

### 2）动销率

动销率是指销售的商品种数与仓库所有商品种数的比值。

$$动销率=动销品种数/仓库总品种数\times 100\%$$

动销品种数是指仓库中所有商品种类中有销售记录的商品种类总数，仓库总品种数是指在仓库中一共有多少种SKU，在计算时两个数据通常取一定时间段内进行计算，比如30天。例如，某仓库有商品SKU为2 000个，10月份有销售记录的SKU数量为1 800个，那么10月份的动销率就为1 800/2 000×100%=90%。

一般情况下，动销率越高，企业商品周转就越快；动销率越低则代表周转速度越慢。动销率能够作为商品经营深度与宽度的参考，动销率低的商品企业则不需要花费大量时间和精力去经营。

一般情况下，企业商品动销率的数据是越高越好，如果有超过了100%的情况，则说明在某个时段该分类的销售品项数高于目前现有库存的品项数，同时也表明库存商品SKU出现了品项数的流失现象，有可能是因为商品缺货或是商品的停进停销，还有可能是虚库存导致。

存销比与动销率的计算如以下案例所示。

存销比=期末库存金额（or数量）/周期内商品销售金额（or数量），因此存销比的计算可采用两种计算方式。

❖**STEP 1** 第一种计算方式：存销比=期末库存数量/周期内商品销售数量。打开"素材文件/项目8/存销比与动销率.xlsx"，在L3单元格中输入公式"=K3/J3"，然后按Enter键，结果显示为1.8，如图8-2-6所示。选中L3单元格，按下鼠标左键拖动公式至L4:L20区域，通过公式的复制计算每种产品的存销比，结果如图8-2-7所示。

| | B | | J | | K | | L |
|---|---|---|---|---|---|---|---|
| | | $f_x$ =K3/J3 | | | | | |
| | **产品名称** | | **出库数量** | | **期末库存数量** | | **存销比1** |
| | 火锅底料（原味） | | 100 | | 180 | | 1.80 |

图8-2-6　计算存销比

| | A | B | J | K | L |
|---|---|---|---|---|---|
| 2 | **产品系列** | **产品名称** | **出库数量** | **期末库存数量** | **存销比1** |
| 3 | 火锅调料 | 火锅底料（原味） | 100 | 180 | 1.80 |
| 4 | 火锅调料 | 火锅底料（微辣） | 60 | 313 | 5.22 |
| 5 | 火锅调料 | 火锅底料（中辣） | 55 | 529 | 9.62 |
| 6 | 腌制品 | 川味香肠 | 18 | 62 | 3.44 |
| 7 | 腌制品 | 川味腊肉 | 15 | 55 | 3.67 |
| 8 | 饮料 | 原味苏打系列 | 240 | 315 | 1.31 |
| 9 | 饮料 | 苹果苏打系列 | 560 | 840 | 1.50 |
| 10 | 饮料 | 草莓苏打系列 | 230 | 370 | 1.61 |
| 11 | 饮料 | 芒果苏打系列 | 101 | 498 | 4.93 |
| 12 | 饮料 | 蜜桃汁饮料 | 147 | 173 | 1.18 |
| 13 | 饮料 | 山楂汁饮料 | 189 | 165 | 0.87 |
| 14 | 饮料 | 芒果汁饮料 | 263 | 133 | 0.51 |
| 15 | 自热火锅 | 麻辣午餐肉小火锅 | 45 | 85 | 1.89 |
| 16 | 自热火锅 | 麻辣豆干小火锅 | 75 | 108 | 1.44 |
| 17 | 自热火锅 | 香辣素菜小火锅 | 77 | 111 | 1.44 |
| 18 | 自热火锅 | 香辣火腿小火锅 | 45 | 86 | 1.91 |
| 19 | 自热火锅 | 香辣牛肚小火锅 | 56 | 94 | 1.68 |
| 20 | 自热火锅 | 麻辣牛肉小火锅 | 29 | 116 | 4.00 |

图8-2-7　存销比计算结果

❖**STEP 2** 第二种计算方式：存销比=期末库存金额/周期内商品销售金额。打开"素材文件/项目8/库存数据分析.xlsx"，在M3单元格中输入公式"=(K3×G3)/(J3×E3)"，然后按Enter键，如图8-2-8所示。选中M3单元格，按下鼠标左键拖动公式至M4:M20区域，通过公式的复制计算每种产品的存销比，结果如图8-2-9所示。其中，K3×G3为期末库存金额的计算，等于期末库存数量与产品成本单价的乘积；J3×E3为周期内商品销售金额的计算，等于出库数量与销售单价的乘积。在此，进行了出库数量等于销售数量的假设。

| | | $f_x$ | =(K3*G3)/(J3*E3) | | |
|---|---|---|---|---|---|
| | B | | J | K | L | M |
| | **产品名称** | | **出库数量** | **期末库存数量** | **存销比1** | **存销比2** |
| | 火锅底料（原味） | | 100 | 180 | 1.80 | 1.17 |

图8-2-8　存销比第二种算法

| | A | B | J | K | L | M |
|---|---|---|---|---|---|---|
| 1 | | | | | | |
| 2 | **产品系列** | **产品名称** | **出库数量** | **期末库存数量** | **存销比1** | **存销比2** |
| 3 | 火锅调料 | 火锅底料（原味） | 100 | 180 | 1.80 | 1.17 |
| 4 | 火锅调料 | 火锅底料（微辣） | 60 | 313 | 5.22 | 3.39 |
| 5 | 火锅调料 | 火锅底料（中辣） | 55 | 529 | 9.62 | 6.25 |
| 6 | 腌制品 | 川味香肠 | 18 | 62 | 3.44 | 2.76 |
| 7 | 腌制品 | 川味腊肉 | 15 | 55 | 3.67 | 2.93 |
| 8 | 饮料 | 原味苏打系列 | 240 | 315 | 1.31 | 1.14 |
| 9 | 饮料 | 苹果苏打系列 | 560 | 840 | 1.50 | 1.30 |
| 10 | 饮料 | 草莓苏打系列 | 230 | 370 | 1.61 | 1.40 |
| 11 | 饮料 | 芒果苏打系列 | 101 | 498 | 4.93 | 4.44 |
| 12 | 饮料 | 蜜桃汁饮料 | 147 | 173 | 1.18 | 1.06 |
| 13 | 饮料 | 山楂汁饮料 | 189 | 165 | 0.87 | 0.79 |
| 14 | 饮料 | 芒果汁饮料 | 263 | 133 | 0.51 | 0.46 |
| 15 | 自热火锅 | 麻辣午餐肉小火锅 | 45 | 85 | 1.89 | 1.36 |
| 16 | 自热火锅 | 麻辣豆干小火锅 | 75 | 108 | 1.44 | 1.07 |
| 17 | 自热火锅 | 香辣素菜小火锅 | 77 | 111 | 1.44 | 1.05 |
| 18 | 自热火锅 | 香辣火腿小火锅 | 45 | 86 | 1.91 | 1.42 |
| 19 | 自热火锅 | 香辣牛肚小火锅 | 56 | 94 | 1.68 | 1.31 |
| 20 | 自热火锅 | 麻辣牛肉小火锅 | 29 | 116 | 4.00 | 3.03 |

图8-2-9　存销比第二种算法计算结果

由于动销率=动销品种数/仓库总品种数×100%，在计算动销率时首先应该计算有过销售记录的产品数量，再与仓库中所有的商品品种数相除。

❖**STEP 1** 首先，点击"开始"选项卡下面的"条件格式"，在下拉菜单中选择"突出显示单元格规则"中的"等于"选项。设置值为0，颜色可选择默认颜色或者自行进行颜色的设置，如图8-2-10所示。点击"确定"，库存数据分析表中出库数量为0的对应单元格则被标记出来，结果如图8-2-11所示。

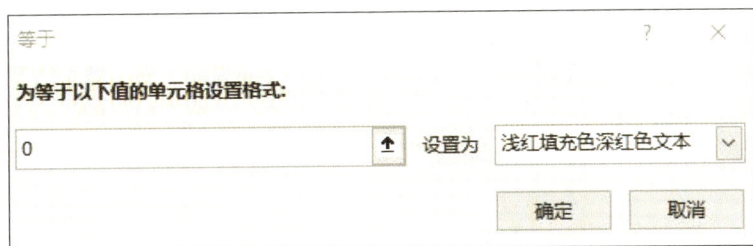

| 等于 | ? ✕ |
|---|---|
| 为等于以下值的单元格设置格式： | |
| 0　⬆ | 设置为　浅红填充色深红色文本 ⌄ |
| | 确定　　取消 |

图8-2-10　运用条件格式进行单元格颜色填充

| 期初库存数量 | 入库数量 | 出库数量 | 期末库存数量 |
|:---:|:---:|:---:|:---:|
| 200 | 80 | 100 | 180 |
| 323 | 50 | 60 | 313 |
| 544 | 40 | 55 | 529 |
| 60 | 20 | 18 | 62 |
| 50 | 20 | 0 | 70 |
| 455 | 100 | 240 | 315 |
| 1000 | 400 | 560 | 840 |
| 500 | 100 | 230 | 370 |
| 510 | 89 | 101 | 498 |
| 300 | 20 | 147 | 173 |
| 304 | 50 | 189 | 165 |
| 311 | 85 | 263 | 133 |
| 100 | 30 | 45 | 85 |
| 123 | 60 | 75 | 108 |
| 100 | 88 | 77 | 111 |
| 111 | 20 | 0 | 131 |
| 120 | 30 | 56 | 94 |
| 105 | 40 | 29 | 116 |

图8-2-11　条件格式标记出库数量为0的产品

❖**STEP 2** 在库存数据分析表中查看库存商品种类的总个数为18种，如果商品种类较多，可通过数据透视表进行产品数量的统计。利用数据透视表分析的结果如图8-2-12所示。

| 行标签 ▼ | 计数项:产品名称 |
|---|---|
| 草莓苏打系列 | 1 |
| 川味腊肉 | 1 |
| 川味香肠 | 1 |
| 火锅底料（微辣） | 1 |
| 火锅底料（原味） | 1 |
| 火锅底料（中辣） | 1 |
| 麻辣豆干小火锅 | 1 |
| 麻辣牛肉小火锅 | 1 |
| 麻辣午餐肉小火锅 | 1 |
| 芒果苏打系列 | 1 |
| 芒果汁饮料 | 1 |
| 蜜桃汁饮料 | 1 |
| 苹果苏打系列 | 1 |
| 山楂汁饮料 | 1 |
| 香辣火腿小火锅 | 1 |
| 香辣牛肚小火锅 | 1 |
| 香辣素菜小火锅 | 1 |
| 原味苏打系列 | 1 |
| 总计 | 18 |

图8-2-12　库存商品种类统计

❖**STEP 3** 进行动销率的计算。在18种商品中有2种商品没有产生过销售记录，则动销品种数为16种，带入动销率计算公式：动销率=16/18×100%=88.89%。

## ➤ 任务实施

• 第一步：将"商品库存表"中数据补充完整并进行库存周转率与库存周转天数的指标计算。

（1）计算期末库存数量；

（2）计算平均库存金额；

（3）计算销货成本；

（4）计算库存周转率、库存周转天数；

（5）进行库存周转速度分析。

• 第二步：根据"商品库存表"中数据进行存销比、动销率指标计算。

（1）代入公式进行存销比指标计算；

（2）对出库数量为0的商品进行查找与标记；

（3）进行动销率指标的计算；

（4）进行库存商品畅滞销情况、周转速度快慢分析。

## ➤ 任务总结

• 库存周转率的计算公式：_____

_____

• 库存周转天数的计算公式：_____

_____

• 存销比的计算公式：_____

_____

• 动销率的计算公式：_____

_____

• 完成本任务过程中的收获：_____

_____

• 其他：_____

_____

_____

# 项目9　销售市场预测分析

## 📋 项目描述

　　基于店铺以往销售数据，同时运用科学的数据预测分析方法，能够有效地进行商品销售趋势预测，对企业的经营管理提供有力的决策根据。在Excel中可以根据数据的不同分布特征运用不同类型的趋势线进行商品销售预测，同时还可以运用移动平均法、指数平滑法、季节波动法等进行预测分析。

　　根据"商品销售信息表"中数据，运用合适的数据预测方法，对商品未来销售数量和销售趋势进行预测分析。

## 📋 知识图谱

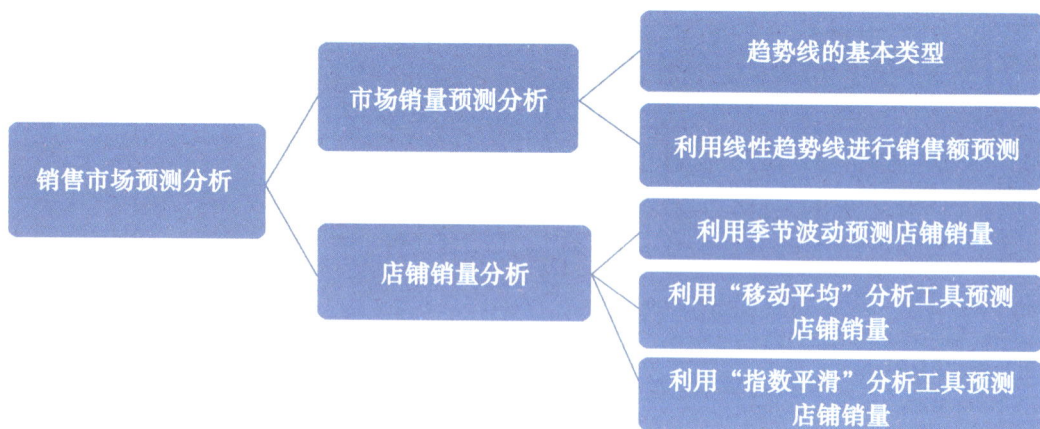

## 学习目标

**· 知识目标**

①熟悉趋势线的基本类型；

②熟悉线性趋势线的基本操作步骤；

③掌握移动平均法、指数平滑法的方法原理；

④熟悉季节指数法的计算步骤。

**· 技能目标**

①能够运用线性趋势线进行预测分析；

②能够运用移动平均法进行趋势预测；

③能够运用指数平滑法进行趋势预测；

④能够运用季节指数法进行趋势预测。

**· 素质目标**

①培养学生严谨负责、实事求是的科学精神；

②培养学生动态性、前瞻性思维方式。

# 任务1  市场销量预测分析

## ➤ 任务目标

根据"商品销售信息表"中历年商品销售数据，运用趋势线进行销售趋势预测分析。

## ➤ 任务要求

①观察销售数据分布特征，选择合适的趋势线进行分析；

②进行对应趋势线的添加；

③根据拟合的趋势线公式，带入数据进行销量预测计算。

## ➤ 知识准备

### 9.1.1  趋势线的基本类型

Excel图表中的趋势线可以用来描述数据变化的趋势，形式上表现为直线或曲线，它代表了一组数据中的趋势或模式。它的作用在于通过对数据进行分析和预测，识别数据中蕴藏的潜在模式或趋势，为经营者提供决策依据。通过加入趋势线，可以更直观地观察数据的整体变化趋势，以便更好地理解变量之间的关系。在Excel中，通常通过添加趋势线来帮助分析数据，常见于折线图、柱状图、散点图中添加趋势线，可以更好地了解数据的变化趋势和规律。

Excel中的趋势线分为6种不同的类型。

#### 1）指数趋势线

指数趋势线是一种用来描述以越来越高的速率上升或下降的数据趋势的曲线。指数趋势线中的数据不应该包含零值或负数。

#### 2）线性趋势线

线性趋势线适用于以最佳拟合直线显示包含以稳定速率增加或减少的数据值的简单线性数据集。如果将数据点连起来，形成的图案类似一条直线，则表明数据之间呈现线性关系。

#### 3）对数趋势线

对数趋势线适用于以最佳拟合曲线显示稳定前快速增加或减少的数据值。对于对数趋势线，数据可以包含负数和正数。

#### 4）多项式趋势线

多项式趋势线适用于用曲线表示波动较大的数据值，当需要分析大量数据的偏差时，可以使用多项式趋势线。选中此项后，可以在"次数"框中输入2到6之间的整数，从而确定曲线中拐点（峰值和峰谷）的个数。例如，如果将"次序"的值设为2，则图表通常只显示一个峰值或峰谷，值为3则显示一个或两个峰值或峰谷，值为4则最多可以显示3个峰值或峰谷。

#### 5）幂趋势线

幂趋势线应用曲线显示以特定速率增加的测量值的数据值。要应用幂趋势线的数据不应该包含零值或负数。

#### 6）移动平均趋势线

移动平均趋势线使用弯曲趋势线显示数据值，同时平滑数据波动，这样可以更清晰地显示图案或趋势。选中此项后，可以在"周期"框中输入一个介于2和系列中数据点的数量减1之间的数值，从而确定在趋势线中用作点的数据点平均值。例如，如果将"周期"设为2，那么前两个数据点的平均值就是移动平均趋势线中的第1个点。第2个和第3个数据点的平均值就是趋势线中第2个点，以此类推。

### 9.1.2　利用线性趋势线进行销售额预测

❖**STEP 1** 打开"素材文件/项目9/线性趋势线.xlsx"，表中已知2010—2022年的历年销售金额。观察数据，可见13年的销售金额数据呈平稳增长态势，如图9-1-1所示。

| 年份 | 销售金额（万元） |
|------|------|
| 2010年 | 563 |
| 2011年 | 764 |
| 2012年 | 789 |
| 2013年 | 803 |
| 2014年 | 991 |
| 2015年 | 1021 |
| 2016年 | 1126 |
| 2017年 | 1234 |
| 2018年 | 1244 |
| 2019年 | 1347 |
| 2020年 | 1661 |
| 2021年 | 1679 |
| 2022年 | 1720 |
| 2023年 | |

图9-1-1　观察数据特征

❖**STEP 2** 拖动鼠标，选中A1:B15数据区域，点击"插入"菜单下的"散点图"按钮。单击鼠标左键，选择散点图下的"仅带数据标记的散点图"。得到如图9-1-2所示的历年销售额数据散点图。

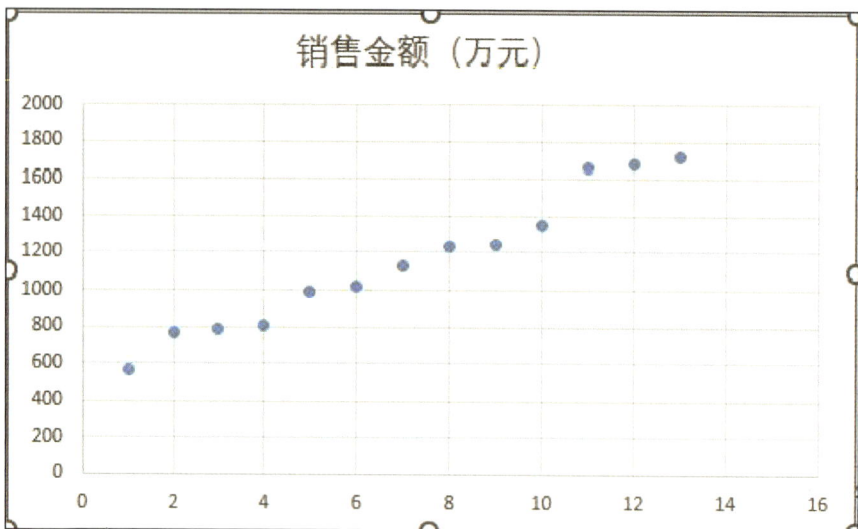

图9-1-2　插入散点图

❖**STEP 3** 单击鼠标左键，选中散点图的数据点，点击右键，选择"添加趋势线"。在"设置趋势线格式"窗口中，选择"线性"趋势线类型。单击关闭按钮，即可得到线性趋势线，如图9-1-3所示。

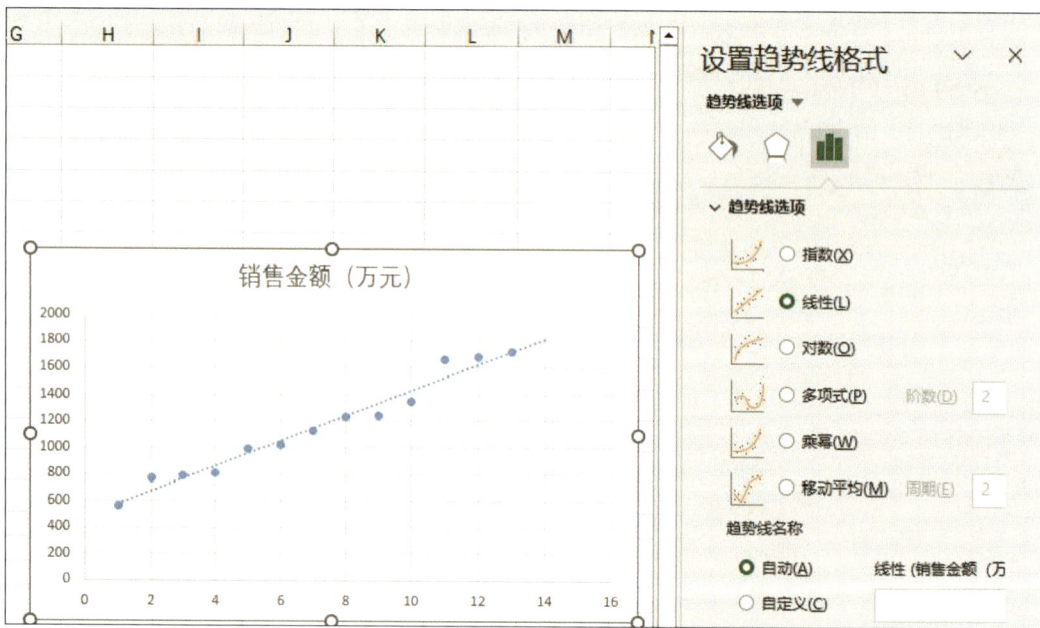

图9-1-3　添加线性趋势线

❖**STEP 4** 双击插入的趋势线，在弹出的对话框中将趋势预测设置为前推1，勾选"显示公式"复选框，在图上即可显示线性预测回归公式，如图9-1-4所示。

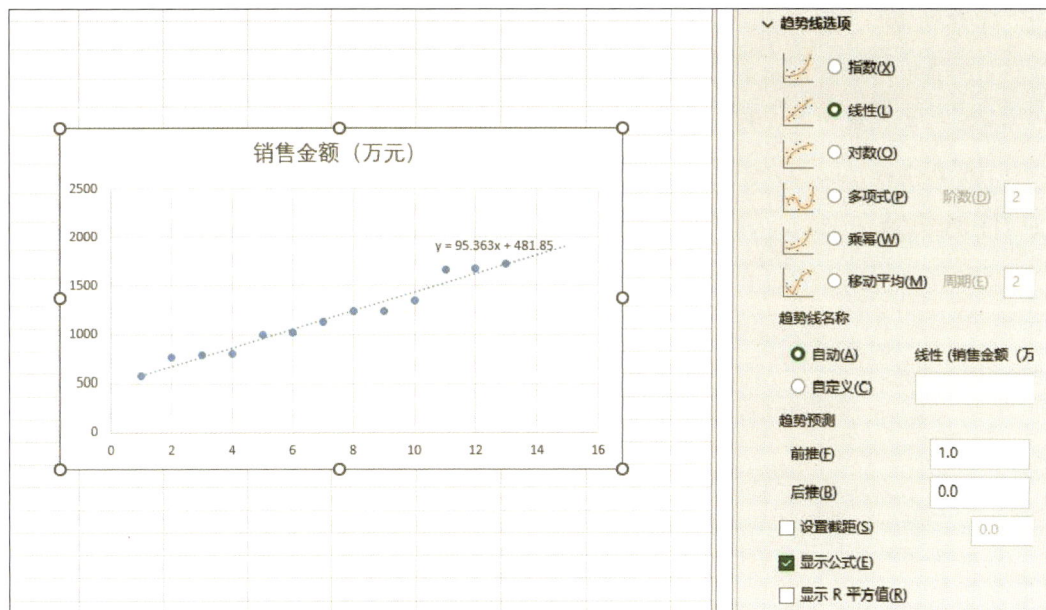

**图9-1-4  显示线性预测回归公式**

❖**STEP 5** 代入公式进行数据预测计算。公式中的X为第几个年份对应的数据点，Y为对应年份的销售额。由于2023年是第14个年份，所以X为14，代入公式，计算出2023年的销售预测金额为1 816.9万元。

➤ **任务实施**

- 第一步：判断数据的分布特征；
- 第二步：进行趋势线的添加；
- 第三步：根据拟合公式进行预测计算。

➤ **任务总结**

- 趋势线的基本类型：_____

  _____

  _____

- 添加线性趋势线的操作步骤：_____

  _____

  _____

- 完成本任务过程中的收获：_____

  _____

  _____

- 其他：_____

  _____

  _____

# 任务2　店铺销量分析

## ➤ 任务目标

根据给定的"店铺销量表"中历年商品销售数据，分析其数据分布特征，在移动平均法、指数平滑法或季节指数法中选择合适的方法进行店铺销量预测分析。

## ➤ 任务要求

①根据店铺销量数据分布特征，在移动平均法、指数平滑法、季节指数法中选择合适的方法进行店铺销量预测；

②根据测算的结果进行店铺销量趋势分析。

## ➤ 知识准备

### 9.2.1　利用季节波动预测店铺销量

季节变动是指某些经济现象或市场现象的时间序列，由于受自然气候、生产条件、外部环境、生活习惯等众多因素或某个因素的影响，在过去的每一年中随着季节的变化呈现出的周期性变动。对这些经济现象或者市场现象中客观存在的季节变动情况进行分析和研究，寻找和探寻其季节变动规律，并由此对其预测期内的季节变动值做出预测。对于不含趋势变动，只含季节变动的时间序列，一般采取季节水平模型对其进行预测。

季节水平模型为：

$$Y_t = Y \times f_t$$

式中，$Y$为时序的平均水平，可以是预测前一年的月（或季）平均水平，也可以是已知年份所有数据月（或季）的平均水平；$f_t$为季节指数，表示季节变动的数量状态；$f_t$=同月（或季）平均数/已知年份月（或季）总平均数。

具体预测过程可参照如下案例。

❖**STEP 1** 打开"素材文件/项目9/季节指数分析表.xlsx"，添加"合计""月平均""年平均""季节指数"等字段，如图9-2-1所示。

❖**STEP 2** 选择G5单元格，在编辑栏中输入公式"=D5+E5+F5"或者"=SUM（D5：F5）"并按回车键确认，计算不同年同月份合计，然后使用填充柄将公式复制到单元格G6到G16区域中，如图9-2-2所示。

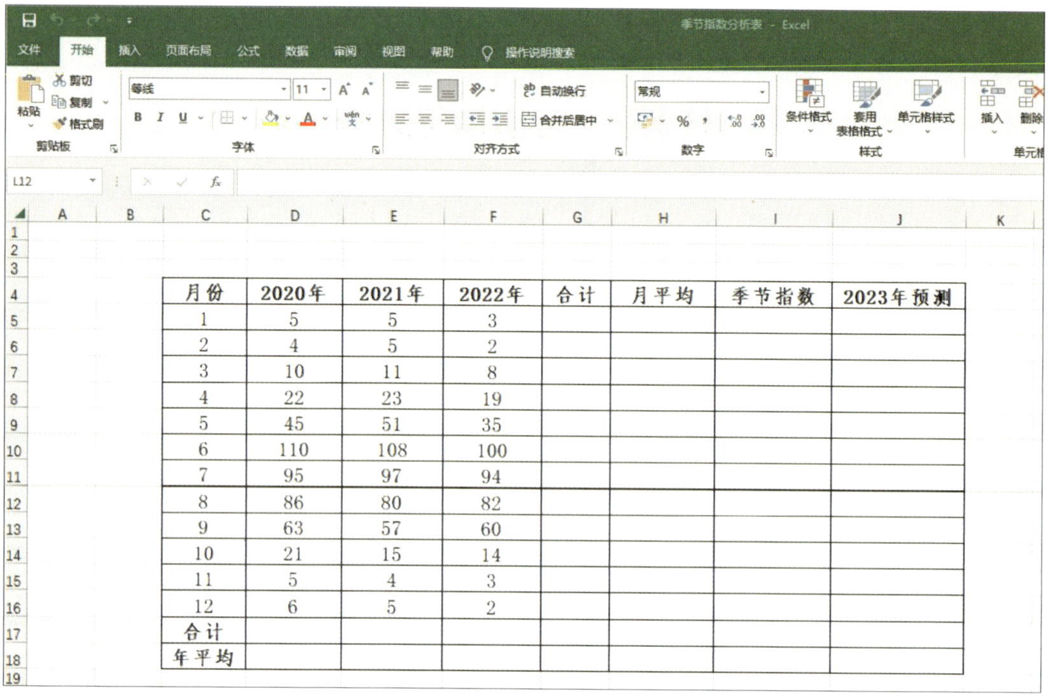

| 月份 | 2020年 | 2021年 | 2022年 | 合计 | 月平均 | 季节指数 | 2023年预测 |
|---|---|---|---|---|---|---|---|
| 1 | 5 | 5 | 3 | | | | |
| 2 | 4 | 5 | 2 | | | | |
| 3 | 10 | 11 | 8 | | | | |
| 4 | 22 | 23 | 19 | | | | |
| 5 | 45 | 51 | 35 | | | | |
| 6 | 110 | 108 | 100 | | | | |
| 7 | 95 | 97 | 94 | | | | |
| 8 | 86 | 80 | 82 | | | | |
| 9 | 63 | 57 | 60 | | | | |
| 10 | 21 | 15 | 14 | | | | |
| 11 | 5 | 4 | 3 | | | | |
| 12 | 6 | 5 | 2 | | | | |
| 合计 | | | | | | | |
| 年平均 | | | | | | | |

图9-2-1　增加字段

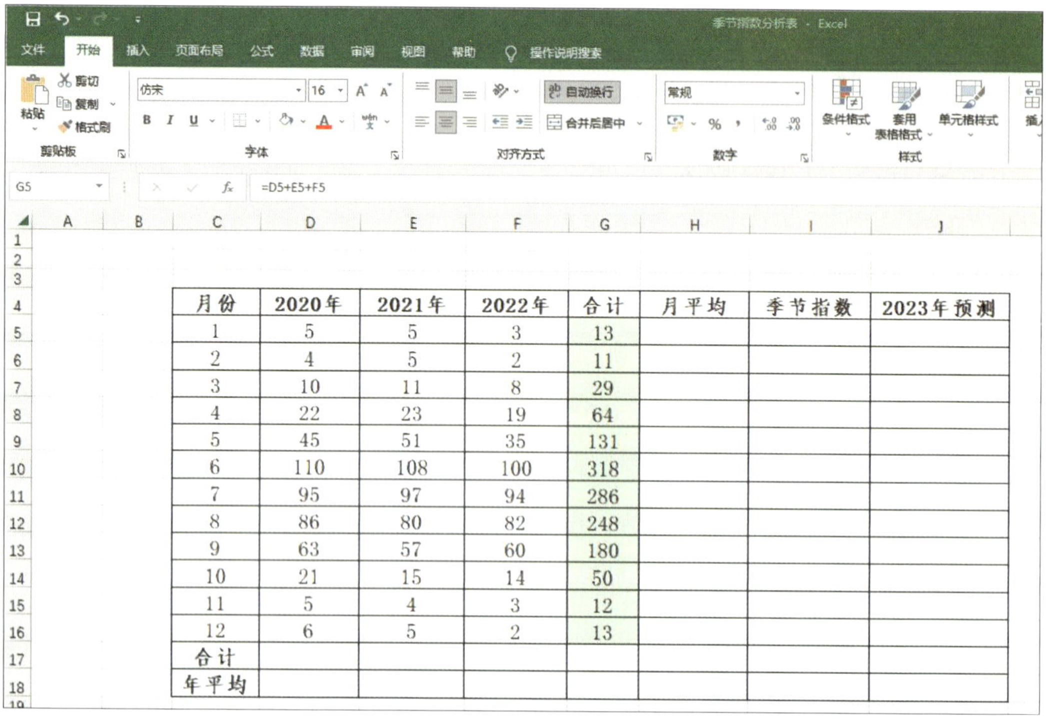



| 月份 | 2020年 | 2021年 | 2022年 | 合计 | 月平均 | 季节指数 | 2023年预测 |
|---|---|---|---|---|---|---|---|
| 1 | 5 | 5 | 3 | 13 | | | |
| 2 | 4 | 5 | 2 | 11 | | | |
| 3 | 10 | 11 | 8 | 29 | | | |
| 4 | 22 | 23 | 19 | 64 | | | |
| 5 | 45 | 51 | 35 | 131 | | | |
| 6 | 110 | 108 | 100 | 318 | | | |
| 7 | 95 | 97 | 94 | 286 | | | |
| 8 | 86 | 80 | 82 | 248 | | | |
| 9 | 63 | 57 | 60 | 180 | | | |
| 10 | 21 | 15 | 14 | 50 | | | |
| 11 | 5 | 4 | 3 | 12 | | | |
| 12 | 6 | 5 | 2 | 13 | | | |
| 合计 | | | | | | | |
| 年平均 | | | | | | | |

图9-2-2　不同年同月份销量合计计算

❖**STEP 3** 选择H5单元格，在编辑栏中输入公式“=AVERAGE（D5:F5）”，并按回车键确认，计算出“月平均”，然后使用填充柄将公式复制到单元格H6到H16中，结果如图9-2-3所示。

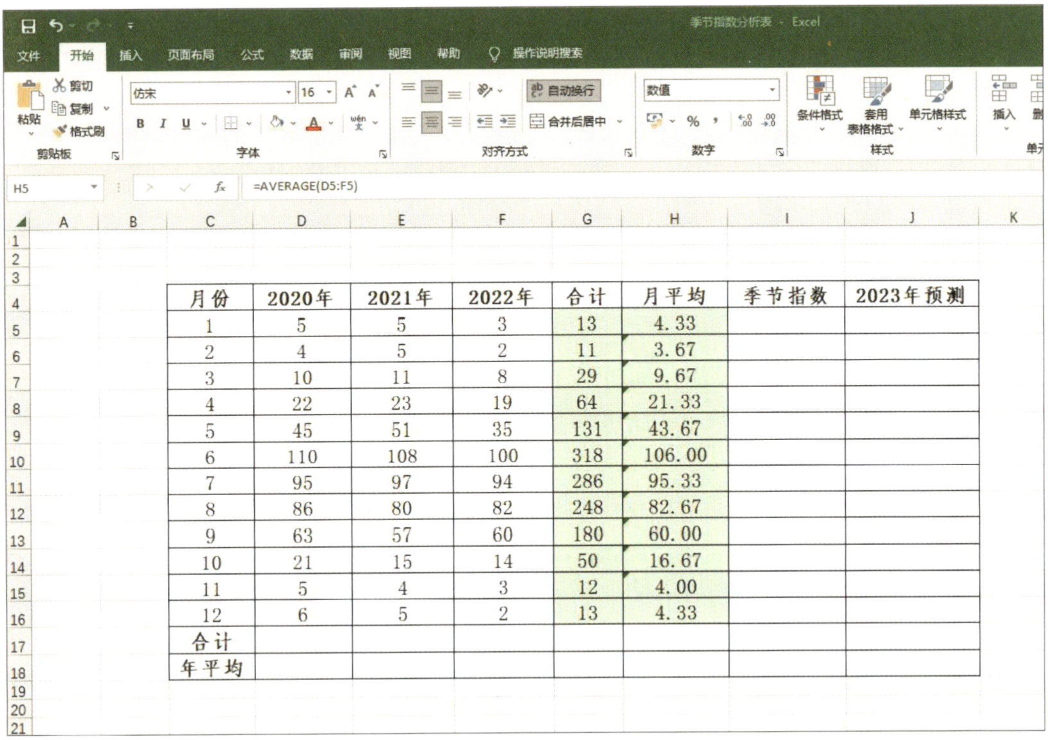

图9-2-3　月平均数据计算

❖**STEP 4** 选择D17单元格，在编辑栏中输入公式"=SUM（D5:D16）"，并按回车键确认，计算出"年合计"，然后使用填充柄将公式复制到单元格E17到F17中；选择D18单元格，在编辑栏中输入公式"=AVERAGE（D5:D16）"，并按回车键确认，计算出"年平均"，然后使用填充柄将公式复制到单元格E18到F18中；同时，将G16、H16单元格公式分别复制到G17:G18、H17：H18区域，可直接拉动公式填充柄进行操作，结果如图9-2-4、图9-2-5所示。

❖**STEP 5** 计算季节指数ft。ft=同月（或季）平均数/已知年份月（或季）总平均数。选择I5单元格，在编辑栏中输入公式"=H5/H18"，对H18单元格进行绝对引用，并按回车键确认，然后使用填充柄将公式复制到单元格I6到I16中，结果如图9-2-6所示。

❖**STEP 6** 计算2023年各月的销量预测值Yt。Yt =Y* ft，式中，Y为时序的平均水平，在这里取上年月平均销量进行计算。选择J5单元格，在编辑栏中输入公式"=I5*F18"，对F18单元格进行绝对引用，并按回车键确认，然后使用填充柄将公式复制到单元格J6到J16中,预测结果如图9-2-7所示。

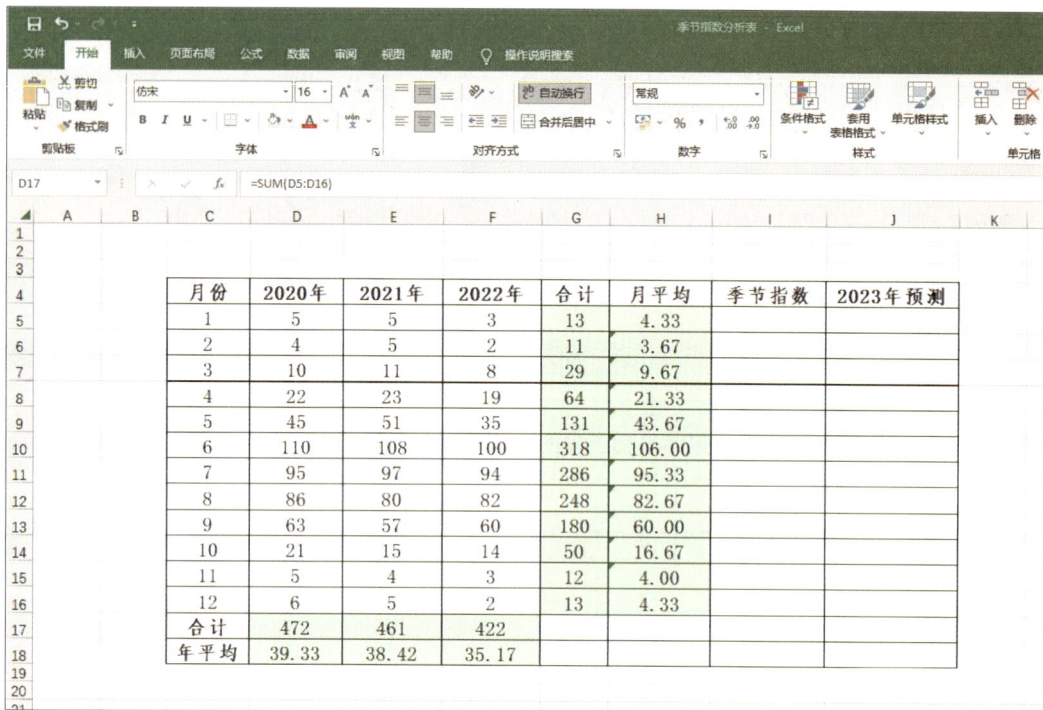

图9-2-4  计算年合计销量

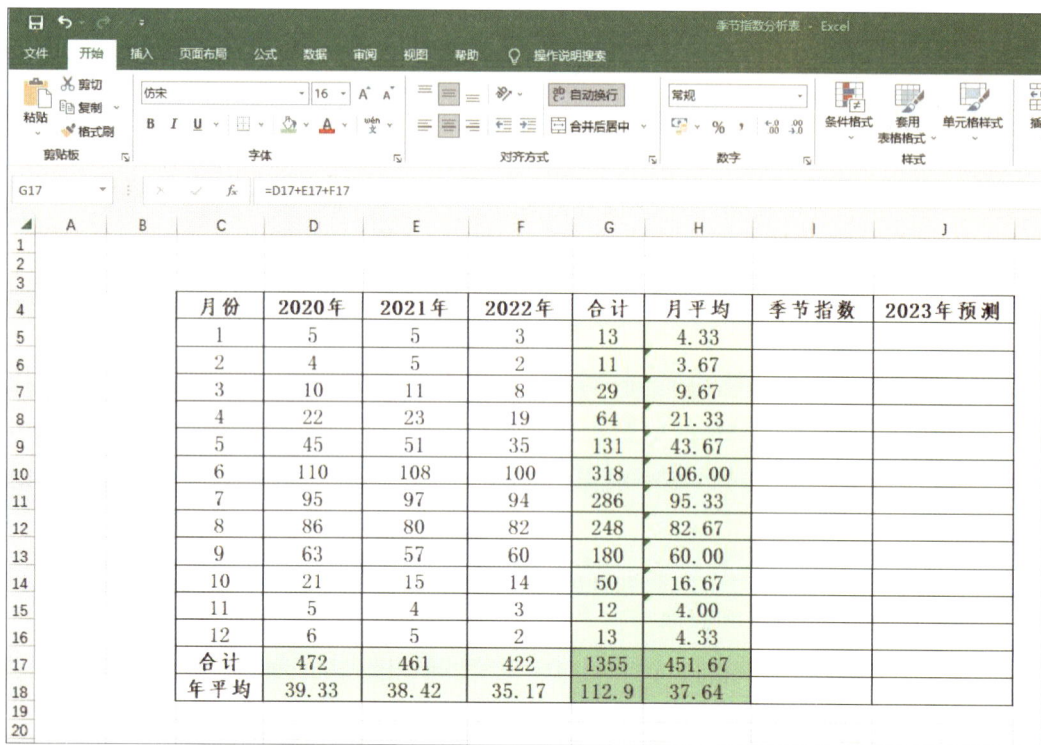

图9-2-5  计算三年合计销量

图9-2-6 界面：公式栏 `=H5/$H$18`

| 月 份 | 2020年 | 2021年 | 2022年 | 合 计 | 月平均 | 季节指数 | 2023年预测 |
|---|---|---|---|---|---|---|---|
| 1 | 5 | 5 | 3 | 13 | 4.33 | 0.12 | |
| 2 | 4 | 5 | 2 | 11 | 3.67 | 0.10 | |
| 3 | 10 | 11 | 8 | 29 | 9.67 | 0.26 | |
| 4 | 22 | 23 | 19 | 64 | 21.33 | 0.57 | |
| 5 | 45 | 51 | 35 | 131 | 43.67 | 1.16 | |
| 6 | 110 | 108 | 100 | 318 | 106.00 | 2.82 | |
| 7 | 95 | 97 | 94 | 286 | 95.33 | 2.53 | |
| 8 | 86 | 80 | 82 | 248 | 82.67 | 2.20 | |
| 9 | 63 | 57 | 60 | 180 | 60.00 | 1.59 | |
| 10 | 21 | 15 | 14 | 50 | 16.67 | 0.44 | |
| 11 | 5 | 4 | 3 | 12 | 4.00 | 0.11 | |
| 12 | 6 | 5 | 2 | 13 | 4.33 | 0.12 | |
| 合 计 | 472 | 461 | 422 | 1355 | 451.67 | | |
| 年平均 | 39.33 | 38.42 | 35.17 | 112.9 | 37.64 | | |

图9-2-6 计算季节指数

图9-2-7 界面：公式栏 `=$F$18*I5`

| 月 份 | 2020年 | 2021年 | 2022年 | 合 计 | 月平均 | 季节指数 | 2023年预测 |
|---|---|---|---|---|---|---|---|
| 1 | 5 | 5 | 3 | 13 | 4.33 | 0.12 | 4.05 |
| 2 | 4 | 5 | 2 | 11 | 3.67 | 0.10 | 3.43 |
| 3 | 10 | 11 | 8 | 29 | 9.67 | 0.26 | 9.03 |
| 4 | 22 | 23 | 19 | 64 | 21.33 | 0.57 | 19.93 |
| 5 | 45 | 51 | 35 | 131 | 43.67 | 1.16 | 40.80 |
| 6 | 110 | 108 | 100 | 318 | 106.00 | 2.82 | 99.04 |
| 7 | 95 | 97 | 94 | 286 | 95.33 | 2.53 | 89.07 |
| 8 | 86 | 80 | 82 | 248 | 82.67 | 2.20 | 77.24 |
| 9 | 63 | 57 | 60 | 180 | 60.00 | 1.59 | 56.06 |
| 10 | 21 | 15 | 14 | 50 | 16.67 | 0.44 | 15.57 |
| 11 | 5 | 4 | 3 | 12 | 4.00 | 0.11 | 3.74 |
| 12 | 6 | 5 | 2 | 13 | 4.33 | 0.12 | 4.05 |
| 合 计 | 472 | 461 | 422 | 1355 | 451.67 | | |
| 年平均 | 39.33 | 38.42 | 35.17 | 112.9 | 37.64 | | |

图9-2-7 销量预测

### 9.2.2 利用"移动平均"分析工具预测店铺销量

移动平均法是一种简单平滑预测技术，它的基本思想是：根据时间序列资料、逐项推移，依次计算包含一定项数的序时平均值，以反映长期趋势的方法。因此，当时间序列的数值由于受周期变动和随机波动的影响，起伏较大，不易显示出事件的发展趋势时，使用移动平均法可以消除这些因素的影响，显示出事件的发展方向与趋势（即趋势线），然后依趋势线分析预测序列的长期趋势。

移动平均法可以分为：简单移动平均和加权移动平均。

#### 1）简单移动平均

简单移动平均的各元素的权重都相等。简单的移动平均的计算公式如下：

$$F_t = (A_{t-1} + A_{t-2} + A_{t-3} + \cdots + A_{t-n})/n$$

式中，$F_t$为下一期的预测值；$n$为移动平均的时期个数；$A_{t-n}$为前$n$期实际值；$A_{t-1}$、$A_{t-2}$、$A_{t-3}$分别表示前一期、前两期、前三期的实际值。

#### 2）加权移动平均法

加权移动平均给固定跨越期限内的每个变量值以不相等的权重。其原理是：历史各期产品需求的数据信息对预测未来期内的需求量的作用是不一样的。除了以$n$为周期的周期性变化外，远离目标期的变量值的影响力相对较低，故应给予较低的权重。

加权移动平均法的计算公式如下：

$$F_t = w_1 A_{t-1} + w_2 A_{t-2} + w_2 A_{t-3} + \cdots + w_n A_{t-n}$$

式中，$w_1$为第$t-1$期实际值的权重；$w_2$为第$t-2$期实际值的权重；$w_n$为第$t-n$期实际值的权重；$n$为预测的时期数。

利用移动平均法进行销量预测的具体过程见以下案例操作。

❖**STEP 1** 打开"素材文件/项目9/移动平均法.xlsx"，依次通过"文件""选项""加载项"路径，在弹出的"EXCEL选项"对话框下面点击"转到"，在弹出的"加载项"对话框中勾选"分析工具库"选项，然后点击"确定"，"数据分析"功能已经添加到"数据"选项卡下面右侧部分。如图9-2-8—图9-2-10所示。

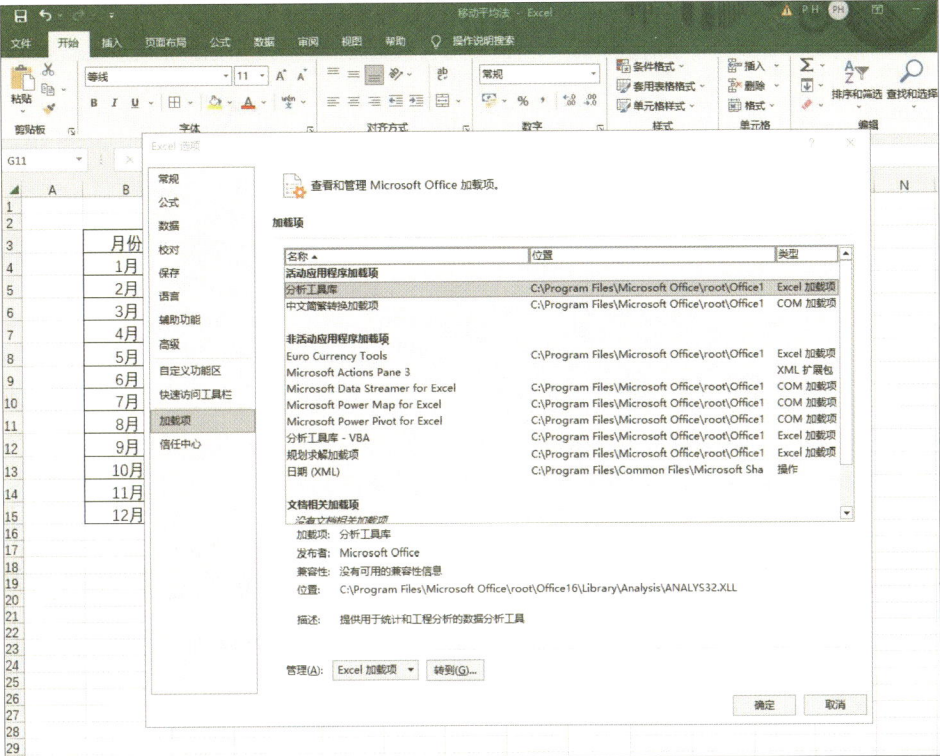

图9-2-8　选择"加载项"

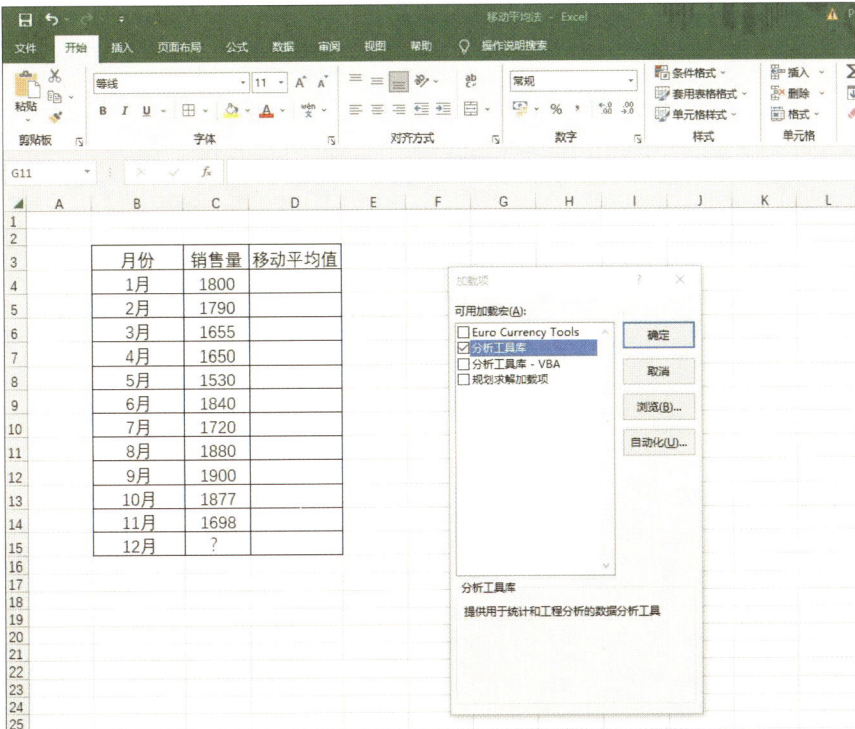

图9-2-9　选择"分析工具库"

图9-2-10 显示"数据分析"选项

❖**STEP 2** 在功能区点击"数据分析",在弹出的对话框中选择"移动平均"选项,如图9-2-11所示。在"移动平均"对话框中,输入区域为C3:C14区域,因C3单元格为"销量"字段,故要勾选"标志位于第一行"。案例中采用3项移动平均进行预测,故"间隔"为3,输出区域选择D4单元格,输出的结果则会自动放在以D4单元格为起点的以下区域,如图9-2-12所示。勾选"图表输出"选项,点击"确定",则会出现下图中实际值与预测值对比折线图,如图9-2-13所示。

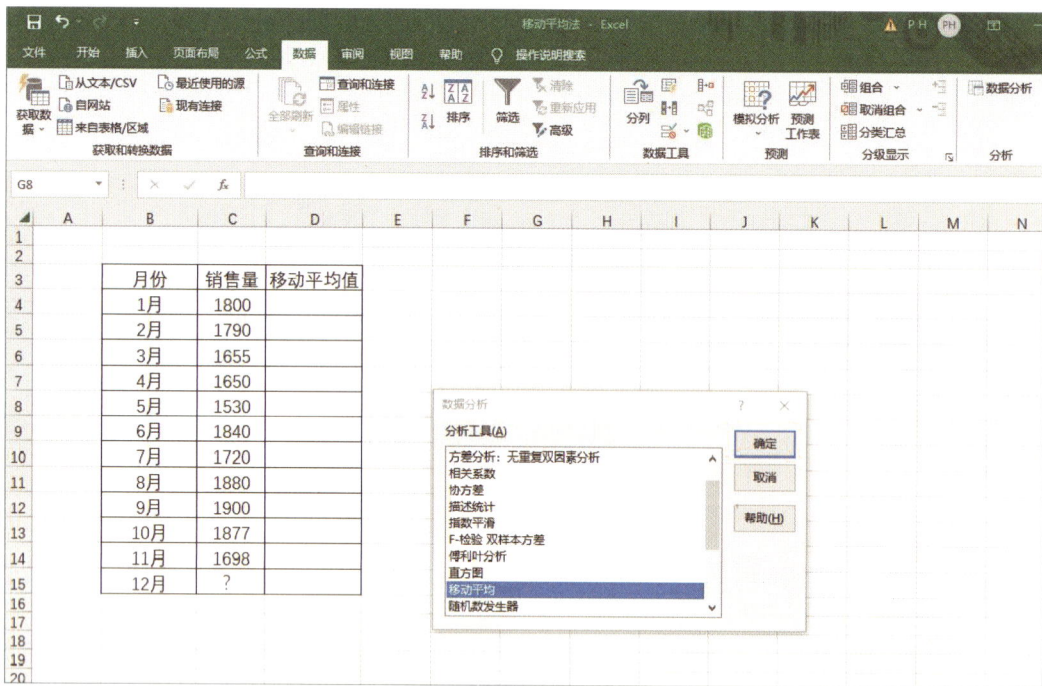

图9-2-11 选择"移动平均"选项

如图所示,D6单元格中的数值1748.33的计算公式为AVERAGE(C4:C6),D7单元格中的数值1698.33的计算公式为AVERAGE(C5:C7),依此类推,D14单元格中的数值1825.00的计算公式则为AVERAGE(C12:C14),为12月销售量的预测值。从输出的图形来看,通过3项移动平均数的测算,对1月到11月的销售量进行了修匀。预测值的折线图显得更为平滑,也更能体现销售量的变化趋势走向。

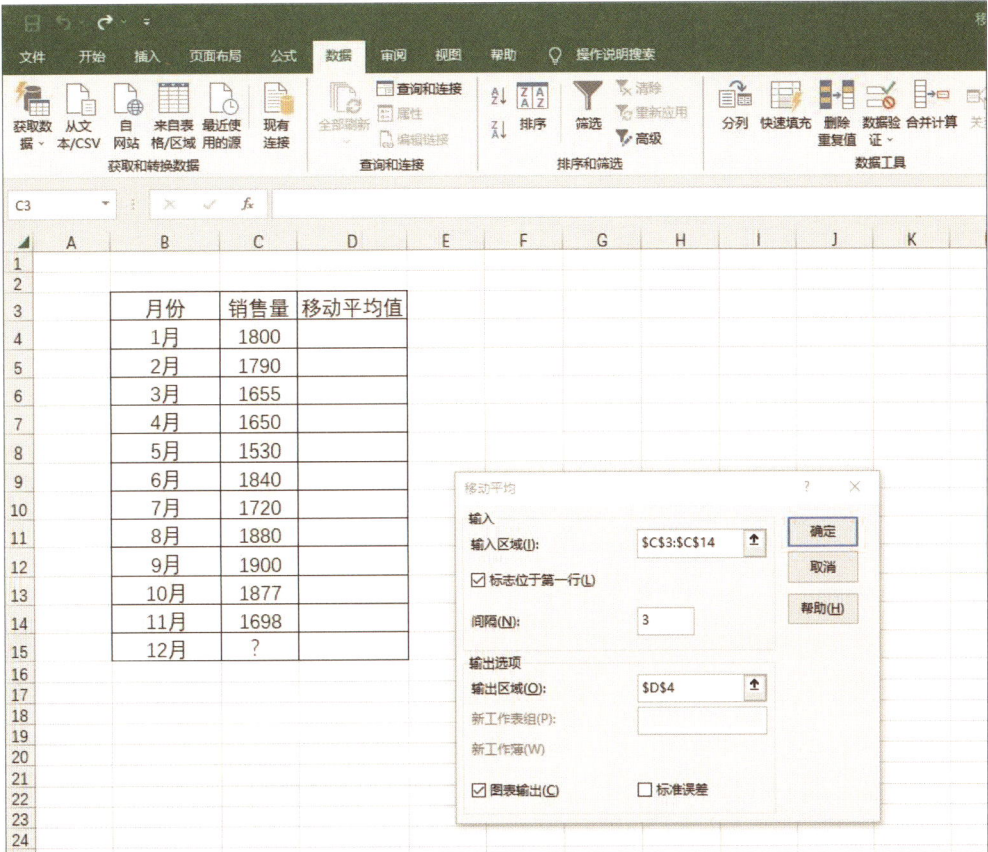

图9-2-12　设置输入区域与间隔

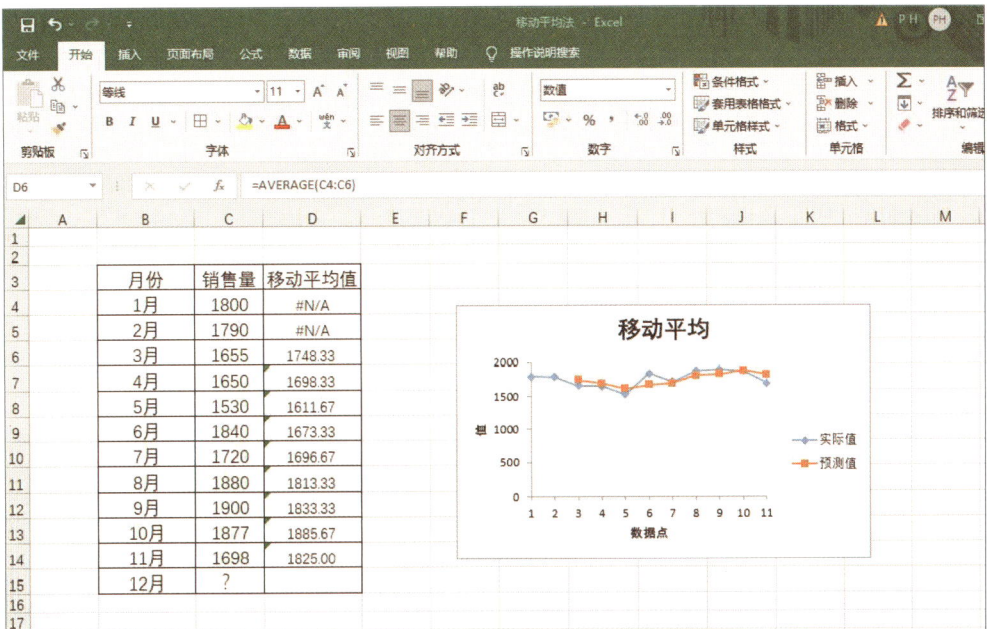

图9-2-13　显示移动平均分析结果

### 9.2.3 利用"指数平滑"分析工具预测店铺销量

指数平滑法是在移动平均法基础上发展起来的一种时间序列分析预测法。指数平滑法是移动平均法中的一种，其特点在于给过去的观测值不一样的权重，一般给较近期观测值赋予较大的权数，给较远期观测值赋予较小的权数。根据平滑次数不同，指数平滑法分为一次指数平滑法、二次指数平滑法和三次指数平滑法等。但它们的基本思想都是：预测值是以前观测值的加权和，且对不同的数据给予不同的权数，新数据给予较大的权数，旧数据给予较小的权数。下面主要介绍一次指数平滑法的内容。

#### 1）基本公式

一次指数平滑法的基本公式为：

$$S_t = \alpha\, y_t + (1-\alpha)\, S_{t-1}$$

或

$$y_{t+1} = \alpha\, y_t + (1-\alpha)\, y_{t'}$$

式中，$S_t$ 为时间 $t$ 的平滑值，即 $t+1$ 期的预测值 $y_{t+1}$；$y_t$ 为时间 $t$ 的实际值；$S_{t-1}$ 为时间 $t-1$ 的平滑值，即 $t$ 期的预测值 $y_{t}$；$\alpha$ 为平滑系数，其取值范围为 [0,1]。

#### 2）指数平滑法初始值的确定

从时间序列的项数来考虑：若时间序列的观察期 $n$ 大于15时，初始值对预测结果的影响很小，可以把第一期观测值作为初始值；若观察期 $n$ 小于15，初始值对预测结果影响较大，可以取最初几期的观测值的平均数作为初始值，通常取前3个观测值的平均值作为初始值。

#### 3）平滑系数的选择

在指数平滑法中，$\alpha$ 的选择对预测结果的准确性起着非常重要的作用。

$\alpha$ 的大小规定了在新预测值中新数据和原预测值所占的比例。

$\alpha$ 值愈大，新数据所占的比重就愈大，原预测值所占比重就愈小，反之亦然。

①当时间序列呈稳定的水平趋势时，$\alpha$ 应取较小值，如0.1 ~ 0.3；

②当时间序列波动较大，长期趋势变化的幅度较大时，$\alpha$ 应取中间值，如0.3 ~ 0.5；

③当时间序列具有明显的上升或下降趋势时，$\alpha$ 应取较大值，如0.6 ~ 0.8。

在实际运用中，可取若干个 $\alpha$ 值进行试算比较，选择预测误差最小的 $\alpha$ 值。

运用"指数平滑"数据分析工具进行销售量预测的过程如下所示。

❖**STEP 1** 打开"素材文件/项目9/指数平滑法.xlsx"，点击"数据分析"工具，选择"指数平滑"功能。在弹出的"指数平滑"对话框中，输入区域选定C5:C20，阻尼系数填写0.7（阻尼系数=1–平滑系数），勾选"标志"选项。"输出区域"选择D6单元格，并勾选"图表输出"，如图9-2-14、图9-2-15所示。

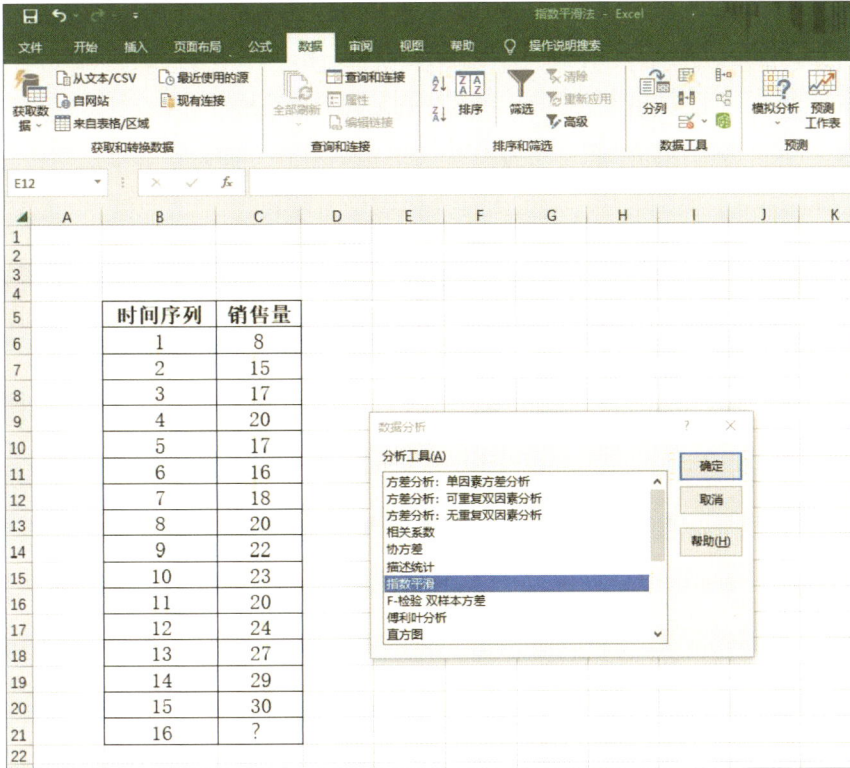

图9-2-14　选择"指数平滑"选项

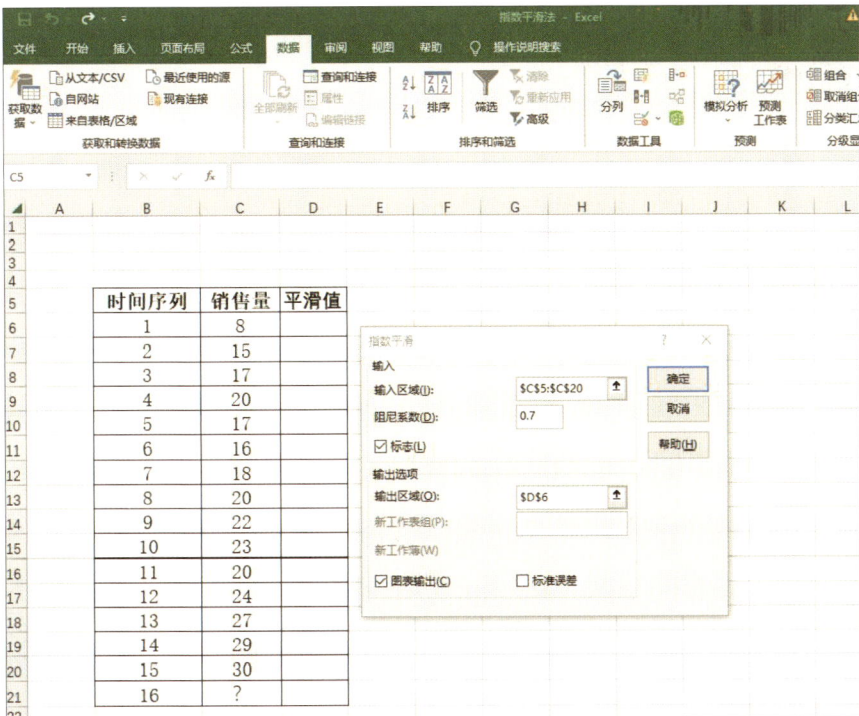

图9-2-15　进行选项设置

❖**STEP 2** 点击"确定"。结果如图9-2-16所示。从输出结果来看，D8单元格的公式为"=0.3*C7+0.7*D7"，D9单元格的公式为"=0.3*C8+0.7*D8"，依此类推，D20单元格的公式为"=0.3*C19+0.7*D19"。复制D20单元格公式到D21单元格，结果为26.33，此数值则为第16期的销售量预测值。从图中来看，通过指数平滑法计算的预测值对实际值有明显的修匀效果，更能体现出销售量在1期到15期的明显变动趋势。

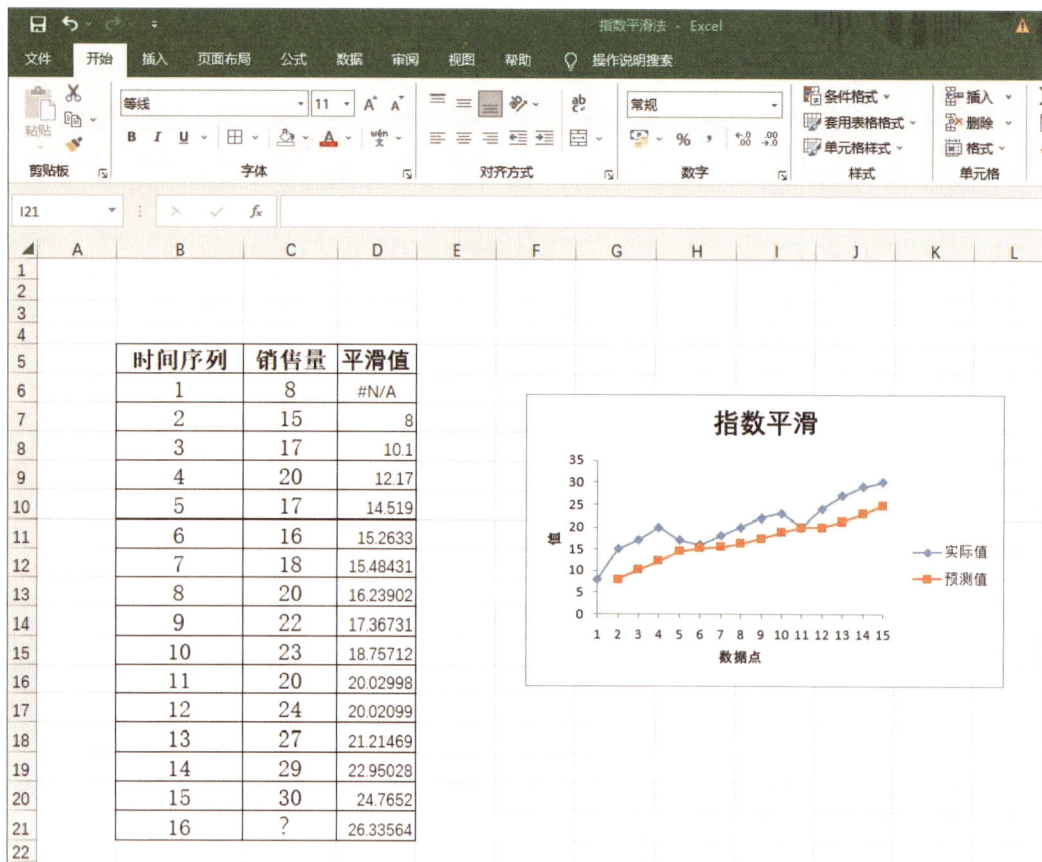

图9-2-16　指数平滑法输出结果

## ➤ 任务实施

- 第一步：预测方法选择。

（1）观察店铺销量数据，分析数据分布特征；

（2）根据分析选择合适的预测方法。

- 第二步：方法运用。

根据选用的方法，按照对应的步骤和流程进行数据测算和预测图形制作。

- 第三步：预测分析。

根据预测的结果，进行店铺销量未来发展趋势分析，得出结论。

## ➤ 任务总结

- 季节指数法的操作步骤：_____
_____
_____

- 指数平滑法的操作步骤：_____
_____
_____

- 移动平均法的操作步骤：_____
_____
_____

- 完成本任务过程中的收获：_____
_____
_____

- 其他：_____
_____
_____

# 参考文献

［1］陈玉红.Excel商务数据分析[M].北京：电子工业出版社，2023.

［2］胡辉.Excel商务数据分析与应用[M].北京：人民邮电出版社，2022.

［3］袁瑞萍.商务数分析与应用[M].北京：清华大学出版社，2022.

［4］刘宁，王海涛，王海鹰.商务数分析与应用[M].北京：中国铁道出版社，2022.

［5］张文霖，刘夏璐，狄松.谁说菜鸟不会数据分析（入门篇）[M].北京：电子工业出版社，2019.

［6］王力健.从零开始学新电商数据分析[M].北京：清华大学出版社，2022.

［7］北京博导前程信息技术股份有限公司.电子商务数据分析实践[M].2版.北京：高等教育出版社，2023.